2010'S ANIMATION REVIEW

ぼくらがアニメを見る理由

2010年代アニメ時評

藤津亮太
FUJITSU RYOTA

FILM ART
フィルムアート社

はじめに

アニメを言葉でつかまえてみたい。ずっとそう思って原稿を書いている。

この本は、主に二〇一〇年以降に書いた原稿の中から、各作品を主題にした原稿を中心に集めた、いわば〝ベスト盤〟的な一冊だ。そういう意味では、本書は「アニメを言葉でつかまえる」ことについての実践の記録と言ってもいいだろう。

僕は原稿を書きながら、自分の文章を読んだ人が「腑に落ちてほしい」と願っている。作品を見終わった後の、混沌とした感情。そこに言葉の力を借りてくっきりとした輪郭を与えること。それによってアニメを見た人が「ああ、この作品はこういう顔立ちをしていたのか」と納得してもらえたらとてもうれしい。「おもしろい／つまらない」の二分法に従うのではなく、〝作品の似顔絵〟を描く感覚と言えばいいだろうか。〝顔立ち〟の特徴を的確に捉えることで、見た人が「ああ、確かにこういう〝顔〟をしているよね！」と膝を打つような原稿。そういう文章を目指している。

そういう原稿は〝採点表〟のようなわかりやすさもないし、快刀乱麻を断つごとく

〝世相〟を斬ったりもしない。ただごく普通の言葉遣いでアニメについて語っているだけだ。でも僕は、そんな原稿が「アニメに（あるいはフィクション全般に）触れる体験」に一番近い場所にあると思っている。つまり、アニメを言葉でつかまえる、というのは、とりもなおさず「アニメを鑑賞する」という体験を言葉でつかまえるということでもあるのだ。原稿中で、監督をはじめとするスタッフの名前に原則として言及しないのも、作品体験の瞬間にそうした固有名詞は無関係だからだ。もちろん編集部から依頼があれば、監督の名前を立てて原稿を書く場合もあり、第一部にはそうした原稿を中心に集めているが、これは構成上の演出以上の意味はない。

こういうスタンスは、ずいぶん時代遅れの姿勢だと自分でも思う。

二〇〇三年に出した最初の書籍『「アニメ評論家」宣言』の時に、僕はそんな自分を、周回遅れのランナーだと書いた。それから十六年。とりあえずまだ僕はアニメについての原稿を書き続けている。まだしばらくは周回遅れのランナーのように、諦めることなくマイペースで書き続けていきたいと思う。

目次

第二部　作品は語る

初出表記のうちWEB上で連載の行われた記事については連載タイトルのみを表記し、URLの記載は省略した。

それぞれの連載の媒体名とURLをここに記載する。

「帰ってきたアニメの門」「四代目アニメの門」　bonet.info（http://bonet.info/index.html）掲載

「アニメの門V」　アニメ！アニメ！（https://animeanime.jp/）掲載

第一部　２０１０年代のアニメ作家たち

『天気の子』『君の名は。』——新海誠の周辺

二〇一六年に公開された『君の名は。』は興行収入二五〇億円を超えて、日本における歴代興行収入第四位という驚異的なヒットとなった。ここでは二〇一一年の『星を追う子ども』から『君の名は。』、そして『天気の子』に至る道筋を追う。最後に収録した「非対称な『入れ替わり』と『当事者性』」は「S-Fマガジン」(早川書房)の連載「アニメもんのSF散歩」の中の一回を収録したもの。話題のSFアニメと小説を照らし合わせながら読解していく連載なので、文中でいくつかの小説に言及している。

モノローグのなくなった世界で——『星を追う子ども』

2011/06

遠い音に耳を澄ます。

新海誠監督の『星を追う子ども』の冒頭、主人公のアスナは線路に耳をあてている。鈍く響いてくる列車の音。それを確かめた後、アスナは山を駆け上がり、突きだした岩場の上で、今度は鉱石ラジオのノイズに耳をこらす。

はるか彼方から聞こえてくる音。それは予感だ。何かが遠くからやってきて、ワタシをどこかへ誘っていく。それはアスナ自身もまだ自覚していない密かな欲望だ。

『星を追う子ども』はこのように、ノイズでもなく、言葉でもない静かな音を画面に響かせることから始まる。この映画には新海作品に必ずといっていいほど登場したモノローグが登場しない。

新海監督は、自主制作である短編『彼女と彼女の猫』(二〇〇〇)で猫からの視線で飼い主の女性への思いを描いたときから、モノローグを音楽のように響かせることで作品にフォルムを与えてきた。

モノローグは、語り手の視点による世界の叙述だ。また、全編にわたって流れるモノローグは自然と過去形に落ち着くから、当たり前のように回想の色を帯びることになる。

『彼女と彼女の猫』に続く『ほしのこえ』は、国連宇宙軍のパイロットとなり宇宙船ではるか彼方へと向かう少女ミカコと、地球に残った少年ノボルの遠距離恋愛を描いた作品だ。二〇〇二年に公開された『ほしのこえ』は、商業アニメ・テイストの個人制作作品の嚆矢として、新たな時代の到来を予感させる里程標として大きな話題となった。

語り手がひとり(一匹)だった『彼女と彼女の猫』に対し、今度の語り手は二人に。二人のモノローグは、二重奏さながらに交互に現れ、時に重なり合って物語を進行させる。ラストでは、遠く隔たった時空にいる二人が声をそろえて「私/僕はここにいるよ」とつぶやいて作品を締めくくる。

モノローグの多くの部分を占めるのは、ミカコからの近況を伝える携帯メールと、それを読んだノボルの心情の吐露だ。二人は互いに思いを寄せているにもかかわらず、作中の二人の言葉は「会話」にはほど遠い。二人の視線は自分の内側ばかりを向いていて、だから言葉はいつも一方的に相手に投げかけられるばかりだ。そしてその根底には二人の共通の思い出である「二〇四六年の夏の光景」への回想がある。

以前、『ほしのこえ』を論じたとき、『日本近代文学の起源』(柄谷行人)を補助線に使ったことがある。同書の「内面の発見が、過去の文学に寄った〝概念としての風景〟ではなく、風景そのものを認識することを可能にした」という部分を下敷きにし、『ほしのこえ』の背景が写実的で美しいのは、二人の心の内側へ向いた視線によってとるに足らない風景が再発見されているからではないかと解釈した(「二〇四六年夏へのモノローグ」、『「アニメ評論家」宣言』所収、扶桑社)。

新海監督作品の特徴といわれているモノローグと精緻で美しい背景はこのように結びついているのだ。その傾向は『ほしのこえ』から『雲のむこう、約束の場所』を経て、『秒速5センチメートル』に至るまで一貫している。

たとえば『雲のむこう、約束の場所』（二〇〇五）は、小編成のスタッフで九一分という長尺に挑み、主要キャラクターはさらにひとり増えた三人。長編である以上、描かれるシチュエーションも以前より複雑化したが、その一方で主人公ヒロキとヒロイン・アカリのモノローグが作品の基調をなしていることは変わらない。なにより注目したいのは、この映画は冒頭に、劇中の事件より十三年経過した三十一歳になったヒロキの姿を置き、ここでも物語を「回想」として語り出している点だ。

二〇〇七年の『秒速5センチメートル』は連作短編映画で「桜花抄」「コスモナウト」「秒速5センチメートル」の三編からなる。新海監督は本作をその時点での集大成的作品と位置づけていたが、その言葉の通りの出来映えで、中でも「桜花抄」は、精度がより高まった美術と詩のようなモノローグが絡み合って、新海作品のひとつの完成型といえる。本作もラストの「秒速5センチメートル」の時点から、「桜花抄」「コスモナウト」が回想されている構成になっている。

モノローグによって召還される〝回想形式〟、その回想を通じて、再発見される背景（＝風景）。それこそが新海監督の武器であり、文体であった。

だから『星を追う子ども』にモノローグが登場せず、遠くから聞こえてくる音にもならないような音から始まったということは、事件といってもいい変化なのだ。

だが、この変化というのは、突然に起きたものではない。予兆は前作『秒速5センチメートル』の「コスモナウト」のときに既に始まっていた。

「コスモナウト」は、南の島に転校した主人公遠野貴樹と、その彼に思いを寄せる同級生カナエのモノローグで綴られる。モノローグを使用している点では従来と同じなのだが、ポイントは貴樹とカナエの間には、ミカコとノボル、アカリとヒロキの間にあったような回想すべき共通する思い出がない。だからカナエは、貴樹の中に孤独の陰の気配を感じたとしても、それが何なのか絶対に理解することはできない。

理解不能な存在としての他人。それが新海監督の世界に初めて登場したのだ。『星を追う子ども』はその延長線上に位置づけることができる。

*

『星を追う子ども』はこんな物語だ。

母親と二人暮らしの少女アスナは、父の形見の鉱石ラジオから聞こえてきた不思議な歌に心を奪われる。そんなアスナの目の前に姿を現したのは、地下世界アガルタから来たという少年シュン。アスナとシュンは心を通わせるが、シュンは突然姿を消してしまう。

シュンの失踪と前後してアスナの前に現れたのが、アガルタを探しているという教師モリサキ。モリサキは死んだ妻との再会を切望している人物だ。

そんなある日、アスナの目の前に、シュンとそっくりの少年シンが現れる。アスナとシン、そしてモリサキは、それぞれの思いを胸に、アガルタへと足を踏み入れることになる。

あらすじからもわかる通り、『星を追う子ども』は、児童文学者・翻訳家の瀬田貞二がいうところの「行きて帰りし物語」の構造を持つ、正統派のファンタジー作品だ。劇中でも触れられるが、オルフェウスやイザナギの冥界行も本作の下敷きのひとつで、アニメーション映画で近い要素を持つ作品としては『銀河鉄道の夜』（杉井ギサブロー監督）、『千と千尋の神隠し』（宮崎駿監督）が思い出される。

劇中の「現在」がいつごろかは明確には示されないが、木造の校舎や三輪トラックなどの存在から、ある程度の過去であることは想像がつく。だが、先述の通り、本作ではモノローグがないため、こうした〝懐かしのアイテム〟が登場する過去の風景であっても、回想の色合いはない。本作の軸足は、明確に「現在」に置かれていて、映画は現在形の語り口で進行していく。それは未来に向かっていくということでもある。

たとえば「コスモナウト」で描かれた「理解することのできない他人」という要素は、メインキャラクターであるアスナ、シン、モリサキの関係に反映されている。

この三人はいずれも「認めがたい喪失」を心に抱えている。その喪失をどう扱うのか。お互いを理解することができない三人は、戸惑い、ぶつかり合い、そして最終的に互いに変化する。

『秒速5センチメートル』では、運命の相手と思われた人との思い出を編集と音楽の力で見せ、最後にその場所から歩き出す貴樹の姿を描くことで、喪失を受け入れる様子を見せたが、喪失とこれからの未来の比重を比べれば、明らかに喪失の重さと儚い美しさが勝っている。

物語の冒頭で出会うアスナとシュンは、これまで新海が描いてきた「運命的に出会ってしまった二人」

の変奏だ。だが本作は、アスナがシュンを喪失してから本格的に物語が始まる。シュンと出会い、別れたことはアスナのアガルタに向かう動機になる。

「認めがたい喪失」を人はいかに受け入れるか。それをメインキャラクターの人生を交錯させることで、ドラマとして描き出す。その点で過去の新海作品よりもはるかにドラマを描こう、演出しようという意志が前面に出ている作品といえる。

相手の不在と結びついた「思い出」を呼び起こすのではなく、現在生きている自分は何を考え、どう未来へ行動していくのかを描く。そうしたストーリーの展開を用意した以上、回想形式と深く結びついたモノローグが今回採用されなかったのは非常に自然な顚末といえる。

では新海作品の中でモノローグと密接な関係にあった背景は今回どうなったのか。

今回も背景は美しく、写実的だ。山の植生や和洋折衷の一戸建ての細部を、記号化を廃して非常に丁寧に描き出している。だが、モノローグがなくなった以上、映画の中における背景の位置づけも変化せざるを得ない。

本作の背景、特に現実の日本の風景を描いた部分については、次のような一節を思い出す。


人はそんな風にして、映画という驚異の中に、自分に一番身近なものを発見する。別天地と思っていたものの中に、他ならぬ生まれ故郷の姿を発見する。映画はそんな風にして、ぼくらにぼくらの生を発見させるのだ。現実からの逃避ではない。むしろ、現実の再発見である。抜けるような青空に白い雲が浮かんでいるのを見て、映画狂が「あっ、ジョン・フォードの空だ！」と叫ぶ時、彼はジョン・フォードを知らない人間よりも、たぶんはるかに深くその青空を愛している。どこにでもある青空の愛し方を、映画が彼に教えたのだ。

『夢のあとで映画が始まる』（畑中佳樹、筑摩書房）所収の「『リリー』、聖なる丸顔の誘惑」に出てくる文章だ。

本作の背景は、内面へと向かう視線によって再発見されるのではない。その代わり、当たり前の世界の美しさを、当たり前に描くためにその力が発揮されているのだ。

そしてその美術（とそこから生まれる日常描写）を見るとき、「なんでもない日常の中に潜んでいる魅力をくっきりと取り出して描く」という言葉を思い出さずにはいられない。これは『アルプスの少女ハイジ』における高畑勲、宮崎駿、小田部羊一らメインスタッフが、作品の目標として掲げていた言葉だ。

＊

『星を追う子ども』を観ると、スタジオジブリの作品を思い出す観客も多いだろう。異世界を扱ったジュブナイル・アニメという意匠の部分が、『天空の城ラピュタ』などと重なって見える部分もあるだろうが、実はそれはたいした問題ではない。

またキャラクターが宮崎アニメに近いのは、キャラクターデザインの西村貴世の絵柄がもともと、テレコム・アニメーションフィルムや日本アニメーションといった宮崎駿監督と縁の深い会社の系列に属する絵柄であり（たとえば世界名作劇場のひとつに位置づけられる『こんにちは アン ～Before Green Gables』のキャラクターデザインも西村）、その点では『亡念のザムド』や『茄子 アンダルシアの夏』など、ジブリ出身のスタッフが関わった作品の絵柄がジブリ風であるのと似たようなものだといえる。冒頭のアスナの走りが、着地する前足はピンと伸びて、逆にけ上げた足は蹴り上げた足が急激に跳ね上がる作画をしているところなど、宮崎駿の「歯切れのいい走り」の直系の描き方である。

むしろ重要なのは、一枚絵の美しさと叙情的なモノローグによって自らの文体を固めていた（かに見えた）新海監督が、ドラマを中心に据えたとき、「なんでもない日常の中に潜んでいる魅力をくっきりと取り出して描く」という方向に踏み出した点だ。

細部に目を向けてみよう。たとえば物語の鍵を握る鉱石クラヴィスを、ハイライトと影色を巧みに取り合わせて透明感を感じさせるように描き出すとか、食事を美味しそうに見せるための色彩設計とか、これまでセル（現在はセルは使われていないが、便宜上キャラクターなどが描かれたレイヤーをこう呼ぶ）をそれほど前面に出さずに画面作りをしてきた新海監督が、セルで塗り分けられたものの力を駆使している。セルで塗り分けて表現するには、現実をある程度単純化しなくては、そのものを表現できない。記号化に陥らず、単純化を行うことが、日常の魅力をくっきりと取り出せることにほかならない。

色彩設計を例にとったが、演技についても同様だ。本作では、ポイントポイントで食事のシーンが登場する。これも日常の魅力を描くことの一環をなしている。

もちろんこうしたスタイルは決してスタジオジブリ、あるいは宮崎アニメの固有のものというわけではない。だが一方で一九七四年の『ハイジ』から、そのための手段、スタイルを愚直にまで追い求めてきたその結果がスタジオジブリ作品に結実していることも事実だ。

だから、今回のような「日常の魅力を引き出す」画面作りが、新たな新海監督なりの絵作りとして、定着・発展・改良されていくのかは興味深いところだ。

そう考えると『星を追う子ども』は、スポーツ選手がフォームを改造するために、一度それまでのフォームを崩すところから始めることに似ているかもしれない。だから作品には「最初の一歩」の感触が色濃く漂う。

そして『ほしのこえ』から十年近く経過してなお、画面作りのテクニックの高さとは裏腹に、作品に「最初の一歩」の感触を漂わせることができる、ある種の〝柔らかさ〟こそ新海作品らしさでもあるように思う。

（初出：「S-Fマガジン」二〇一一年六月号、早川書房）

『星を追う子ども』（劇場公開作品）
監督・脚本：新海誠　キャラクターデザイン・作画監督：西村貴世　制作：コミックス・ウェーブ・フィルム　劇場公開：二〇一一年

〝新海誠らしさ〟とは何か

2016/09

新海誠監督の最新作『君の名は。』は、とても興味深い一作だ。前作『言の葉の庭』から三年後となる本作は、いわゆる〝新海監督らしい要素〟と〝新しい要素〟が複雑に絡み合っている。だから、どこか見覚えがあるのに新鮮な印象がある。

『君の名は。』を新海監督のフィルモグラフィーの中にどう位置づければよいか。そのためには、漠然としたイメージでしかない〝新海誠らしさ〟を具体的に検証していく必要がある。

〝新海誠らしさ〟の背景には、まず「『ほしのこえ』を独力で作り上げ、プロデビューを飾った」という伝説化した事実がある。

『ほしのこえ』の公開は二〇〇二年。一般的な知名度がまったくなかった青年が二年をかけて制作した二二分の作品は、単に大ヒットを記録しただけでなく、作品の枠組みを超えた大きなインパクトをもたらした。そのインパクトの根底にあるのが「ひとりで作り上げた」という事実だ。

同年にリリースされたＤＶＤブックには、PROJECT TEAM DoGAのかまたゆたかが「『ほしのこえ』の位置づけと意義」という一文を寄稿している。PROJECT TEAM DoGAは、一九八九年からＣＧアニメコンテストを実施している団体。新海監督は、二〇〇〇年の同コンテストに『彼女と彼女の猫』を出品して大賞を受賞している。かまたの文章は、『ほしのこえ』がもたらしたインパクトを以下のように記す。

（引用者注：『ほしのこえ』を）過去のTV・劇場アニメなどと比較し、類似点を探して、無理矢理関連づけるのは無意味だ。なぜなら『ほしのこえ』は、従来の集団制作を前提とした商業アニメとはまったく異なる〝パーソナルアニメ〟という新しいジャンルなのだから。

このパーソナルアニメは、CGという技術とともに発展してきた。あまり知られていないが、実は15年前（引用者注：一九八〇年代後半）から自主制作のCGアニメは発表されている。（略）さらに、1999年の新海さんのデビュー作『彼女と彼女の猫』の登場によって、他の映像メディアに勝るとも劣らないレベルに達した。

パーソナルアニメは、従来の商業アニメと違い、スポンサーの顔色を伺うこともなく思い切ったチャレンジができる。そして作家の個性が前面に出る。集団制作を前提としていた従来の作品とは、まったく異なる作品がたくさん出てくるだろう。『ほしのこえ』は、パーソナルアニメの可能性のほんの一部を見せたに過ぎないのだ。

「パーソナルアニメ」が、従来のアニメーション作家によるインディペンデントな作品群とどう異なっているのか、という点については若干の検討が必要ではあるものの、この文章は『ほしのこえ』がもたらした当時の〝気分〟をよく伝えている文章だ。

つまり『ほしのこえ』は、「よくできた短編」の枠を越え、デスクトップアニメーション時代の到来を告げ、個人制作がTVアニメや劇場アニメーションのような作品を可能にする〝未来〟の象徴だったのである。

事実、二〇〇〇年前後は、エンターテインメント性のあるデスクトップアニメを発表する個人が登場するようになっていた時期だった。

たとえば『サカサマのパテマ』（二〇一三）の吉浦康裕監督は二〇〇二年に自主制作『水のコトバ』を完成させ、二〇〇五年にプロデビュー作『ペイル・コクーン』を完成させている。また『愛しのムーコ』のロマのフ比嘉監督は、一九九七年に3DCG作品『ONE DAY, SOME GIRL』でDoGAのCGアニメコンテストで大賞を受賞。二〇〇二年から3DCGによるアクション作品『URDA』を発表し注目を集めた。こういう同時代的なムーブメントの中に『ほしのこえ』はあったのだ。

では、かまたが歌い上げたような「プライベートアニメ」の時代はやってきたのだろうか。それはYESでもありNOでもある。

ここで重要なのは「プライベートアニメ」の旗手として語られた新海監督自身が、現在は「従来の集団制作を前提とした商業アニメ」の枠組みの中で仕事をしているという事実だ。新海監督は『ほしのこえ』と同じような、独力で「プライベートアニメ」を作り続ける道を進まなかった。これは吉浦監督にしても、ロマノフ監督にしても同様だ。

だから〝新海監督らしさ〟を考えるとき、「プライベートアニメ」の旗手という点にこだわり過ぎないほうがよい。むしろ、そこからスタートしつつも、「いかに『普通のアニメ映画』を作れるようになるか」という格闘を続けてきたのが新海監督である、と捉えたほうがはるかにフィルモグラフィーを深く理解することができる。

ここでいう「普通のアニメ映画」とは、集団制作でかつなるべく幅広い世代にアピールできる映画のことだ。作家の映画という側面も持ちつつ、「普通のアニメ映画」でもある作品は決して多くはない。

なお補足ではあるが「プライベートアニメ」のその後について簡単に記しておこう。

たとえば新海監督をマネジメントしているコミックス・ウェーブ・フィルムは、（そうと謳っているわけではないが）「パーソナルアニメ」に力を入れている会社である。森りょういち監督の『Peeping Life』、粟津順監督の『プランゼット』、アオキタクト監督の『アジール・セッション』といったクリエイターの個性を前面に出したエンターテインメント作品が同社から世に出ている。二〇一六年二月からTV放送された『この男子、魔法がお仕事です。』の山本蒼美監督も、TVに先だって同社から『この男。』シリーズを四作リリースしている。これはやはり「プライベートアニメ」としての『ほしのこえ』がなければこうはならなかった。

また、デスクトップアニメの可能性というところまで広く考えれば、二次創作を含む趣味としての短編アニメや３ＤＣＧソフトウエア、MikuMikuDanceを使った動画が、動画共有サービスを通じて楽しまれているのも、かまたの予想とは異なるが、これもまた「プライベートアニメ」のひとつの着地点といえる。

そもそも一言に「アニメ制作」と言っても、個人制作における「監督」と、集団制作における「監督」ではその内実は大きく異なる。たとえば新海監督は、第二作『雲のむこう、約束の場所』について次のように回想している。

> いきなり普通のアニメーションの作り方に挑戦してみたわけですが、正直、原画の見方もわからないし、演出の仕方もわからないという状態で。スタッフも急に増えて、分業になったことで、今までまったく知らなかった分野に関しても一気に監督として責任を背負い込むことになったんですね。だからもう、ひたすら大変で
>
> （新海誠「3．新海誠にとっての『雲のむこう、約束の場所』」、「あにこれβ」〔https://www.anikore.jp/features/shinkai/〕内掲載）

個人制作と集団制作の大きな違いは、個人制作は何の説明もせずに自分が手を動かせば済むが、集団制作の監督は自分の狙いを各スタッフにわかるように説明しなくてはならないというところにある。手探りでも進められる個人制作のときよりも、集団制作の監督のほうが「どういうものを作りたいのか」というイメージが問われることになる。

「普通のアニメ映画を作れるようになること」と「自分はどういうものを作るべきか」。この二つをいかに両立していくか。それを実現するための工夫がそのままフィルモグラフィーに現れている。

新海監督の主要作品のフィルモグラフィーは、「六〇分以下の短尺作品」と「九〇分以上の長尺作品」が交互に並んでいる。具体的に記すと「六〇分以下の短尺作品」が『ほしのこえ』（二〇〇二）、『秒速5センチメートル』（二〇〇七）、『言の葉の庭』（二〇一三）、「九〇分以上の長尺作品」が『雲のむこう、約束の場所』（二〇〇四）、『星を追う子供』（二〇一一）、『君の名は。』（二〇一六）である。

見ればわかる通り、長尺作品は「普通のアニメ映画への挑戦」の傾向が強く、短尺作品は「映像表現への挑戦」の傾向が強い。

『雲のむこう、約束の場所』の後に『秒速5センチメートル』を制作した理由について新海監督は次のように答えている。

『雲のむこう～』での反省点を踏まえて、『秒速5センチメートル』ではスタッフの数を減らしましたし、短編集ということで一話あたり二〇分から三〇分のものを三話つなぐ、という形にしました。スタッフも尺も少なくすることで、自分できちんとコントロールできる範囲で丁寧に作ろうと思ったんです。（略）絵のクオリティーに関しても、1カット1カット、満足のいくまで細かく手を入れることができたので、自分が思い描いていたイメージ通りの作品に仕上がりました。

（新海誠「4．新海誠にとっての『秒速5センチメートル』」、同前）

このように、自分の思ったビジュアルを追い求めていく『秒速5センチメートル』には若干「プライベートアニメ」時代のこだわりとの連続性が感じられる。そしてその次に『星を追う子ども』を監督するにあたっては、その狙いをこう語っている。

世界名作劇場のキャラクターのような間口の広い器を使い、ストーリーとしては少年少女の冒険を扱っていて、その中で今現在のメッセージを伝えてくれる作品があってもいいんじゃないかという気持ちがずっとあって、今回の『星を追う子ども』はそういう手触りの作品になりました。

（新海誠「星を追う子どもへの質問」、同前）

こちらでは「キャラクターの間口の広さ」と「映画に込めるメッセージの内容」が問題ひとつとなっており、焦点が第一に「普通のアニメ映画」にあることがわかる。

このように新海監督は「普通のアニメ映画を作れるようになること」と「自分はどういうものを作るべきか」という二つの柱を、長尺作品と短尺作品ごとに切り替えることで、自分なりのアニメーション監督のスタイルを形成してきたのである。

だから『星を追う子ども』では、再び制作体制も大きいものとなり、これ以降、制作体制は完全に「プライベートアニメ」からは遠くなっている。本作に協力したことが縁で、アニメ制作会社アンサー・スタジオが、以降の『言の葉の庭』『君の名は。』の制作にも協力していくという点でも、本作は大きな分岐点といえる。

作画についても『雲のむこう、約束の場所』以降、キャラクターデザイナー・総作画監督を置くようになっている。さらに『星を追う子ども』以降は、キャラクターデザイナーも新海の絵柄を意識することがなくオリジナルのデザインを描くようになり、そのことからも集団制作体制への移行が印象づけられる。

その点からするとアンサー・スタジオが加わっていて、『あの日見た花の名前を僕達はまだ知らない。』の田中将賀をキャラクターデザインに迎え、『千と千尋の神隠し』『ももへの手紙』の安藤雅司が作画監督を担当した『君の名は。』は、非常に「普通のアニメ映画」の体制で作られていることがわかる。

ただし作画は人に委ねても美術、撮影、編集に関しては、新海監督がしっかりイニシアチブを握っている。集団制作体制の中でも「普通のアニメ映画を作れるようになること」と「自分はどういうものを作るべきか」という二つの柱を合致させようとしている、と見ることができる。

これが現在の〝新海誠らしさ〟を支えている挑戦の歴史なのである。

長尺と短尺を行き来しながら作品を積み重ねてきた新海監督だが、変わらない〝新海誠らしさ〟もいくつかある。そのうちのひとつが、「観客の心を揺さぶる風景」であるのは、改めていうまでもない。

しかし、どうして新海作品の風景は心を揺さぶるのか。

作家の保坂和志は創作論的随想『小説の自由』で次のように記している。

余韻とは何のことか。余韻とは実体のある何かではなく、ただ何となくあるような気がする何かのことではないかと私は思う。人が歩き去って誰もいなくなった風景をほんの数秒とることで、見ている者は何となく何かを感じているような気分になる。つまりそこに心情が発生する。／しかし、その心情には何も実体はない。しかし実体はないのだが、何かを感じているような気分は醸し出される。それが映画の何カ所かで演出されることによって、見ている者の気持ちはだんだん誘導されやすい状態になっていき、ラストあたりで雪崩を打つように感動させることができる。

（保坂和志『小説の自由』、単行本：新潮社／文庫：中央公論新社）

保坂が若干否定的なニュアンスでこの語っている「余韻」の効果こそ、実は新海監督の描く風景を魅力的に見せているものの正体だ。新海作品において「ラストあたりで雪崩を打つように感動させ」られた、という経験を持っている人は少なくない。

ただし、この技そのものは決して新海監督の固有のものというわけではない。たとえば感動させたいシーンのカット尻を伸ばして間を多めにとってあげる、という演出術は極めて当たり前の技術として存在する。

また『GHOST IN THE SHELL／攻殻機動隊』で知られる押井守監督は、映画の折り返し地点のにはダレ場が必要だと主張している。ダレ場とは、文字どおりダレるような停滞感のあるシーンのことだ。そこではストーリーやドラマは進行せず、音楽中心の音響で画面には風景が映し出される。

観客はその「風景」を見ながら、それまでの展開を頭の中で整理したり、映し出された映像の行間にドラマを発見したりする。つまり「風景だけで絵が止まっている（キャラクターがメインで登場しない画面）」時には人の心や頭が動き出すのである。それが観客の映画への主体的な没入を生むのである。

具体的な例を挙げるなら『新世紀エヴァンゲリオン』の第拾四話「ゼーレ、魂の座」のBパート冒頭がある。ここでは背景中心の映像にヒロインのひとり、綾波レイ（声・林原めぐみ）のモノローグが淡々と重ねられることで、独特の叙情が生み出されている。

新海監督はデビュー以前からこの技を積極的に活用してきた。

その理由のひとつは新海監督自身の画力であろう。新海監督の画力は「キャラクターを見事に動かしてみせるほどのではないが、資料写真を巧みに映像に置き換えることはできる」というものだ。だから、なるべくキャラクターが動かずに成立するアニメーションを志向することになる。

また新海監督が映像のおもしろさを感じたきっかけが、就職したゲーム会社でOPなどをディレクションすることだったというのも大きい。ここで新海監督が感じたおもしろさとは絵の動きというより、映像や音楽のタイミングのおもしろさだったという。

アニメーションの自主制作において、自分の画力で作りきれる作品のスタイルを考えるということは非常に重要である。こうして新海監督は、「自分のできること」と「自分がおもしろいと感じた手法」を組み合わせて、自主制作第一作『遠い世界』（一九九八）、続く『彼女と彼女の猫』（一九九九）を完成させた。

ただし、背景中心の映像で勝負をするには背景自体が〝（間が）保つ〟絵になっていなければならない。

『ほしのこえ』以降の新海作品の背景は、正確な空間感と緻密なディテール感があり、非常に情報量が多い。この情報量の多さが、「パッと見ただけでは、全部を見尽くせない」印象を生んでいて、〝保つ〟絵になっている。ここで情報量が少ないと、長時間映像を見ているうちに、だんだんそれが「絵」に見えてきてしまって、「風景」に見えなくなってしまう。

ただし、写真を引き写しただけでは、単に乱雑な風景というだけで、そこに美的緊張は生まれない。写真をベースにしながら、必要なだけのディテール感を残し、そうではない細部の情報をオミットしていくことで、「あたかも現実のようであるが、美しい背景」というものが出来上がる。その手際が新海作品の美しさを支えている。

新海作品の背景にはさらにもうひとつ特徴がある。それはドラマチックな光の描き方だ。

たとえば地面に落ちる影。影というのは決して、精密な直線で区切られているわけではない。影の輪郭線はぼんやりと滲んでいる。新海作品ではそこをもうちょっと大胆に処理して、薄い影のゾーンとその中にある濃い影のゾーンとして描いている。これによって、観客は普通の描き方よりもずっと光の存在をその空間に感じるのである。

またハイライトや映り込み、照り返しなどもかなり強調して描かれている。

たとえばコンクリートの塀であっても、平板に塗られることはなく、最も明るいハイライト部分から暗い部分までかなり明確にコントラストがついている、集合住宅の金属製のポストや学校の机など、光を反射しそうなものには、周囲の光の映り込みがかなり強調されて描かれていて、画面をキラキラと彩っている。

光は単に美しく画面を見せるだけでなく、キャラクター側の照り返しや影の表現と連動することで、その空間そのものにリアリティを与える役割も担っている。『言の葉の庭』の木々の緑がキャラクターに照り返している描き方は、空間に満ちた光を意識させることで、その空間全体を存在感あるものとして観客に提示する効果があった。

そして忘れてはいけない要素が、保坂のいうところの「人がさっきまでいた気配」である。これがないと美しい風景はただ美しい風景のままなのだ。

新海作品の場合、それはキャラクターのモノローグが担う場合が多い。そこに不在の、あるいは存在していても小さくしか映っていないキャラクターの語り。それはストーリーを進めるというよりも、まるで音楽のように、キャラクターの心情を論理でなく雰囲気で伝えてくる。

新海作品の予告のほとんどが、登場人物のモノローグから始まっている。これを見ると、やはり「美しい背景＋モノローグ」という手法というより、それを通じて観客の心の中にわき上がる心情こそ、〝新海誠らしさ〟の正体であるように思う。

新海作品において「美しい背景＋モノローグ」が生み出す余韻が効果的なのは、当然ながら物語が要請する雰囲気と、それが見事に重なり合っているからだ。

では新海作品は何を描いてきたのか。

それは「喪失感」といえる。だが、その喪失感はちょっと特殊な喪失感といえる。

『ほしのこえ』を思い出してみよう。この作品を、宇宙の距離が引き裂いた二人の恋人の物語だと記憶している人は多いだろう。だが、果たして主役の二人、ノボルとミカコは恋人だっただろうか。
ノボルは、ミカコのことをモノローグでこんなふうに語っている。

「ナガミネミカコは中学のころ、割と仲のよかったクラスメイトだ。同じ高校に行けるって、まあ期待もしていたんだけど。」

だがミカコは高校には進学せず、国連宇宙軍に入って宇宙の彼方へと旅立ってしまう。つまり二人は、恋人以前の状況なのだ。
だからミカコからのメールもこんな文面になる。

「ねえ、私たちは、宇宙と地上に引き裂かれる、恋人みたいだね。」

この「みたい」という言い切りを避けた部分に『ほしのこえ』の「喪失感」のポイントがある。
ノボルもミカコも「恋人」を失ったわけではない。「恋人になったかもしれない人」を失ったのだ。そこにあるのは、実体があるものが失われた喪失感ではない。存在しなかったものを失ったという、もっと漠然としていかんともし難い喪失感なのである。だからこそ、その喪失感は何をもってしても埋められないのである。

この「存在していないものの喪失感」はその後の作品でも、繰り返し描かれている。

『雲のむこう、約束の場所』では、自作の飛行機を作っている少年ヒロキとタクヤが、同級生の少女サユリを、国境線の向こうにある「塔」へと連れて行く約束をする。ヒロキは、サユリに密かな思いを寄せている。ところが、ヒロキの告白も、塔へのフライトも実行できず、サユリは二人に何も言わずに姿を消してしまう。実は、サユリは原因不明のまま終わることのない眠りについてしまい、研究施設に入院してしまったのだ。

『秒速5センチメートル』第一話「桜花抄」では、小学生の明里と貴樹の関係が描かれる。まるで運命の恋人のように常に行動をともにしている二人だったが、恋人と言いうる関係になる前に、転校によって離ればなれになってしまう。

興味深いのは、ファンタジックな冒険ものである『星を追う子ども』でも、この「存在していないものの喪失感」から物語が始まっている点である。

少女・明日菜が偶然出会ったのは、地下世界アガルタからやってきた少年シュン。シュンは死ぬ前にひと目地上世界を見ようとやってきたのだ。ひとときの交流をする明日菜とシンだったが、シュンは明日菜と再会することなく死んでしまう。このシュンとの〝関係〟とも呼べないような、曖昧な関係が失われたことが、明日菜をアガルタへと導くことになる。

「存在していないものへの喪失感」を心に宿したキャラクターたちは、それをなんとか埋めようと足掻く。だが、それは失ったものを取り返すことには繋がらない。一時、喪失感を埋められたと思っても、それは「改めてちゃんと失うため」の一プロセスにしか過ぎないのである。『星を追う子供』のキャッチコピーは、「それは、〝さよなら〟を言うための旅。」というものだが、『星を追う子供』までの新海作品はそこを繰り返し描いている。

『秒速5センチメートル』「桜花抄」で、貴樹は離ればなれになった明里に苦労をして会いに行く。そして雪の積もる樹の下で二人はキスをする。このときに貴樹は次のようなモノローグを口にする。

「その瞬間、永遠とか、心とか、魂とかいうものがどこにあるのか分かった気がした。十三年間生きてきたことすべてを分かち合えたように僕は思い、それから次の瞬間、たまらなく悲しくなった。明里のそのぬくもりを、その魂を、どのように扱えばいいのか、どこに持っていけばいいのか。それが僕には分からなかったからだ。僕たちはこの先もずっと一緒にいることはできないと、はっきりと分かった」

彼女とついに魂を繋ぐことができたのだが、その高揚の中に貴樹はやがて来る別れを予見してしまう。そして事実、二人は（具体的に別れるプロセスは描かれないが）別れてしまう。

前作にあたる『雲のむこう、約束の場所』では、この「改めてもう一度失う」過程をかなりひねりを効かせて描いている。

映画の終盤、ヒロキは行方知れずだったサユリと再会し、国境線を越えてサユリを「塔」まで連れて行くことに成功する。ストレートなハッピーエンドといってよい内容だが、全体のトーンはどこか寂しげだ。

実は映画のアバンタイトルでは、このハッピーなラストシーンのその後が描かれている。

「いつも何かを失う予感があると、彼女はそう言った。当時、まだ中学生だった僕には実感が持てるはずもなかったけれど。それでも、彼女のその言葉は不思議に僕の心をふるわせた。まだ戦争前、蝦夷と呼ばれた巨大な島が、他国の領土だったころの話だ」

このモノローグを語っているのは成長したヒロキ。ヒロキの中学時代を描く本編では日本は分断国家として描かれており、蝦夷はユニオンという勢力の支配下にあるとされている。だから、このモノローグから、クライマックスで起きた戦争がきっかけで、蝦夷が再び日本領となったことがほのめかされている。

そして、その成長したヒロキの傍らにサユリがいる気配はない。

実際、「塔」まで連れて行かれ、意識を取り戻していく過程でサユリは次のようなセリフを口にしている。

まず夢の中でのサユリのセリフ。

「ああ、夢が消えていく。ああ、そうか、私がこれから何をなくすのか、わかった」
「お願い。私が今までどんなにヒロキくんのことを好きだったか、それだけを伝えることができれば、私はほかには何もいりません。どうか一瞬だけでも、この気持ちを」

そして目が覚めてサユリは

「私、何かあなたにいわなくちゃ。とても大切な……消えちゃった……」

サユリの覚醒は喜ばしいことに見えながら、二人の間にあった恋愛感情は失われてしまっているのである。つまりこれもまた「改めて失うため」の物語だったのである。

こうした喪失感をめぐる物語の形が変わってくるのは、『言の葉の庭』からだ。『言の葉の庭』は、雨の日になると学校をさぼる高校生・タカオと、謎めいた女性・ユキノの出会いを描いた作品。この二人はどちらも悩みを抱えており、それゆえ、お互いを支え合うように気持ちが近づいていく。海監督がこの二人の関係を「雨宿り」と表現する由縁である。「雨宿り」はかりそめの、やがては解消されるであろう関係だ。そういう意味では本作も「存在していないものへの喪失」をめぐる物語であるとはいえる。だが、やがて到来する二人の別れは、むしろ穏やかな雨上がりの空にも似て、「喪失感」は前向きな未来への期待へと変化している。

「甘やかな喪失感」がファンを魅了してきた（そして同時に「甘い」とも表されてきた）新海作品としては、これは大きな転換点といえる。

自主制作短編『遠い世界』は、電車の中で男女が寄り添いながらも、心の中にはディスコミュニケーションがある状況を描いた作品だ。そこには女性側のモノローグとしてこんなテロップが映し出される。

「あなたがいつか／ほんとうの半分をみつけるまで／ずっとそばにいるね」

この言葉から想像するに、二人の関係もまたかりそめの、「雨宿り」のような関係であることが伺える。だがこの『遠い世界』と『言の葉の庭』の「雨宿り」の間の距離はかなり離れている。いわゆる「喪失感」をめぐる〝新海誠らしさ〟は『言の葉の庭』で大きく変化しているのだ。

当たり前だが作り手は常に変化していくものだ。アニメーションとしての表現にせよ、制作体制の違いにせよ、作劇とテーマの描き方にせよ、この距離こそ二十年余りの新海監督の変化がもたらした結果なのだ。

では最後に最新作『君の名は。』について記しておこう。冒頭に記した通り『君の名は。』は、〝新海誠らしさ〟と〝新しい要素〟が絶妙にブレンドされた作品となっている。

もう少し正確に言うのなら、本作は「普通のアニメ映画」を目指して変化を重ねてきた〝新海誠らしさ〟

のひとつの到達点である。本稿を読んだ上で『君の名は。』を見ていただければ、作品の中に新海監督が「普通のアニメ映画」を目指して変化し続けた、その歴史が折りたたまれて入っていることが見えてくるはずだ。

そして、本作は過去を脱ぎ捨てるのではなく、以前の〝新海誠らしさ〟を象徴した「存在していないものへの喪失感」も新たな物語の中へと置き直している。だから、どこか見覚えがあるのに新鮮な印象になっている。

「短尺で作り込んだ作品」になるかもしれない次回作が、どのような作品になるかも楽しみになるような、新海監督が新たなドアを開いたような作品だった。

初出：「ユリイカ」二〇一六年九月号、青土社。

新海誠作品に見る〝実体のない喪失感〟と〝世界の広がり〟――『君の名は。』

2016/09

『ほしのこえ』がもどかしかったのは、あれほどのメールをやりとりしながら、ノボルもミカコも自分の話しかしないところだ。ダイアローグのような、モノローグの応酬。この自分の内側へと向かって発せられる言葉は『ほしのこえ』から『秒速5センチメートル』に至る、新海誠監督の初期三作に共通する特徴といえる。

モノローグから伝わってくるのは、語り手が抱える「実体のない喪失感」。三作とも、主人公は「恋人以前の関係であったヒロイン」が不在になったことで深い喪失感に襲われる。彼はまだ何も得ていないうちに、〝何か〟を失い立ちすくんでいるのだ。

だから、『君の名は。』の前半は、携帯電話の使い方を含め、過去の作品とずいぶんトーンが変わっていて非常に印象に残った。ほしから届くモノローグから、「君の名」を問うダイアローグへの変化。

ある日突然、寝ているうちに心が入れ替わってしまった高校生の男女、瀧と三葉。二人は、不定期に起こるこの現象に悩まされながらも、互いの携帯電話を伝言板のように使うことでコミュニケーションし、トラブルを少しでも減らそうと努力する。自分の体を委ねることになる相手に、注意したり、怒ったりの日々。映画の前半は、そんな二人の少し変わった日常をスケッチしていく。

ところが映画が中盤に差し替わると、ストーリーは観客の予想外の方向へと展開する。そこで顔を出すのは、やはり「実体のない喪失感」なのだ。つまりどこか楽しげな瀧と三葉の入れ替わり事件は、やがて瀧が感じる「実体のない喪失感」に観客を立ち会わせるためのものだったのだ。過去の作品であれば、美しい風景を中心にした日常スケッチで描かれていたところが、『君の名は。』ではコメディとして提示されているのだ。これは観客へのミスリードも含め効果的だった。

では「実体のない喪失感」に捉えられた主人公はどう振る舞うのか。『雲のむこう、約束の場所』と『秒速5センチメートル』第一話「桜花抄」では、「対象を取り戻したかに思われるが、再びそれを失う」という状態が描かれる。『ほしのこえ』はラストで主人公が宇宙に行くことがほのめかされるが、そこにあるのが希望なのか喪失感の確認なのかは、明確には描かれない。

『君の名は。』の瀧も同様で、「実体のない喪失感」に襲われた後、「対象を取り戻そうとして、再びそれを失う」ことになる。三葉の住んでいた山間の町を探し求め、ついにその場所がどこかを発見する。だが、そこは三年前に彗星のカケラが落下するという大災害により今は湖となっていたのだ。

では『君の名は。』は中盤以降、初期の作品の延長線上へと回帰しているのか。そんなことはない。『君の名は。』は、『星を追う子ども』から始まった「いかにして〝映画〟という器にふさわしい物語を語るのか」という挑戦の延長線上にあり、そこでは「喪失感」を中心とする叙情を、いかに叙事＝ストーリーの中に組み込んでいくかが試されている。

だから『君の名は。』を理解するには、『星を追う子ども』が最良の補助線といえる（間に挟まった『言の葉の庭』は、六〇分の中編ということもあって、このラインからは若干はずれているので、今回は触れない）。

日本アニメーションからスタジオジブリへと通じる系譜の上にのるキャラクター造形や作画のスタイル、調理のシーンを丁寧に見せる演出などなど、〝新海作品らしくない〟と評されることが多い本作だが、実はストーリーの根幹は極めて〝新海誠的〟だ。

同作の主人公・明日菜は、地下世界アガルタの少年シュンと出会い、つかの間の交流を果たす。だがシュンは死んでしまう。出会ったばかりのシュンが、さよならをいうこともなく死んでしまったことが、（明日菜が幼いころ死んだ父と呼応することもあり）明日菜の深い心の中に「実体のない喪失感」を残す。これが明日菜をアガルタへと導く一因となる。そしてアガルタで明日菜は改めてシュンに「さよなら」を告げることができる。

ここで描かれているのは、作中のセリフにもある通り「さよならを言うための旅」であり、それはつまり「対象を取り戻そうとして、再びそれを失う」ということにほかならない。

だが本作はそれを「美しい背景による日常のスケッチ」としてではなく「アガルタへの冒険の旅」というストーリーと並行して描かれているのである。そしてその並行関係が、「感情がお話を進める」のではなく「お話のために感情はある」というふうに見えてしまった一因でもある。

一方『君の名は。』は、ストーリーと叙情を並行して展開していない。前半は瀧と三葉の個人的な感情、中盤は瀧の感情がストーリーを進めている。それが、時空を超えて大災害から町の人々を助けようとするという展開になることで、個々の感情が叙事の一部へと繋がる構成になっている。これによって叙情が叙事の中へとうまく組み込まれた。

『星を追う子ども』と『君の名は。』が似ているポイントはもうひとつある。それはクライマックスに用意された、世界の広がりだ。

『星を追う子ども』のクライマックスは、世界の果てを意味する聖地フィニス・テラで、〝神〟と邂逅するシーンだ。明日菜たちは、そこで目に見えないはずの世界の真理の一端に触れる。

『君の名は。』では、やはりクレーターによる窪地が聖地として登場し、死後の世界を意味する「かくりよ」と呼ばれている。瀧は「かくりよ」の中心にある社に赴き、時空を超えて三葉とコンタクトをとろうと試みる。

そこで明らかになるのは、「かくりよ」の社や壁画こそ、約千年前に起きた同種の彗星による大災害の記憶を留めるためのものということ。さらに、瀧と三葉の心が入れ替わったことにも実は意味があることが示される。

『秒速5センチメートル』第二話「コスモナウト」では、打ち上げられるロケットを描く大きな風景に、自らの孤独な旅を見るセリフが重ねられていた。だが『星を追う子ども』や『君の名は。』の超常体験が描くのは、もっと開放的だ。そこでは、個人の感傷は相対化され、大きなものへと開かれていく。それによって登場人物は救済を得る。

『星を追う子ども』で試みた叙情と叙事の両立を、より精度を高めて再び挑戦した『君の名は。』。そこでは、新海監督の「作りたいもの」「作れるもの」「作るべきもの」が、ついにくっきりと重なり合っている。記録的なヒットとなったのも当然のことといえる。

初出：「アニメの門V」、二〇一六年九月二日公開。

『君の名は。』（劇場公開作品）
監督・脚本：新海誠　キャラクターデザイン：田中将賀・安藤雅司　制作：コミックス・ウェーブ・フィルム　劇場公開：二〇一六年

非対称な「入れ替わり」と「当事者性」――『君の名は。』

2016/12

八月二六日から公開された新海誠監督の『君の名は。』が歴史的なヒットを記録している。公開から一月余りで興行収入は一二〇億円を突破。宮崎駿監督作品以外で、一〇〇億円を突破したアニメ映画は史上初だ。

この映画は高校生の男女の心が入れ替わるところから始まる。東京で暮らす男子高校生・立花瀧は、ある朝、自分が山深い小さな町の女子高生になっていることに気づく。一方、東京に憧れる田舎の女子高生・宮水三葉も、自分が東京の男子高生になっていることに気づく。どうやら二人は夢の中で入れ替わってしまったらしい。

入れ替わりは週に二、三回、眠ることで発生する。元の生活に戻ると、入れ替わっていたときの記憶は次第にぼんやりと夢のようになってしまう。二人は入れ替わっている間の行動を、互いに携帯にメモを残すことで、なんとかこの奇妙な入れ替わり生活を乗り切ろうとする。

ところがある日を境に、入れ替わりが起きなくなる。どうしてなのか。入れ替わりの唯一の証拠だった携帯電話のメモも、瀧がアプリを開いた瞬間に目の前で消えていく。瀧の入れ替わりの記憶もどんどん薄れていく。一体、三葉との入れ替わり体験とは何だったのか……。

『君の名は。』がこれまでの新海監督作品とどこが違って、どこが共通なのかを知るには『秒速5センチメートル』と比較するとわかりやすい。二〇〇七年公開の『秒速5センチメートル』は、その時点での〝新海誠全部入り〟で、多くの人に「非常に新海監督らしい作品」として認識されている。このあたり〝ベスト盤〟を意識した『君の名は。』とも微妙に呼応している。

一番違うのは、作品の持つ空気感。『君の名は。』の前半は、瀧と三葉の入れ替わりで起きるあれこれを、コミカルにテンポよく積み重ねていく。静かなモノローグで叙情たっぷりに進行する『秒速5センチメートル』とは、方向性がまったく違う。

実は新海監督は短編アニメ「猫の集会」というギャグタッチの作品も作っており、これまではあまり知られていなかった新海監督のユーモアのセンスが『君の名は。』の基調にあるのは非常に新鮮だ。

このコメディタッチが、シド・フィールドの脚本術でいうところの中盤の折り返し点・ミッドポイントを越えたところでガラっと方向が変わる。ここから瀧は、三葉と入れ替わったときのかすかな記憶をたぐり、三葉の実在を確かめようとする。

この後半の展開は、要素だけ見ると、それまでの新海作品と共通する部分は多い。新海作品は、まず「実体のない喪失感」があり、その「喪失を取り返そうとアクションを起こすが、やはり最終的には喪失する」という構図が繰り返されている。『雲のむこう、約束の場所』や『秒速5センチメートル』第一話「桜花抄」、『星を追う子ども』がそれにあたる。

『君の名は。』の瀧が、薄れゆく記憶の中で三葉を求めていき、ひとつの答に至る流れはまさに、この要素にぴったり当てはまっている。だが、瀧が大きく違うのは、その喪失感を抱えて立ち止まるのではなく、そこに強く抗う点だ。この抗う行為が作品の熱量を高め、初動を支えた十代の観客の心を動かしたのだろう。

このように『君の名は。』は、これまでの新海作品の要素を踏まえながらも、新しい印象の新海作品として完成しているのだ。なのでしばしば〝ベスト盤〟と説明される本作だが、むしろ新アレンジ、新録音によるセルフ・カヴァーアルバムといったほうがより実態に近いと思う。

非対称な入れ替わりストーリー

『君の名は。』の予告は、映画前半の入れ替わりのくだりに焦点を絞って編集してある。これは中盤以降の展開について映画館で驚いてもらうための、いい意味でのミスリードを誘う狙いがあり、その狙いは見事に成功していた。あの予告を見た一定世代以上の多くは、山中恒の『おれがあいつであいつがおれで』を原作にした大林宣彦監督の『転校生』(一九八二)を思い出したのではないだろうか。

新海監督は、この「入れ替わり」を使った前半について、「決して〝入れ替わりもの〟を描きたかったわけではない」とインタビューで話している(http://video.unext.jp/feature/cp/shinkaimakoto/)。描きたかったのは、「手を伸ばし合う思春期の2人のドラマ」で、その導入として、二人のドキドキわかりやすく伝えるために選ばれたのが「入れ替わり」というシチュエーションだったという。

この新海監督の狙いは、映画を見ればよくわかる。あの「入れ替わりもの」の部分を強調した予告のイメージで映画を見ていると、いい意味で裏切られるのが『君の名は。』だからだ。

逆にいうと「入れ替わりもの」のように始まって、そうではない方向へとスライドしていくのが本作の特徴というべきで、いわゆる「入れ替わりもの」と比較することで、その特徴が浮き彫りになるのではないだろうか。

では、そもそも「入れ替わりもの」というのはどこまで遡れるのだろうか。

調べてみると、『おれがあいつであいつがおれで』以前に二つほど「入れ替わりもの」の作品があることがわかった。

まずひとつはサトーハチローが戦前に書いていたという『あべこべ物語』。これは小学校六年生の妹と旧制中学二年生の兄の心が、不思議な玉の力で入れ替わってしまうという内容だったそうだ。

もうひとつは、一九七一年に光瀬龍が「高一コース」に連載した『あばよ！ 明日の由紀』。こちらは、高校一年生の戸沢章二が、同級生の人気者に振られるところから始まる。失恋した章二はその晩、美人に生まれ変わって男を振ったら気持ちがいいだろう、と思いながら眠りにつく。ふと気づくと、章二は由紀という少女になってホールでゴーゴーを踊っていた。その後、章二と由紀は、入れ替わりの原因と思われる降霊術師ルイ＝オサリバンの屋敷に潜入することを決める。中編なのであっさりとした内容だが、それでも「親の前で他人のふりをする苦労」や「異性（女性）になったことで見えてくる憧れていた相手の欠点」といった、『おれがあいつであいつがおれで』とも共通する要素もいくつか書かれている。

そして、このジャンルを代表する『おれがあいつであいつがおれで』。「小六時代」で七九年から連載された作品だ。主人公斉藤一夫の一人称で書かれた本文は非常に生き生きしていて、グイグイと読者を引っ張っていく。これは確かに世代を超えて読み継がれるだけの魅力のある小説（児童読み物）だと、今回読んでみて実感した。

本作が魅力的なのは、男女で心と体が入れ替わってしまったことで起きる下着やトイレ、生理にまつわる問題を、ことさら構えずに、でもしっかりと書いているところだ。そこから「他人を知り、自分を知る」という主題がはっきり浮かび上がってくる。

さて「入れ替わりもの」三作を振り返ってみたのだが、この三作品と『君の名は。』では大きく違うところがある。

『あべこべ物語』は不思議な玉、『あばよ！ 明日の由紀』は降霊術師、『おれがあいつであいつがおれで』は身がわり地蔵と、二人とは無関係の第三者的要素によって「入れ替わり」が起きた（らしい）ことになっている。

だが『君の名は。』は違う。この作品で描かれる入れ替わりは、三葉（の一族）が持っている特殊な能力によって引き起こされているのだ。しかも作中の断片的な描写から想像するに、その特殊な能力は、千二百年に一回繰り返されてきた、ティアマト彗星のカケラが落下するというカタストロフから地域の人々を守るために伝わってきた能力らしい。

つまり、『君の名は。』で描かれた「入れ替わり」は、（本人は自覚していないにせよ）三葉側に理由があり、瀧はその能力に一方的に巻き込まれたのだ。この非対称な入れ替わりこそ、先行する「入れ替わりもの」と大きく異なる『君の名は。』の最大の特徴といえる。

ちなみに本編では、入れ替わりで生じるさまざまな齟齬はあくまで点描の範囲に留めて描かれている。本編を補完する短編集『君の名は。Another Side:Earthbound』（加納新太）の中の一編「ブラジャーに関する一考察」を読むと、そのあたりがフォローされていて、本編以上に「入れ替わりもの」っぽい仕上がりになっている。印象的なのは、瀧が三葉の体の華奢な作りや、筋力不足、柔軟性の高さに「微妙な違和感」を感じる描写があるところだ。

そして、この非対称な関係の入れ替わりが本編の中でどういう意味があるのかを考えていくと、本編の中に、少しだけ感じられたトゲのような違和感もまた氷解する。

トゲのような違和感とは、ティアマト彗星のカケラが三葉の住む糸守町を直撃する、というカタストロフの描き方だ。大勢の人の命を奪った天災という点で、この出来事は東日本大震災を思い起こさせる。映画の中で瀧は、自分が入れ替わっていた相手が三年前の三葉で、彗星のカケラの直撃で既に死んでいることを知る。それを知った瀧は、なんとかもう一度入れ替わることで、三年前のカケラの直撃で死んでしまった三葉たちを救おうとする。

現実に起きてしまった東日本大震災は絶対になかったことにできない。ところが瀧は彗星のカケラの直撃をナシにしてしまおうとする。それは現実の震災を考えたときに、いささか踏み込み過ぎではないだろうか。そもそもそういう描写をされているカケラの直撃を直線的に東日本大震災と結びつけていいものだろうか。それがトゲのような違和感の正体だ。

だが、本作の特徴が入れ替わりの非対称性にあるということに気づいたとき、この違和感を解く手がかりが見えた。『君の名は。』は三葉を主人公と考えると、さまざまな描写が明確になるのだ。

三葉を主人公と考えると、この映画のストーリーは「村の危機を救うための能力を持った少女が、その能力を使って未来の手助けを借り、目の前の危機を乗り越えようとする」というものになる。三葉からすればこれは「過去の書き換え」ではなく、カタストロフの当事者として「未来の可能性」をつかもうとする戦いなのだ。

ここで気づくのは、三葉の中に入った瀧が、三葉の父である町長に避難を頼みに行ってもうまくいかなかったという事実だ。町長に町民の避難を決意させたのは結局、再度父親の前に立った三葉本人である(ことがほのめかされている)。サスペンスを盛り上げるため、その説得シーンは具体的に描写はされていないが、三葉は(瀧の力を借りつつも)当事者として自分の力で未来をつかみ取ったのは間違いのないことのように思う。

では、三葉が主人公なのに、どうして瀧というキャラクターが必要だったのか。

三葉が当事者であるのに対し、三葉の能力に巻き込まれた瀧は、極めて当事者に接近しながらも、最終的には無力な非当事者でしかありえない。三葉と瀧の非対称な入れ替わりは、そのまま当事者と非当事者という非対称な関係を表しているのだ。そして瀧が代表する無力な非当事者の立場は、東日本大震災のときに、言葉を失いながらテレビを見ることしかできなかった、多くの人々の立場と重なる。

非当事者の瀧にできるのは（若干の手助けを除けば）後は、「忘却に抗うこと」だけなのだ。三葉という当事者がそこに生きていたことを忘れない。かくして瀧の孤独な抵抗は「君の名は。」というタイトルへと収斂していく。もし『君の名は。』が東日本震災にまつわる何かを切り取っているとしたら、三葉と瀧の関係の非対称性にこそ宿っているはずだ。

映画はハッピーエンドで締めくくられる。それはエンターテインメントだから当然の結末だ。だが、三葉が死んでしまった世界線で生きる瀧は、三葉の面影を雑踏の中に探すことはないのだろうか。三葉という言葉を忘れても、「大事なことを忘れてしまった」という感覚は残るのではないのだろうか。実はこの映画で描かれている「当事者と非当事者が入れ替わりによって結ばれてしまう」というストーリーにおいて、三葉の生死はさほど大きな問題ではない。ここで大事なのは、縁が結ばれてしまった以上、忘れることはできない、という感覚なのだ。

こうしてみると『君の名は。』は確かに「入れ替わりもの」ではない。でも「入れ替わり」という要素を巧みにストーリーの中に織り込んだ作品ではあったのだ。

初出：「SｰFマガジン」二〇一六年一二月号、早川書房。

『君の名は。』（劇場公開作品）
監督・脚本：新海誠　キャラクターデザイン：田中将賀・安藤雅司　制作：コミックス・ウェーブ・フィルム　劇場公開：二〇一六年

「あえて間違うこと」で守られる聖域——『天気の子』

2019/07

自分の中で一番大切なものを見失わないこと。それがたとえ、ほかの人たちに一切理解されないとしても。

『天気の子』を見て、同じ新海誠監督が十五年前に監督した『雲のむこう、約束の場所』を思い出した人が多いようだ。確かにこの二作品が描く物語の構図には共通点がある。共通するのは、どちらもヒロインの存在と世界の安定が天秤にかけられるという点。それに伴い、主人公が「ヒロインか世界の安定か」を決断を迫られる瞬間も登場する。

だが、同時にこの二作品は決定的に異なってもいる。異なっているのは「自分」と「世間」の関係性だ。この点を意識すると、『天気の子』がどのような映画かがより実感できるようになる。

『雲のむこう、約束の場所』のヒロイン・サユリは中学三年生の夏から、三年間ずっと眠り続けている。それは実は、北海道（作中ではユニオンという勢力の支配下にあり「蝦夷」と呼ばれている）に建つ「塔」に原因があった。詳細な設定は煩雑なので省くが、サユリが眠り続けることによって、「塔」の能力の及ぼす範囲は抑制されているのだ。もしサユリが目覚めれば、この範囲が拡大して、世界は危機に陥ってしまう。だから主人公ヒロキが、中三の夏に果たせなかった約束を果たせばサユリは目覚めるはずだ、と行動を始めた時、友達のタクヤは「サユリを救うのか、世界を救うのかだ」と拳銃をヒロキに向けることになる。

とはいえ、映画の中でクライマックスを盛り上げるのは、この二者択一から生まれる葛藤ではなく、大人たちの「塔」の扱いに関する様々な思惑もあり、ヒロキは最終的に塔を壊す役も担うことになる。塔を壊してしまえば、サユリが眠り続ける必要もない。

つまり、ヒロキの非常に個人的な願いが、周囲の思惑を利用する形になり（あるいは周囲がヒロキの個人的な願いを利用して、ともいえる）、本来なら世界を壊しかねないヒロキの強い願いが、社会的に問題のない形に着地するように物語は構成されているのだ。大人という世間の一部を描きながら、本作があまり世間を描いているように感じられないのも、このように最終的にヒロキの願いと世間の思惑が合流してしまう点にある。

どうしてこのような構成になっているかといえば、本作の主題が、先述の二者択一を描くところに置かれていないからだ。本作はサユリを取り戻すという一見ハッピーエンドに見える構造の中に、取り返しのつかない喪失（眠り続けるサユリとヒロキの間で共有されていた〝夢〟、そして三人で憧れていた「塔」の存在、この二つがクライマックスでともに失われてしまう）があることを描くことこそが、重要なことだからだ。

なお、こうした喪失感は、『星を追う子ども』までの新海作品には重要な要素だったし、〝ベスト盤〟と言い表される『君の名は。』にも変奏されて組み込まれている。

これに対し、『天気の子』の主人公・帆高は徹頭徹尾、世間とぶつかりあわざるを得ない少年だ。それは序盤から明確で、家出少年でかつ未成年の帆高が、身分証明なしで夜の街で働こうとして、ことごとく失敗するという描写からして明確だ。たまさか弱小編集プロダクションを経営する須賀が、〝ライ麦畑のキャッチャー〟として帆高に手を差し伸べなければ、帆高はどうなっていたかわからない。

こんなふうに世間の〝当たり前〟からはぐれてしまった帆高が、やがて「一〇〇％の晴れ女」である陽菜と出会う。帆高たちは、雨ばかり続く異常気象の東京で、「晴れ間」をデリバリーする仕事を始める。ここで重要な点は、陽菜がこの能力を手に入れた経緯を知っているのは、（作中で描かれている範囲だと）陽菜自身と、彼女からそれを打ち明けられた帆高だけということだ。廃ビルの屋上にある祠の前で陽菜に起きた神秘体験は、非常に個人的な体験でかつ非常識な内容だから、基本的に世間と共有することはできない。

これは『雲のむこう～』のサユリの能力が、科学の対象で、客観的にオーソライズされる一方で、世間にまったく知られていないことと好対照をなす。陽菜の能力は、世間の人を手助けするという形で社会にコミットするものの、その能力の根源は共有不可能なとても神秘的な領域に留まっている。サユリのことを考えるということは大人たちと問題を共有することに繋がるが、陽菜の神秘体験を信じることは、むしろ常識的な大人たちとの距離を際立たせることになる。

陽菜は両親とも死んでおり、彼女と弟・凪との二人暮らし。そこに家出少年の帆高を加えた三人にとって、陽菜の「晴れ女」の能力は、子供たちだけで疑似家族のようにささやかに暮らしていくにはとても重要なものだった。

もちろん行方不明届が出されている家出少年は保護されるべきだし、両親のいない姉弟は児童相談所なり福祉のケアを受けるべきで、それが正しいことだ。子どもたちだけで擬似家族のような生活を営もうというのは現実の世間の中では夢でしかない。だが帆高たちはそこに背を向ける。自分たちが暮らしたい場所はそこではない、という〝子供っぽい〟直感がそこにはある。だからこそ陽菜の力は、この幸福な聖域（アジール）を守る希望でもあったのだ。

帆高は世間が正しいことを十分に知っている。それが観客にもわかるように、仕事を通じて様々な人と出会った帆高の姿を描いているのだ。だからこそ、この世間とは相容れない、自分たちの聖域を守ろうとするならば、「あえて間違う」しかないのである。

この帆高の「あえて間違う」姿勢は序盤から一貫している。

まず帆高は、「（陽菜と）話はついている」というスカウトから、それでも強引に陽菜を連れて逃げようとする。そして追い詰められて、偶然手に入れた銃を取り出して撃つ。銃を使うことが非合法なことぐらい帆高でも知っている。でも、たいして喧嘩が強くない帆高が、チンピラ風のスカウトから陽菜を助け出すには、そうするしかなかったのだ。そして、この構図はクライマックスでもう一度反復される。須賀や警察官と対峙した時に帆高は、やはりあえて拳銃を構えるのである。これは若さゆえの暴力衝動の発露ではなく、自分の中で大事だと思ったことを実現するためのギリギリの判断なのだ。

そしてこの延長線上に、陽菜を救うという帆高の最後の決断もある。天気を操ることができる「天気の巫女」の伝承は、最終的に「巫女」が消えることで天気の異常が収められる、ということを伝えていた。そして実際、陽菜の体には異変が起き、そして消えてしまう。帆高は、最終的に異常気象が収束することよりも、陽菜を助けることを選び、それを実行する。帆高は、長い雨が止むことで世間の人が喜んでくれる人がいることをちゃんと知っている（その代表的人物として須賀と老婦人の冨美が配されている）。そしてそういう人を幸せにするということが正しいことを知りながら、陽菜を助けるという「あえて間違った」判断をする。

大事なのはこの時、帆高は世間から「世間全体を幸せにするほうが正しい」という意見を改めて押し付けられて、二者択一を迫られたわけではないということだ。そもそも陽菜の神秘体験を知らない世間（特に警察）は、帆高の二者択一そのものなどまったく関心を払わない。帆高の決断の重さは、彼しかその重大な決断の意味を知らないところから生まれている。

幸福な夏の思い出という聖域から発した、個人的な願い。それが世間（＝自分の預かり知らぬ大人）の思惑と合致してしまった『雲のむこう～』。これに対し、『天気の子』は、「あえて間違うこと」でしか世間から自分たちの大事な聖域を守ることができない物語で、見事に作品の持つベクトルが逆方向なのである。『天気の子』が切実な物語として観客に迫ってくるのはこの点だ。これから先、日本社会の行く先が厳しいものになるであろうという情報はさまざまなところで飛び交っている。では、そんな時代にどう生きていけばいいのか。そこについて、本作は「あえて間違う」というフィクションでしか描けない逆説的な正しさを通じて、メッセージを発している。

自分にとって何が一番大切なのか。それを見つけること。それは誰にも理解されなくても、世間と一切共有できないもので構わないのだ。それを見つけたら、しっかりと握りしめて心の北極星にすること。

そうすれば大丈夫だ、とこれからを生きる多くの人にエールを送って、本作は締めくくられるのである。

初出：「アニメの門V」、二〇一九年八月二日公開。

『天気の子』（劇場公開作品）
監督・脚本・原作：新海誠　キャラクターデザイン：田中将賀　制作会社：コミックス・ウェーブ・フィルム　劇場公開：二〇一九年

『かぐや姫の物語』『風立ちぬ』

――2010年代のスタジオジブリ

スタジオジブリは一九九〇年代にヒット作を連発して、国民的な存在となった。この時期は、宮崎駿監督が制作しない時は、宮崎監督が長らく共に仕事をした高畑勲監督が現場に入るという形でスタジオが運営されていた。しかし二〇〇〇年代に入るとこのローテーションが崩れ、若手監督の起用を試みるなど変化の時期に入る。だから二〇一三年、高畑監督が『ホーホケキョ となりの山田くん』(一九九九)以来十四年ぶりに『かぐや姫の物語』を発表し、宮崎監督の『風立ちぬ』と同年公開になったのはひとつの事件だった。そして『かぐや姫の物語』は高畑監督の遺作となった。最初に収録した「宮崎駿のSHOW THE FLAG」は、二〇一〇年代の原稿ではないが、気に入っているので特別に入れている。

宮崎駿のSHOW THE FLAG――『ハウルの動く城』

2004/12

「家族」の物語としての『ハウル』

作家の高橋源一郎は、文芸批評の仕事について次のように書いている。

文芸批評というものは作品のテーマ、構造を分析し、最終的にはその作品を文学史のどこいらへんに設置すべきかを考える。まあインテリア・コーディネーターのような仕事といってもいいだろう。

（高橋源一郎「文学探偵タカハシさん、『失楽園』殺人事件の謎を解く」、『文学なんかこわくない』所収、朝日新聞社）

これは文芸批評だけに限ったわけではなく、批評・評論という行為すべてに当てはまる内容だと思う。

さて、そこで『ハウルの動く城』だ。この映画は、家具でいうならば、とても丁寧に作られてはいるが、妙なところが出っ張っていたり、あるべき扉がなかったりする奇妙な形をしている。なにしろ奇妙過ぎる形をしているので、戸棚なのか、帽子掛けなのか、あるいはこれまで見たことのない新しい家具なのかなのか、なんとも判別がつきがたい。中には、この家具を作った人は、どこかで本気でこれを作ったのか疑う人もいるかもしれない。それだけにインテリア・コーディネーターが、どうコーディネートしてみせるか、頭をひねらざるを得ない一品が『ハウル』なのだ。

この難問についての答えの出し方は人それぞれ。結論の出し方もそれぞれだけれど、ここでは間違いを恐れず、思い切って、断言することから始めよう。

『ハウル』は「家族」についての物語なのだ。

映画の中盤以降、動く城には実に多彩な人物たちが集まってくる。ハウルにソフィー、マルクル、カルシファーに加え、毒気を抜かれた荒地の魔女、サリマンの使いの犬ヒン、さらにカカシのカブもいる。ハウルはカブを見てこんなセリフを漏らす。「ふーん、君にもややこしい呪いがかかっているね。我が家族はややこしいものばかりだな」。

ずいぶん唐突といえば唐突なのだけれど（そういうところに突っかかっていては、この映画は楽しめない）、ここで実にあっけなくキーワードである「家族」が登場する。ポイントなのは、この雑多である人の集まりが、確かにビジュアル的にも家族っぽく見えるということだ。だから唐突なハウルのセリフにも妙に説得力がある。人間四人に注目すれば、ハウルとソフィーがお父さんとお母さんとなり、荒地の魔女がおばあさんで、マルクルが子供というふうに実にすんなりと家族の構図に収まる。後のシーンで「（わたしたちは）そう、家族よ」とソフィーに答えてもらい、ソフィーが側にいることが確認できて安心するマルクルの顔は、本当に子供そのものだ。

ここで原作を思い出してみよう。たとえば原作に登場するハウルの弟子は、マイケルという、ハウルより年下ではあるが、恋人もいるれっきとした青年だ。マルクルほど子供ではなかった。それから荒地の魔女。こちらも原作では、ハウルと戦うことになる人物であって、〝恍惚の人〟となった荒地の魔女という存在は映画オリジナルのアイデアだ。

つまりここで描かれている「家族」というイメージは、映画化にあたって変更された部分から生まれ出ているのだ。「家族」という要素は原作の解釈から導き出された、映画オリジナルのテーマといってもいいだろう。

「家族」と「戦争」の関係

そしてこの「家族」というキーワードで、もう一度作品全体を見直すと、もやもやしていた疑問がだいぶ晴れてくる。

たとえば、この映画のもうひとつのオリジナル要素として導入された「戦争」。物語の背景としては、いささか重過ぎるし、作劇の必然という意味でも弱い。その一方で、テーマというにはあまりにあっさりと描かれている。「時代の気分を反映した」という通り一遍の解説を以外に、この映画の中における「戦争」の必然性を見つけることはできるだろうか？

この疑問が「家族」というキーワードでクリアになる。一言で言うと「戦争」は「家族」というキーワードを際だたせるために、不可欠な要素だったのだ。次の文章を見てほしい。

（国家）社会は常に「異なる者、欠損した者、障害のある者」を「他者」として「弱者」として析出するため、ここから「疑似」家族的共同体が生まれ、このような「弱者」を受け容れる、開かれた場としてのアジールが必然的に構築される。

（中川葉子・中川一雄「弱者たちの集い『スワロウテイル』」、『日米映像文学に見る家族』所収、日本優良図書出版会）

「戦争」とは、国家がひとつの目的のためにあらゆるものを動員していく巨大なプロセスだ。それは国家の最も純粋で合理的な姿を浮かび上がらせる。

その過程で、その社会の周辺にいる他者・弱者は、大きく二つの道を選ばせられることになる。ひとつは、他者・弱者であることを捨て、あるいは反転させて国家の内部に入り、末端の協力員として戦争に参加する道だ。もうひとつは、引用した文章の通り、国家から異物として「析出」されてしまう道だ。

この「析出」という言葉を読んで、真っ先に思い出されるのが、荒地の魔女が王宮への長い階段を上るシーンだ。荒地の魔女は、汗を垂らし、肉を揺らし、老醜をさらして、決死の思いで階段を上る。その必死な姿が試写などでも笑いを誘っていた名シーンのひとつだ。だがストーリーの構成すれば、どうしてここにそれほど時間が割かれるのかがわかりづらい。表面的に見れば、描写のおもしろさに淫しているように見えなくもない。

だが「析出」という言葉を考えればよくわかる。荒地の魔女とともに階段を上り終えたのソフィーは、その上で待ちかまえていたサリマンに鋭く言う。


「ここは変です。招いておきながら、年寄りに階段を昇らせたり（略）まるで罠だわ」


どうして、招いておきながら、苦労を与えるのか。それは階段が、国民をふるいにかけて、使える人間と使えない人間を分けるための「析出装置」の象徴だからだ。

だからこそ荒地の魔女は、自分を荒地に追放したサリマンへの反発をバネに、苦労してこの階段を上り終え、自分が使える人間だと証明しようとしたのだ。

しかし、階段を上り終えたところで、国家にとって危険な存在であることには変わりはない。そのため荒地の魔女は罠によって無毒化され、改めて国家の外へと「析出」されることになる。

この「析出」シーンとそれに対するソフィーの反発を描いた後、動く城にようやく〝家族〟が勢揃いするようになるのは、偶然とは思えない。そしてその〝家族〟は、ハウルのセリフでいう「ややこしいもの」、引用文の用語でいうなら「他者」「弱者」の集合する「疑似家族」なのである。

「戦争」という世の中が窮屈になっていく時代が、「疑似家族」を生み出すことになる。このように「家族」というキーワードを通じて、作品を見直すと「戦争」もまた作品に必要な要素として、収まるべき場所に収まるのだ。

旗に似ている洗濯物

先の引用文では、「疑似家族」の集う先は「開かれたアジール」であると書かれている。

この作品でそれに当たるのは当然ながら、動く城だ。「自由に生きるため」に複数の名前を使い分けるハウルの本拠地、という点からも、動く城はまさにアジールと呼びうる場所なのだが、肝心なことがひとつある。それは、もともとこの城は「開かれた場所」ではないということだ。ソフィーが入り込んだときに、マルクルがどうやって入ったのかいぶかしがるように、城はそれまでは他人がおいそれと入れるところではなかったのだ。それが、ソフィーが入り込んだことで変化する。ソフィーの巻き起こした騒動の結果として、「城」は開かれた真のアジールへと変化したのだ。

と、ここで唐突に思い出すシーンがある。それは城の大掃除を終えたソフィーが、湖畔に腰掛けやすらかな心持ちになるシーンだ。この場面では、城の周囲にロープが貼られ、そこに真っ白になった洗濯物がはためいている。

これは、〝宮崎アニメの記憶〟を猛烈に刺激する光景だ。思いつくままに挙げてみよう（宮崎駿監督作でないものも含まれるが、作品への貢献度を考え、ここでは宮崎アニメという言葉でくくる）。

『耳をすませば』の雫が、何かいいことがありそうという予感を感じつつ、空を見るとき、自宅のベランダには洗濯物が揺れていた。『となりのトトロ』では不自然なほど高い物干し竿に、たくさんの洗濯物が干され、『天空の城ラピュタ』では海賊ドーラ一家が乗り込むタイガーモス号の甲板に、やはり洗濯物が揺れていた。

さらに遡れば『未来少年コナン』のオープニングのラスト、ロケット小屋にかかっていたのは万国旗のように並ぶ洗濯物だったし、『パンダコパンダ』でも、管楽器の高らかな音とともにまるで旗のように洗濯物がロープにつるされていく。

これらの洗濯物は、生活感を表現するための小道具だけには留まっていない。洗濯物を事細かに描くわけにはいかないという事情があるのかもしれないが、白あるいは無地を基調とした洗濯物たちは、まるで旗のように見える。洗濯物は「ここは家族の場所である」という象徴、あるいは目印としてそこにはためいているように見えるのだ。

だからこそ、母親が不在である『トトロ』、疑似家族の物語である『パンダコパンダ』、それに新たな生活の場所（オープニングの映像は、最終回後の後日談という説がある）を描いた『コナン』では、「ここに人が暮らしています」とまるで周囲に宣言するように、洗濯物はひときわ高く「旗」のように掲げられる必要があったのだ。

動く城に掲げられた、白い洗濯物もこれらと同様だ。国家から析出された他者・弱者に向けての、ここはアジールであるという旗印。そしてやがてその旗の下に集うように、「ややこしいもの」が集まってきたのだ。その意味で城を、閉じられたハウルのためだけのアジールから、開かれたアジールへと変質させたのは、ソフィーの存在だったといえる。

「家族の物語」としての『ハウル』は、ソフィーが高らかに洗濯物を掲げた瞬間から始まったのだ。

数年前、アメリカ政府高官が同時多発テロ事件に関する日本の対米支援について「ショー・ザ・フラッグ」と述べたという報道があった。これは「旗幟鮮明にせよ」という意味だったようだが、これは「他者」「弱者」を析出し、大きな目的のために世界を合理的に運営しようとする世界の言葉だ。

そういう言葉が支配する言葉の世界に対して、宮崎アニメの白い洗濯物たちは、無言でそうではない世界がありうることを示している。もちろん旗を掲げただけでは、現実は変わらない。しかし、繰り返し何度も旗を掲げることで、人は希望を持ち続けることができる。その点で「旗」を掲げる行為は、物語を紡ぐ行為ともよく似ている。

そういえば『ハウル』のラストシーン、宙を飛ぶ城にもまた洗濯物が掲げられ、静かに風にはためいていた。気づいた人はいるだろうか。

初出：『ハウルの動く城 徹底ガイド ―― ハウルとソフィー ふたりの約束』角川書店、二〇〇四年一一月七日刊。

『ハウルの動く城』(劇場公開作品)
監督・脚本：宮崎駿　原作：ダイアナ・ウィン・ジョーンズ　制作：スタジオジブリ　劇場公開：二〇〇四年

幻視の中で手を伸ばして――『風立ちぬ』

2013/08

青年というにはまだ幼い顔立ちの二郎のカンカン帽を、突風が急にさらっていく。帽子は、牧歌的な緑の中へ放り出されるかに見えたが、白く細い腕がその帽子をはっしとつかむ。二郎の帽子をつかんだのは、少女の菜穂子。この直後、二人は関東大震災に巻き込まれともに避難をするが、そのとき、二人はまだお互いの名前を知るには至らなかった。

目の前に飛んできた帽子を（列車から落ちそうになりながらも）迷わずつかみ取る。一見すると人間性に関する描写が少なく見える菜穂子だが、それは菜穂子というキャラクターのすべてが、この「身を挺しても、風に運ばれていく何かをつかみ取ろうとする」アクションの中に既に現されているからだ。

『風立ちぬ』は、零戦の設計主任・堀越二郎が、小説『風立ちぬ』の作者・堀辰雄のような恋をしていたら、という想定で描かれた映画である。この映画は「風に運ばれていくものに手を伸ばす」というアクションを繰り返し描く。帽子をつかもうとする菜穂子の姿はそれを象徴するものだ。

やがておよそ十年が過ぎて、二郎と菜穂子は軽井沢で再会する。

最初の出会いは風と帽子が仲介した二人だったが、今度はそこに紙飛行機が加わる。体調を崩し二階の部屋で休んでいる菜穂子と二郎の間を往復するのは、紙飛行機と帽子だ。菜穂子は、二郎が投げた紙飛行機をキャッチしようと、あの日、客車のデッキから身体を伸ばしたように、ベランダから身を乗り出して飛行機に手を伸ばす。そして今度は勢い余って菜穂子の帽子が落ち、二郎はそれを受け止める。

ここでも菜穂子の振る舞いは変わらない。いうまでもなく、ここで二人の間を行き交っているのは単なる紙飛行機、単なる帽子ではない。

彼女が、二郎の突然のプロポーズをごく自然に受け止めるのもまた、このアクションと同一線上にある行動だし、さらにいうなら、療養所を出て二郎と一緒に時間を過ごそうとすることも、死期が近づくとそこから姿を消すことも同じだ。どれもギリギリまで身を挺して何かをキャッチしようとしている行為にほかならない。それは、彼女自身が風に運ばれていこうとしているからだ。

内面をほとんど描かれなかった菜穂子だが、〝立体的〟な人物造形などにとらわれず、その行動だけ見ればむしろ終始一貫して、とてもわかりやすい人物だ。二郎に都合よく造形されたというより、隣り合った線路を二台の列車が一瞬、偶然並び合って疾走するような、そんな関係として描かれている。

もちろん並走する以上、この菜穂子と同質の美質を二郎も持っている。ただ菜穂子が、限られた生ゆえの切迫感を背負っているのに対し、二郎のもののつかみ方はもっと優しい。

軽井沢で再会のきっかけとなったのは、風に舞ったパラソルを二郎がつかまえたことだった。菜穂子の帽子をキャッチしたのは先述の通りだし、さらにいえば、菜穂子と結婚式をあげる決意をしたことも、一緒に寝たいと望む彼女の希望に応えたことも、「風に運ばれていくものにやさしく手を伸ばす」という点で同じだ。病床の菜穂子に付き添いながら、手を握ってあげるシーンを思い起こしてほしい。

また「風に運ばれていくものをつかみ取ろうとする」というこのアクションと並び、繰り返し描かれる映像がある。それが「幻視」だ。

「幻視」といえばまず印象的なのが、二郎が幼いころからたびたび見る「夢」のシーンだ。二郎はそこで、イタリアで初めて実用航空機を製造したカプローニ伯爵と出会う。この夢で描かれる世界は、飛行機設計士（本作の中でそれは芸術家と同義だ）としてのエゴを持ったものだけがのぞき見ることができる「天国」（もしくは「地獄」）である。

この夢のシーンは幻想的で美しく、この映画が、「美しい飛行機」と「戦争協力」という、誰もが直面する世俗的な葛藤を描くものではないことを無言のうちに示している。現実において理想と現実の矛盾・葛藤など呼吸をするように当たり前のことであり、特に描くに値することではない。だからこそ、その葛藤の中に当事者がいかに自身の夢＝エゴを息づかせているかどうかが問題となる。

しかも、この映画の中で「美しい夢」と「現実」が明確に分かれているかといえば、丹念に見ていくとそうでもない。

飛行機の設計に取り組む二郎のまわりを風が吹き荒れる描写がある。あれは設計をしながら二郎が、実際に飛んでいる飛行機を想像し、その風を〝体感〟しているのである。現実かと思いきやカプローニが登場し、二郎を夢の世界へと誘うシーンもある。あるいは二郎が見学したユンカース製旅客機の内部からカメラを引くカット。このとき、カメラは翼の中をすり抜けていくというかなりアクロバティックな動きをするが、そのとき、一瞬翼の構造が透視図として示される。この透視図は一体誰が見たものなのか。それは誰でもない誰かとしか言いようがない。

つまり「現実」とおぼしきシーンの中にもふいに「幻視」のカットが紛れ込んでくるのが、この映画なのである。

この幻視という点で忘れてはいけないのは、本作が冒頭から、二郎が眼鏡をかけているという点を強調して描いていることだ。しかも目が悪くてパイロットをあきらめた二郎に、設計家の素晴らしさを説くのが、夢の中のカプローニなのである。

度の強い眼鏡越しに見る二郎の瞳は、だぶり歪んで描かれ、ときに彼は四つの目を持っているようにも見える。あたかも、近眼という欠点が彼を幻視者にしたかのような描き方だ。

儚くも美しい愛情をもたらした「風が運んでいくるものに手をさしのべるアクション」と、二郎の設計者として優秀な力にまつわる「幻視」。映画はこの二つを柱として物語を展開する。そして、本編中に幾度か、この二つが重なり合うシーンがある。

ひとつは、軽井沢で夕立に降られた後、二郎と菜穂子が見上げる美しい虹。風が演出した再会から始まった愛が一歩深まったところでみられるあの虹もまた、美しい幻視のひとつではなかったのか。

そしてもうひとつが、ラスト。カプローニとの夢の中に菜穂子が出てくるシーン。ここではついに菜穂子自身が風に消されてしまう。

設計者としての輝きも、そこに寄り添った鮮烈な愛情も、物語の最後で、二郎の前からその姿を消している。ここで映画のキャッチコピーである「生きねば」という言葉に意味が出てくる。

人間とは失われていく可能性の塊だ。

天分を持った人でさえ、その輝きを維持できる期間はわずかだ。この映画ではそれを「十年」とはっきり断言している。しかしそういう輝かしいシーズンが終わった後も人は生きていかなくてはならない。

「理想化された芸術家の人生」を描いた本作は、その大半が、気高く美しいが、誰も登るとのできない高い山のようだ。多くの人はそれを遠くから仰ぎ見ることしかできない。

だから、むしろ凡俗にとって真に感動的なのは、ラストシーンで普通の人になってしまったであろう二郎の姿なのである。

初出：「四代目アニメの門」、二〇一三年八月三日公開。

『風立ちぬ』（劇場公開作品）
監督・脚本・原作：宮崎駿　作画監督：高坂希太郎　制作：スタジオジブリ　劇場公開：二〇一三年

たけのこの「ふるさと」――『かぐや姫の物語』

2013/12

高畑勲監督は『かぐや姫の物語』の前に一度、かぐや姫を画面に登場させている。前作『ホーホケキョ となりの山田くん』でのワンシーンだ。

『となりの山田くん』はアヴァンタイトルでキャラクターの紹介を済ませると早々に、父たかしと母まつ子の結婚式から始まる、通称〝ボブスレー編〟の開幕となる。

〝ボブスレー編〟は、いしいひさいちの原作に寄らず、ビジュアルのおもしろさを盛り込むことを主題にした一連のシーンのことだ。ここでまず描かれるのは、山田家がいかに出来上がってきたかの過程である。

ウエディングケーキをボブスレーでさっそうと滑り降りていったたかしとまつ子は、海を乗り越え、キャタピラカーでやがて一面の畑へとさしかかる。畑に植わったキャベツから取り上げられているのは、赤ん坊だ。空を見上げれば、コウノトリも赤ん坊を運んでいる。どちらもヨーロッパの伝承に基づいた描写だが、たかしとまつ子はここでは赤ん坊を授からない。二人はヨーロッパ人ではないからだ。

二人が子供を授かるのは、川と竹林だ。カットが変わり、たかしとまつ子は水墨画で描かれた川を小舟で下っている。すると川上から、大きな桃が流れてくる。たかしが刀で切ると、そこから赤ん坊ののぼるが出てくる。続けて、小舟は水に浸された竹林の中を進み、その中に竹がひとつ光っている。その竹を切ってみれば、その中には、妹・のの子が十二単にくるまれてほほえんでいる。

昔話になぞらえて語られる、家族の歴史。親から子供、子供からその子供へと語り継がれてきた昔話は、我々の中に刻み込まれアイデンティティーの一部となっている。「ふるさと」とは単なる生まれ育った土地だけを言うのではない。こうした「世代を越えて語り継がれてきた昔話」もまた、人々の中に「ふるさとの光景」として息づいている。

『かぐや姫の物語』は、ふるさとをめぐる映画だ。もう少し正確に言うなら、それは「ふるさとの喪失」を主題に展開していく映画といえる。

『かぐや姫の物語』は「今は昔、竹取の翁といふものありけり。野山にまじりて、竹を取りつゝ、萬づの事に使ひけり。名をば讃岐造麿となむいひける」と原作の冒頭を媼役の宮本信子が読み上げて始まる。

翁は、成長したたけのこの中から、輝くほど美しい女の子を見つけ、媼とともに育て始める。普通の子供よりも速い速度で成長する女の子は、たけのこと呼ばれ、ほどなく村の子供たちと里山の自然の中を駆け巡るようになる。

竹から生まれた女の子がどうやって成長したのか、『竹取物語』では、わずか一行足らず、「三カ月くらい経つころには人並みほどの背丈になった」と書かれているだけだ。だが、この映画はそこに、山の季節の移り変わりを丁寧に見せながら時間を割いて描いていく。それはたけのこという少女の中に、ふるさとが刻み込まれていく過程を観客に共有してもらうためだ。

この風景は実はたけのこだけのふるさとではない。この里山は「むかしむかしあるところに、おじいさんとおばあさんが」で始まる、あらゆる昔話の舞台になりうる場所だ。そういう意味で、この風景はたけのこのとってのふるさとであると同時に、昔話を知る人間にとっても広くふるさとなのだ。たけのこが過ごす子供時代は、観客がそこをふるさとだと思い出すための時間でもある。

だが、この幸せな時間は長くは続かない。

たけのこに続き、竹の中から金を手に入れた翁は、彼女を立派な姫に育てることこそ、たけのこを遣わされた自分の使命と考えるようになる。そして都に居を構えるため、山の村を後にする。たけのこは、幼馴染の捨丸に別れも言えないまま、都で暮らすことになる。

この後、たけのこは、高貴な姫としてふさわしい教育を受けさせられ、名前も「なよ竹のかぐや姫」と改められる。そして、一旦は「私らしくいてはダメなのか」と拒否をするものの、最終的には眉を抜き、お歯黒で歯を染めることを受け入れて、表面上は型どおりの姫へと〝美しく〟変わっていく。ふるさとを捨てさせられたたけのこは、かぐや姫となるため、自分も捨てさせられそうになるのだ。

たけのこのふるさととの喪失だが、興味深い点が二つある。

ひとつは、ふるさとの喪失が翁の善意によって起きている点だ。

翁は、たけのこのことを大切には思っている。だが、それ以上に、自分に遣わされた不思議な女の子を立派な姫へと育てることこそ、自らの役目だと強く信じている。たけのこが自分の娘でないために、翁は「役目」こそが自分を繋ぐ縁だと考える。それゆえに翁は、さらに〝姫の幸せ〟を目指して邁進することになる。そこにあるのは『夕鶴』の与ひょうとつうの関係にも通じる、ディスコミュニケーションだ。

こんな翁を愚かと笑ったり、無神経だと憎むことは難しい。

翁は、どんぐりまなこで、いつもおたおたおろおろしている。都に普請した邸宅に住んでも、鴨居や長押に烏帽子を引っかけてしまうなど、どうにも貴族風の暮らしが板につかない。たけのこを見つけなければ、善良な竹取として一生を終えたであろう男が、姫のために一生懸命背伸びをしている姿は、よくいって滑稽、あしざまに言えば無様だ。翁もそれを自覚はしている。だから、翁の判断基準はいつも世間になってしまうし、そういう翁の弱さ、成金的な振る舞いは周囲に見透かされてもいる。つまり、翁は憎むことも笑うこともできないぐらい、普通の人なのだ。

普通の人の善意が、たけのこからふるさとを奪っており、普通の人の善意だからこそ、たけのこはそこになかなか抗いきれない。この翁とたけのこの言葉にならないすれ違いが、この映画の底流に流れている。

もうひとつは、かぐや姫となったたけのこの、心のバランスのとりかただ。

ふるさとを失い、都で窮屈なルールで縛られた姫を演じているたけのこは、ある方法で、心のバランスをとっていた。それは屋敷の一角に嫗がつくった畑だ。その片隅にたけのこは小さな庭をつくる。視線を地面すれすれまで降ろすと、眼前に広がるのは、たけのこがたけのこだった時を過ごしたあの里山の風景だ。この小さくて偽物のふるさとに慰められながら、たけのこは都で話題の美しい姫君を演じるのである。

このようにふるさとを失ったたけのこの物語は進行するのだが、これは決してたけのこだけの物語ではない。ふるさとを既に失い、かりそめのふるさとに慰められているのは、現代人も同じだからだ。たけのこ個人の物語であると同時に、それを見ている誰かの物語でもある。たけのこに感情移入して、たけのこの物語を自分のもののように感じるシンパシーではない。たけのこの人生と自分の人生は別物として受け止めた上で、そこに浮かび上がる普遍的な共通点を自覚させられる。

それは『かぐや姫の物語』の水彩画を模した映像スタイルだからこそ、強調されたことでもある。たとえば植物図鑑では、写真ではなく、絵を使うものも多い。写真だとものによっては撮影条件が厳しく、見えにくい写真になってしまいがちである、といった物理的な問題から、絵をセレクトする場合もあるだろう。

だが、絵にはそれだけに留まらないメリットがある。写真はあくまでも撮影されたその植物を指し示している。そこには個体差もまた記録されている。写真は決して、その「種」という抽象的な事象を写真に収めることはできないのだ。

だが、絵は違う。絵であれば、その個体の平均的な姿、「一般的概念」としてのその種を記すことができる。しかも、図鑑のページを飾るその「一般的概念」は、単なる概念に止まらず、同時に、存在感ある個体でもあり続けている。絵で表現された図像には、そのような二面性が裏表となってぴったりくっつき合っている。

アニメーション映画の場合もまた図鑑と同様だ。役者の肉体や実景（セットであってもそれは物質的に存在している）に縛られる実写映画と異なり、アニメーションは「迫真性を持って表現された存在感ある個体」と「その個体を通じて表現される一般的概念」を同時に表象することができる。

たけのこの物語がたけのこ固有のものであると同時に、多くの人のものでもあるというのは、この「個体」と「一般的概念」の二重性と同じ意味だ。

では、どんなアニメも絵である以上、自動的に「個体」と「一般的概念」の二重性のトリコになるかといえばそうではない。

日本の商業アニメーションは、作り手のバックボーンや取り上げられから「迫真性の獲得」を目標として進化してきた。「迫真性」とはつまり、「（非現実な題材であっても）あたかも本物のように見えるように画面を作る」ということである。

そこで重要なのが、キャラクターの存在感だ。キャラクターが存在感を持ち、その内面が想像できるのであれば、ドラマに説得力が生まれる。

では、キャラクターに存在感を与えるにはどうすればいいか。それはキャラクターが行動する舞台をしっかりと作り上げることだ。かくして日本のアニメは、「ちゃんとデザインされた小道具・大道具により、世界観を構築する」「（ある程度の）正確なパースを前提にした画面構成による空間感の獲得」といった技術を磨き上げた。これは高畑監督と宮崎駿（場面設定と画面構成を担当）による『アルプスの少女ハイジ』で示された方法論が、アップトゥデートされ現在のアニメを形作っているということでもある。

かくしてここ二十年の間に、「カメラで切り取ったような空間」に「マンガ的記号を継承しつつ、立体感のあるキャラクター」の登場するアニメが（その精度については千差万別にせよ）当たり前に作られるようになった。このスタイルは、いわば「映画的迫真性」を獲得しようとした結果の産物といえる。

だが『となりの山田くん』で導入され、『かぐや姫の物語』でも追求されているスタイルは、「映画的迫真性」ではない。この二作を貫くのは、先述のアニメの歴史の延長線上にない「絵画的迫真性」の美意識である。

高畑は、『となりの山田くん』公開直後、プロダクションI.Gで行ったレクチャーで「アルカイズム、クラシシズム、マニエリスム、バロック」という美術の様式の変転を挙げ、アニメーションもそのように歩んできているのではないか、と問題を提起している。つまり「映画的迫真性」を軸に進化してきた表現は爛熟しており、その先を考えるのではなく、根源へと帰るところに表現様式の未来があるのではないか、ということだ。その場合、高畑はアニメーションの歴史へと遡るのではなく、さらにそれよりも先行してあった「生き生きとした線による表現」が見られる絵巻物や鳥獣戯画などを参照したのである。

高畑監督はもとから根源的な問いかけを持って作品に望むタイプの監督だ。商業アニメーションの様式を疑い、更新しようとする試みは『となりの山田くん』以前にもあった。

たとえば『火垂るの墓』の時点で、高畑は既に「新しい様式のアニメでやろうかと思ったが、時間がないため通常のセルアニメでやることになった」という趣旨のコメントを残している。このときに、どういう様式が考えられていたかはわからないが、高畑の中ではこのころからセルアニメという様式を問い直す思考があったのは確かなようだ。

あるいは『おもひでぽろぽろ』。二十七歳のＯＬである主人公のタエ子は、頬の筋肉を描く（結果的にほうれい線を描くことになる）ことに挑戦している。これもここが目標点ではなく、日本人の顔の立体感を表現する新しいキャラクターデザインに取り組む」という難題からスタートし、紆余曲折の結果として現時点でできる挑戦として「頬の筋肉を描く」に止まったという経緯の産物だ。

こうした新しい表現への挑戦の一方で、高畑監督がキャラクターに求めている、一貫した要素がある。

それは「感じが出ている」というものだ。

高畑勲は、『赤毛のアン』『火垂るの墓』などで組んだアニメーター近藤喜文について「絵のうまい人ならいる。だけどそれを立体的に動かし〝感じ〟といえるものを出せる人はいなかった」と褒め称えている。『となりの山田くん』『かぐや姫の物語』と連続して、演出などを務めているアニメーターの田辺修もまた、近藤とは違う世界でありながら、「感じが出ている絵」を描ける人物である。

田辺の「感じ」のつかまえ方は、『ギブリーズepisode 2』のエピローグや、『どれどれの唄』ＰＶなどの仕事を見るとよくわかる。『ギブリーズepisode 2』のエピローグに登場するモブキャラクター、あるいは『どれどれの唄』ＰＶに登場する擬人化されたムシなどは、かなり奇妙きてれつな顔をしていたりするのだが、それでもなおかつ人間くさいのである。こういう田辺のおもしろさは『かぐや姫』では、女童子のデザインなどによく現れている。

近藤や田辺が描き出すこの「感じ」というのはおそらく二つに分けられる。ひとつは「どこかに実在していそうな人間」という「感じ」と、「そのキャラクターらしい個性が描かれている」という「感じ」だ。

もちろんこの二種類の「感じ」は、先ほどいった「一般的概念」と「個体」と同じく、裏表の関係にある。

ところが、先述の「映画的迫真性」を求める画面作りの中では、そのキャラクターがその空間にはっきりと存在することを主張しないといけないので、「そのキャラクターらしい個性が描かれている」ことが重視される。いわゆる〝キャラクターが立っている〟状態で、この「個体」に重心がかかればかかるほど、「一般的概念」のほうの〝感じ〟にはスポットがあたらなくなる。

しかし「絵画的迫真性」へと舵をきるとどうなるか。ここでは、絵であることが前面に出るので、小道具や大道具のディテール感もそれほどではないし、空間感も「カメラで切り取ったような」精密さとは異なる。そのときに、迫真性を支えるのは、キャラクターや背景を形作っている輪郭線の存在感になる。

輪郭線が、観客の中にある人間や風景のイメージを掘り起こし、新鮮なものとして画面に定着されたとき、観客はそこに「人間／風景ってたしかにこうだよな」と思い「感じが出ているなぁ」と実感する。頼るものが輪郭線の存在感に絞られた結果、「一般的概念」の「感じ」のほうがずっと前面に出ることになる。

『かぐや姫の物語』で、たけのこの個人の物語であると同時に、普遍的な人生を感じさせる物語でもあるという二重性は、こうした「絵画的迫真性」の産物でもあるのだ。だからこそ『かぐや姫の物語』は、単なるかぐや姫の罪と罰の物語としてでなく、普遍的な人生についての物語として観客に迫ってくることになる。

では、「普遍的な人生についての物語」として『かぐや姫の物語』は何を語っているのか。

それは「人生は気がつくと失われているものばかりで、不自由なものである。だが、それでも人生は空しいものではない」というものだ。そして「失われている大切なもの」としての象徴として「ふるさと」が設定されているのだ。

作中で、たけのこは「月の世界にありながら、人間味あふれる地上の世界に憧れたこと」が罪であると語られていた。確かに、たけのこはふるさとで、憧れていた人間味あふれる時間を過ごした。

そして罰とは「その地上の世界に落とされるということ」だという。どうして地上に落とされることが罰になるかといえば、ふるさとの人間らしい時間を奪われ、都市の中で不自由にも抑圧されて生きることを強いられるからだ。

しかし、人生は不自由ではあっても、空しくはない。それを前半のふるさとのシーン以外に現しているのが、中盤以降に出てくるふるさとへ帰るシーンだ。ふるさとへ帰るシーンは二つある。

ひとつは、「かぐや姫」のお披露目の宴会が三日三晩開かれた最後の夜。自然な自分であることを守りたいたけのこは、十二単を脱ぎ捨てて、ふるさとへと猛烈な勢いで走ってゆく。ふるさとに着いたたけのこは、そこが既に自分の知っているふるさとではなくなっていることを知る。

もうひとつは、月の迎えが来る前。そこでたけのこは、幼馴染である捨丸と再会する。既に妻帯し子供もいる捨丸だが、すべてを捨てて逃げようとたけのこに言う。二人は、ともに空を飛び、山野をめぐる。

この二つのシーンの共通点は、単にたけのこがふるさとに帰っているだけではない。前者は、たけのこが目を覚ますカットで締めくくられ、後者は捨丸が目を覚ますカットで終わっているという点だ。

ともに「夢」というには生々しく(夢というのは往々にして生々しいものではあるが)、それだけに、抑圧された都の生活からの脱走も、幼馴染との再会も実現しなかったのだ、という事実が重くのしかかる。しかし、この夢を通過することでたけのこも、捨丸も気持ちは大きく変化している。

ここで描かれているのは「人生におけるフィクションの意味」だ。不自由な人生の中で「夢」を見ることには意味がある。フィクションは現実を一切変えないが、自分の心にとっては意味がある。たけのこも捨丸も「夢」を見たからこそ、改めて自分の人生を生きることができるのだ。二度目の夢が、高畑監督的というより、むしろ宮崎監督的とでもいうべき、開放感ある飛行シーンでできているというのは象徴的だ。

そして、子供たちが歌う『わらべ唄』は、この「人生は不自由なものだが、決して空しいものではない」という主題を、さらにその外側からくるむものになっている。

『わらべ唄』は、水車のようにめぐる季節と命を歌った歌詞でおり、この不自由な人生が水車をまわすようにぐるぐると繰り返されていることを暗示している。

ここでいう繰り返しは、素朴な輪廻転生論というより、『方丈記』が「ゆく河の流れは絶えずして、しかももとの水にあらず。よどみに浮かぶうたかたは、かつ消えかつ結びて、久しくとどまりたるためしなし」と記すのと同じく、瞬間で泡が消えたり生まれたりするような状況を指しての「繰り返し」に近い。

そして、この『わらべ唄』とそっくりの、たけのこが覚えていた月の唄(『天女の唄』)は、わらべ唄のさらに奥にある事象を歌う。天女の唄は、心が呼び返されること（人が人らしく生きられること）を願い、「私の帰りを待つというなら、すぐに帰ってくるでしょう」と締めくくられる。これはつまり、「罰」としてやがて地上に生まれ落ちるであろう赤ん坊の気持ちを歌っているのだ。

たけのこが決して特別な人生を歩んでいたわけではない。たけのこの人生は、普通の人の人生を象徴的に象ったものなのだ。

だから、『わらべ唄』は、これから「巡り」の中で子供が生まれてくるという自然の摂理を歌い、『天女の唄』は、その子供が背負っている「今度は幸せな人生を送れますように」という願いを歌っていることになる。

こうして「ふるさとの喪失」を軸に展開した、「人生の不自由」を描いた物語は、これから生まれ出る命（ラストシーンの月に浮かぶ赤ん坊！）の願いで、人生を肯定して締めくくられることになる。

この人生への深い洞察と、表現様式が一体となっているという点で『かぐや姫の物語』は恐るべき作品である。

初出：「ユリイカ」二〇一三年一二月号、青土社。

『かぐや姫の物語』（劇場公開作品）
監督・原案：高畑勲　脚本：高畑勲、坂口理子　人物造形・作画設計：田辺修　原作：『竹取物語』　制作：スタジオジブリ　劇場公開：二〇一三年

高畑勲の描いた「普通」と「理想」

2018/07

どこかに美しい村はないか
一日の仕事の終りには一杯の黒麦酒
鍬を立てかけ籠を置き
男も女も大きなジョッキを傾ける
――『六月』茨木のり子

半期一コマだけ大学で授業を担当している。その中で毎年『太陽の王子ホルスの大冒険』を見せている。すると、たまに主人公のホルスが予想に反して活躍しなかった……というような感想が出てくることがある。

学生はおそらく、ホルスが太陽の剣を手に悪役グルンワルドと大勝負の末、勝利を収めるようなクライマックスを想定していたのだろう。だが、ホルスにとってのクライマックスは、悪魔グルンワルドに対峙するには村人の連帯しかないという真実に気づき、〝迷いの森〟から抜け出るところにあり、数回登場するチャンバラではない。グルンワルドの城に攻め入った後の決着も、最終的にはホルスと村人たちが太陽の剣と鉞をかざしてグルンワルドに光を集めるという象徴的なものだ。そのとき、ホルスはフレームの中央でアップにはなるものの、その立ち位置は村人たちのひとりにしか過ぎない。

高畑勲は英雄を描かなかった。それは監督デビューとなった『太陽の王子ホルスの大冒険』から遺作となった『かぐや姫の物語』まで変わることはなかった。

ホルスは〝迷いの森〟で、村が滅ぼされるということの意味に気づく。村が滅びるとは、物理的に焼き払われることではなく、村を支えていた共同体としての連帯そのものが喪失されることなのだ。だからこそグルンワルドを退けるには、村人同士が連帯し、皆でその象徴である太陽の剣を鍛えなくてはならないのだ。

だが、ホルスは英雄ではない。だから、その気づきをもって村人を啓蒙したりはしない。

グルンワルドに攻め込まれ逃げ惑う村人たちの意識が変わるのは、「逃げたらどうなるの」という少女マウニの純真な問いかけであり、ガンコ爺さんの「悪魔はどこへでも攻めてくるぞ。どこまでもだ！」という一喝がきっかけになっている。迷いの森から帰還したホルスはそこに現れ、皆が燃やした火で太陽の剣を鍛えればきっと勝てる、と力強く言うが、それは、村人の決意を後押しこそすれ導くものではない。

そしてホルスは、ヒロイン・ヒルダを救うこともない。ヒルダは、グルンワルドの妹として育てられ、その内側から村を滅ぼそうとしていた少女だ。彼女は、自らが死んでしまうかもしれない危険を犯して村の子供・フレップを救い、そのまま雪狼の攻撃に倒れてしまう。そしてこの捨て身によって、ヒルダは自らを浄化し、己を救うことになる。
このようにホルスは、英雄として描かれることを慎重に排されたキャラクターなのだ。だから英雄譚を期待していると、先述の学生のように、拍子抜けをしてしまう観客が現れても不思議ではない。
高畑勲は『赤毛のアン』に関するインタビューの中で大河ドラマ『獅子の時代』に触れ、自らの考える英雄像について語っている。
『獅子の時代』で菅原文太が演じる主人公・平沼銑次は、さまざまな事件などに巻き込まれ負傷するが、強靱な体力で奇跡的に回復しながら進んでいくキャラクターだ。

あの人物は民衆的な英雄像なんですね。その、なんていうかな、もしあそこで倒れても、もし死んでも、民衆のなかから同じような英雄が繰り返されて出て来るって言うかな。何人もの英雄がひとつの人物の形になっちゃっていると言えるのではないか。それが見てて納得出来る。その人物に対する共感が、生きのびさせたいと願う観客の気持ちが、万が一の生還を受け入れるんです。だから、それをですねえ、そうじゃなくて、本当に危機を次々とすり抜ける超人的な英雄だと見てしまったら、あのドラマは凄いナンセンスになるんじゃないですか。

（高畑勲「『赤毛のアン』制作の全貌に迫る」、『映画を作りながら考えたこと』所収、徳間書店）

『ホルス』の作中でも、ヒルダが「何人ものホルス」と語り、ホルスは誰でもありうることを示しているし、高畑自身も映画直後に「何人ものホルス」という一文で、ホルスというキャラクターの狙いを記している。インタビューの発言は『ホルス』制作時期よりも後になってからの発言だが、その内容は『ホルス』制作時から一貫したものだろう。

高畑のこの英雄についての姿勢は、決して英雄だけに限った話ではない。高畑作品のそのほかの主人公に目を転じても、その主人公は、特別な誰かではなく、〝私たちの中の誰か〟でありうるような描かれ方をしている。そのためには、主人公をことさら英雄視するでもなく、自虐的に卑小に描くのでもない、「普通の人間を普通に描く」客観的な視線が必要になる。『母をたずねて三千里』の主人公マルコもまた、ホルスと同様に英雄であることを慎重に避けて描かれている。

高畑は「主人公の資格に欠けたマルコ」いう一文の中で、マルコのような旅をしていくキャラクターを描く場合、旅先でさまざまなトラブルを解決していく〝股旅もの〟にしてしまうのが手堅く一般的な手法だと記す。そしてマルコは「母を探すという旅の目的があること」「それがマルコというキャラクターに影を落としていること」という点で〝股旅もの〟のヒーローになり得る資格も一部は持っていると指摘する。

しかし、その後にはこのような文章が続く。

あとはマルコに児童股旅物の〝ヒーロー〟としての資格を与えるかどうかです。〝明るく〟〝たくましく〟〝勇気があって〟〝正義感が強く〟〝くじけることのない〟性格と、問題解決能力としての〝智恵〟と〝腕〟が必要です。（略）私たちはマルコ像を、こういう〝つらい運命を背負いながら、それに負けず、強くたくましく生きぬいて人助けをする〟主人公にすることだけはできませんでした（略）マルコは、母をたずねることに常にこだわり、しかし誇りだけは人一倍強く、ただの同情をひく少年になることに抗いつづけ、そのくせ結局まわりの人の恩義におしつぶされそうになりながら、悪夢のような人生を這うように進むだけです。

（高畑勲「主人公の資格に欠けたマルコ」、前掲書所収）

こうしたマルコの性格は第一話「いかないでおかあさん」から明確だ。

マルコがガンコだったり負けず嫌いな様子は、家族でのピクニックの間の兄トニオとのやりとりなどを通じて点描されているが、その性格が〝明るく〟〝たくましく〟から遠いことが描かれるピークはやはり、アルゼンチンに出稼ぎにいく母を見送るシーンだ。

マルコは、直前まで母が出稼ぎにいくことを知らされていなかった。それを隣家のおばさんの話で偶然知ってしまい、大事なことを自分だけ知らされていなかったことに感情を爆発させる。

そのわだかまりを抱えたまま、母の見送りにきたマルコは、視線を伏せたままじっと動かない。カメラはその横顔を長い時間フィックスで捉え続ける。母は「マルコ、とうとう母さんには最後まで笑顔をみせてくれないのね」といい、マルコを抱きしめて船に乗っていく。抱きしめられたとき、マルコの表情は一瞬ゆらぐが、また思いつめた表情に戻ってしまう。そして、港の汽笛が鳴った瞬間、思いがあふれ出して表情が一変する。

このマルコの「頑なな横顔」は後年、『火垂るの墓』の主人公・清太で再び描かれる。清太もまた、〝明るく〟〝たくましく〟から遠い普通の少年である。

太平洋戦争末期、神戸を焼き尽くした空襲で母を失った清太と妹は、西宮の親戚の小母さんの家に居候をすることになる。学校も工場も焼けてしまい家でブラブラしている清太と節子に、小母さんは厳しくあたる。そういうときに清太は、何も答えずじっと黙っている。

電車の中で反論をつぶやくとき、あるいはオルガンの前で無言のまま小母の嫌味を聞くとき、やはりカメラは無言で一点を見つめる清太の横顔を捉えている。それは英雄でもなく、可愛げのある子供のものでもない。そこにあるのはマルコと同じく、自尊心が生んだ頑なさだ。清太の場合、その純粋な頑なさは、やがて自分と節子を死に至らしめることになる。

マルコも清太も、観客の隣にいてもおかしくない、長所も短所もある、普通の人間なのだ。

『かぐや姫の物語』のかぐや姫もこの延長線上にあるキャラクターとして描かれている。『かぐや姫の物語』はタイトルの通り「竹取物語」をもとにした長編アニメーションだ。竹から生まれ、たけのこという幼名を与えられた少女は、やがて都に暮らすようになり〝姫〟であることを男たちから求められるようになる。かぐや姫はさまざまな男の求婚に無理難題で応え、あしらうが、やがて月の世界へと帰っていく。

この姫もまた、〝明るく〟〝たくましく〟といったヒロイン像とはまったく異なっている。やはりその純粋さゆえに頑なにならざるを得ない、〝姫〟らしからぬ〝姫〟である。

この作品のポイントは、かぐや姫に先立って、地上の世界に現れ、やがて月の世界へと連れ戻されたキャラクターが存在するという点にある。その彼女は羽衣伝説に登場する天女。彼女は地上に夫と子供を置いて、月の世界へと戻っていったのだ。

月の羽衣をまとうと、地上の記憶はすべて失われてしまう。でもその天女は――おそらくは薄れてゆく記憶の中で――地上に落ちてきた赤ん坊を思いながら、地上で覚えた歌を歌っている。かぐや姫はまだ月の世界にいたときにそれを聞き、地上に興味を持つことになる。

このエピソードにより、かぐや姫は、ホルスと同じように、「何人ものかぐや姫」のひとりとして扱われることになる。何人もの〝かぐや姫〟たちが、地上に憧れ傷つき、月へと還っていったのであろう。かぐや姫が月へと還った後に、月に赤ん坊の姿が映し出されて、映画は締めくくられる。その赤ん坊もまた「何人ものかぐや姫」のひとりなのだ。このように命は巡りながら、何人ものかぐや姫が、人間らしく生きることを求めて、それぞれの人生を過ごしていくのだ。これはまさに、我々の人生そのものといえる。

観客が主人公と自分を重ね合わせる〝感情移入〟ではなく、「私たちの中のひとり＝隣人」と思えるような演出を高畑が心がけていたことは広く知られている。そのように演出されることで、主人公たちは、独立したキャラクターであることを超え、もっと普遍的な存在になっていく。これは抽象化された輪郭線で描かれるアニメーションならではの機能である。

そうしたキャラクターに存在感を与えるために、高畑は文化人類学的なバックグラウンドが必要と考え、それを実行した。そこに暮らす人間は、何を着て、何を食べ、どんな家に住んでいるのか。人間と風土は不可分であるという姿勢で、キャラクターを演出し、世界を構築した。『アルプスの少女ハイジ』は、日本のTVアニメで初めて海外ロケハンを行ったといわれており、現地で集めた資料も含め、ロケハンの成果は、宮崎駿という稀代のアニメーターの手を経て、アルプスの風土は画面上にしっかり定着されることになった。

興味深いのは、日本を舞台にした作品を発表していく過程で、この「風土」は「里山に囲まれた共同体」というかたちで象徴化され、映画の中で特別な地位を占めるようになっていくという点だ。たとえば著書『ホルスの映像表現』で高畑は、「守るべき村」を描くにあたって考えたことをこう記している。

（村の前近代的な部分は描かねばならないが）やはり根本的には「村」＝共同体は、祖先からの生きるための智恵をうけつぎ、それを発展させていくべき人間存在の基盤ではないだろうか。

（高畑勲『ホルスの映像表現』、徳間書店）

『ホルス』が制作された一九六〇年代は、日本の産業構造が第一次産業中心から第二次産業中心へと大きくシフトする時代で、都市部には農村から出てきた若者たちが多数集まることになった。『ホルス』の中でホルスもヒルダが、自分たちの村でなくたまたまたどり着いた村を〝自分の村＝新たな共同体〟としていく過程が描かれたのは、ホルスやヒルダがこうした、都市住人たちの隣人だからである。『ホルスの映像表現』で村について記したくだりには「日本の『村』＝ふるさととはただ休暇に押し寄せるためのノスタルジックな観光地にすぎなくていいのか。（略）都会の我々は自分たちの『村』＝共同体を持たずにやっていけるのか」という一文もあり、これらの問題意識はそのまま『おもひでぽろぽろ』に直結していることがわかる。

『おもひでぽろぽろ』は、「里山の共同体」が一種の理想的な場所として、映画の中に積極的に組み込まれた最初の作品である。

同作は、二十七歳になり大きな不満はないものの、「このままでいいだろうか」と思うようになったOLのタエ子が主人公だ。高畑は彼女の状況を「自己確立しきれていない」状態と記し、作中でタエ子は「（思春期前半のように）またさなぎの季節を迎えたのだろうか」と自問する。そして彼女は夏休みを利用して、姉の結婚でできた親戚の田舎を訪ねるのである。

「映画『おもひでぽろぽろ』演出ノート」（前掲書所収）で高畑は、生命の営みは自然の中にしかないと解き「現代、そのような人間の営みの根本に最も近いところに生きているのは、いうまでもなく農業者である。タエ子を田舎に行かせ、生き生きと農業に生きているひとりの青年と出会わせる。自己確立のために自己を対象化できる最も基本的な試金石は、人間の営みの根本をいまなお伝える田舎にあると確信するからだ」と締めくくっている。

ここでは「里山の中の共同体」は、リアリスティックな田舎というより、さなぎの季節に入った主人公タエ子を、羽化に導くための優しいゆりかごなのである。

これが『平成狸合戦ぽんぽこ』になると、「里山の中の共同体」をめぐる物語は一種の失楽園の趣を帯びてくる。

同作が舞台に選んだのは昭和四〇年代の多摩丘陵。多くのタヌキたちが楽しく暮らしていた丘陵に、ニュータウンが建設されることになる。生活の場を壊され困るタヌキたち。彼らは総会を開き、伝統的変化術である化学（ばけがく）の復興して人間に対抗することに決める。しかし衆寡敵せず。紆余曲折の末にタヌキたちはちりぢりになり、化学を使える狸は人間として暮らすようになる。

これは寓話化された日本人の物語だ。「里山に囲まれた共同体」というユートピアを追い出された日本人は、都市住民になってしまって、それでも頑張りながら生きてる、という形で日本人を描いているのである。

高畑は同作のパンフレットに寄せた「永続できる風景」で次のように記している。


むかしむかし、おじいさんは山へ芝刈りに、おばあさんは川へ洗濯に……。

昔から人は自然を壊したり、汚したり、傷つけたりしないで暮らすことはできなかった。しかしもし、これから先も自然の恩恵を受け、自然の力にたよりつつ、しかもこのような永続できる風景を作りあげることができるならば、それは美しくなつかしいはずであり、私たち人間が、この地球上で暮らしていけることのあかしとなるはずではないだろうか。

昔の風景、山里のたたずまいは、その見事なお手本なのである。

（高畑勲「永続できる風景」、『映画を作りながら考えたこと II 1991-1999』所収、徳間書店）

ここで昔話が引かれている通り、この「里山の共同体」は昔話で描かれていた自然の姿であり、だからこそ『かぐや姫の物語』にも登場することになる。

かぐや姫は竹林のある山野で自然児として育ち、突然都に連れてこられて貴族の婦女子の暮らしを強いられる。姫はそれに抗わなかったはずはない。以前のように仲間と自由にのびのび野山を駆け回りたい。髪上げや裳着だけでなく、不自然な眉抜きもお歯黒も、蔀戸や御簾や几帳で二重三重に囲われた部屋も、かぐや姫には窮屈で耐えられなかったはずである、それを家出なと、さまざまな「わがまま」によって押し返したり、また押さえ込まれたりするたびに、自分がこの世の物ではなく、どこか異世界からきた者であることを自覚するようになるのではないか。何かのきっかけで、天真爛漫だった子どもの心が完全に冷え、心を閉ざして内に籠もり、しかもひどく攻撃的になることなど、現代の子ども心理にいくらでも例を見出すことができる。かぐや姫もまた、そんな子どものひとりだった可能性はないだろうか。

（高畑勲「『竹取物語』とは何か」、『アニメーション、折にふれて』所収、岩波書店）

同作では幸せな子供時代の記憶と「里山の共同体」での暮らしが完全に重ね合わされて描かれている。そこはたけのこという少女を健やかに育んだゆりかごだった。だからこそ、それを奪われてしまったことの悲しみが、映画の基調をなすことになる。かぐや姫が、都の屋敷の庭に小さな里山を作って、自らを慰めているシーンなどは、部屋にグリーンを飾ったり、熱帯魚に癒やされている都会人の姿そのものである。それらはいっときの慰めにはなっても、本物の「里山の共同体」人間をおおらかに包み込むことはできないのである。

映画のラスト近く、空へと飛び上がったかぐや姫が「天地よ私を受け入れて！」と叫ぶが、彼女はここで長らく自分から奪われていたものを取り戻そうとしているのである（ここでかぐや姫は幼馴染の捨丸と再会するが、それはまた別の主題なのでここでは触れない）。

こうして見る通り『おもひでぽろぽろ』以降の「里山の共同体」は『ホルス』で描こうとした「村」と近いようで異なっている。自然と都市を対比する視点は『ハイジ』にこそあったが、『母をたずねて三千里』や『赤毛のアン』ではこうした構図は出てこない。高畑自身は以前から関心を持っていたのであろうが、『柳川堀割物語』『火垂るの墓』を経て、やはり日本の風景を描くというテーマと向き合っていく過程で、「里山の共同体」が大きな意味を持ってきたのだろう。

そこでは「里山の共同体」が単なる「風土」であることを超えて、自然と人間が調和して生きている「理想の原風景」として扱われている。ディテールはリアリズムに則っていても、総体としては神話で語られるエデンの園のような存在だ。人間やこの世界を信じることができる、その根拠、よりどころといってもいいかもしれない。この特別な風景をバックボーンにして、そことの距離を描くことで、高畑は普通の日本人を描くことができると考えたのではないだろうか。

ただ、その「里山の共同体」を我が理想として生きることが、今できるのか。そう考えたとき、筆者は立ち止まらざるを得ない。その理想には抗いがたい魅力があり、あればいいとは思うが、同時に絶対ありえないこともよくわかっているからだ。

そう考えると、原作の段階で「関西」という風土が濃厚に描かれている『じゃりン子チエ』と『火垂るの墓』では、こうした「里山の共同体」という要素が出てこないのも納得がいく。強いて言うなら、一種の心中ものである『火垂るの墓』のラスト間際、「ホーム・スイート・ホーム」にあわせて、池のそばの横穴で楽しそうに暮らす節子の在りし日の姿が描かれるが、あの光景は清太と節子にとっての、かりそめの楽園だったのかもしれない。

さてここで気になるのは『ホーホケキョ となりの山田くん』である。登場人物は関西弁を使うが、水墨画タッチのそのスタイルからは決して、「関西の風土」が強く立ち上ってくるわけではない。

この映画の目指すものについて「緊急特別企画！連作アニメ長編『となりのやまだ君』」にこんなふうに記されている。

　われわれ弱い人間は、背伸びし過ぎず、させ過ぎず、我慢し過ぎず、させ過ぎず、「割れ鍋に綴じ蓋」同士お互いくっつき合い、「ゆるしあい」と「あきらめ」の「分を知り、足るを知る」の心で、ほどほどにやっていけな家庭はなんとかなるものだ、という昔ながらの智恵を、少々極端なかたちで、このマンガは教えてくれているのだ、と言ってもよいかもしれません。

（高畑勲「緊急特別企画！ 連作アニメ長編『となりのやまだ君』」、『映画を作りながら考えたことII』所収、徳間書店）

この「愚者の和」（同文中の高畑の言葉）をベースにしつつ、かつては『月光仮面』に憧れながらも現実ではヒーローになれない〝普通の〟父のペーソス、長らく入院している老人の生活の知恵と哀愁といったものを織り交ぜて映画は出来上がっている。人生の喜怒哀楽と生病老死を生活の断片の中に散りばめており。英雄でない、普通の人間を描くという意味では、フィルモグラフィーの中でもいちばんの作品といえる。「里山の共同体」は出てこないが、この映画が描いているこの世界そのものが、「愚者の和」で支えられたユートピアのようでもある。

ただ、公開から二十年が経とうとする今、この作品を再見すると、多摩丘陵から追い出されたタヌキたちのように、この「愚者の和」のユートピアからも我々がずいぶんと遠くへ来てしまったことを思い知らされる。各キャラクターのエピソードに注目しているうちはそうでもないのだが、〝山田家〟が勢揃いするとその違和感が生まれる。

この二十年、日本全体は貧しくなり、その一方で多様性は増した。その結果、家族のあり方もさまざまに変化した。そもそも未婚の人間が増えたし、少子化も進行中だ。子供のいる家庭だけ考えてみても、片親だけの家族はもはや普通の存在だし、片親どちらかが外国人という家族も珍しくない。ムスリムの子が教室にいることだって驚くには値しない。

そんな時代になったときに、〝山田家〟という標準家庭とおばあさんの五人家族というあり方は、多様な家族像のワンオブゼムではあるが、「我々の隣人である普通の家族」とは思いづらい。トルストイは「幸福な家庭はどれも似たものだが、不幸な家庭はいずれもそれぞれに不幸なものである」と書いたが、現代は「幸福な家族もまたそれぞれに幸福」な時代なのである。そんな時代に「普通の隣人一家」というイメージは保守的に過ぎて、もはやひとつのイメージを結ぶことはない。

ケ・セラ・セラをそろって歌う山田一家は、日本の戦後を支えていた「普通の夢」を間違いなく体現している。だからこそ今や普通ではなくなった普通の夢は、坂の上の雲のようにぽっかりと切なく輝いて見えるのだ。

高畑は、普通の人間がどのように理想に向かって近づけるかを考えていた、モダンの人だった。その「普通」と「理想」の狭間を揺れ動く運動の記録として、それぞれの作品はあるのだと思う。

初出：「ユリイカ」二〇一八年七月臨時増刊号、青土社。

不思議な宙づり感覚のわけ――『思い出のマーニー』

2014/08

『思い出のマーニー』の特徴は、鍵となるマーニーが二重性を抱えたキャラクターという点だ。だから、マーニーをめぐるドラマもまた二重にならざるを得ない。その点が、この作品を個性的なものにしている。

主人公である杏奈は、頑なな少女で、育ての親にも心を閉ざし、そんな自分を深く嫌ってもいる。ぜんそくの療養として海辺の村へとやってきた杏奈は、入り江に建つ古い洋館〝湿っ地屋敷〟で、金髪の少女・マーニーと出会う。

この時点での杏奈とマーニーの出会いは、イマジナリーフレンドのそれだ。

イマジナリーフレンドとは、子供の心の中にしか存在しない「空想の友達」のことを指す。人間関係が不得手な幼い子供に起こりやすい現象で、ひとりっ子か女子の第一子に多いといわれている。多くは成長に伴ってやがて消えていくが、大人になってもイマジナリーフレンドを持つ人もいるそうだ。

『赤毛のアン』のアンは、グリーンゲイブルズに来る前、鏡の中の自分にケティ・モーリスと名前をつけていた。そしてアンは、ケティ・モーリスと一緒に（想像の世界の）花や妖精のいる素晴らしい世界で遊んだという。ケティ・モーリスもまた、イマジナリーフレンドだったといえる。

杏奈がいつからマーニーが幻想だと自覚していたかは、映画ではしかとはわからない。

マーニーに誘われパーティーに忍び込んだ翌日、湿っ地屋敷に赴いた杏奈は、改めてそこが廃墟であることを確認している。またしばらくマーニーのことを忘れていたことに気づいた数日後の、屋敷の絵を描いている久子との会話の中では「私が忘れたから、怒っているのかな」とも語っている。

この「怒っているのかな」が、マーニーが自分の中の(一定の条件で現れる)幻影であることを前提にしているのか、もうちょっと別個の超自然的な存在として捉えているかは判断が難しい。というのも、それまでの「マーニーとの逢瀬」に対して杏奈がどう捉えているかが明示されていないからだ。

本作はこの前半の「宙づり」の語り口に特徴がある。それは演出の関心が、マーニーの正体(に繋がる謎解き)ではなく、杏奈の体験に絞り込まれているからだ。

杏奈(とこの映画)にとって大きな意味があるのは、マーニーという少女と体を密着させてともにボートを漕ぎ、ダンスを踊ったという体験なのだ。その体験は、杏奈にとって「真実」として描かれなくてはならない。とするると、その正体が幻想であるかどうかの判定はさほど意味を持たない。かくして、この映画は、マーニーがイマジナリーフレンドであろうという観客の想定のもと、杏奈に徹底して寄り添いながら、不思議な宙づり感覚のまま進行していくことになる。

杏奈がマーニーを幻想だと自覚していたとはっきりわかるのは、彩香が登場してからのこと。杏奈はそこではっきり、マーニーは自分の空想の存在(つまりイマジナリーフレンド)だと語る。

だが、ここでポイントとなるのは、杏奈がそれを言い出したのは、マーニーの日記が実在し、それを否定するためだ、という点である。これまで進んできたイマジナリーフレンドとしてのマーニーはここで一旦消え、二重性のもうひとつ、一種のゴーストストーリーとしての側面が前面に出てくる。

日記に書かれた事実から、マーニーは〝湿っ地屋敷〟とともにある記憶の幻影、地霊（ゲニウス・ロキ）とでもいうべき存在であることが明らかになる。マーニーが、イマジナリーフレンドにしては大岩家の近辺には現れなかったことも、ここで説明がつく。前半が単なる杏奈のイマジナリーフレンドということでは説明できない描写であったのも、マーニーが地霊であればつじつまが合う。

このイマジナリーフレンドからゴーストストーリーへの転換は、マーニーの正体が明らかになった、以上の意味がある。

杏奈はこの映画の前半で、自分の理想を投影した分身とコミュニケーションすることで、少しずつ心をほぐしていった。それがイマジナリーフレンドとれるように演出する意味でもあるわけだが、それが「自分の理想」ではなく「他人」へとシフトチェンジすることで、物語は次幕に進む。ここで、杏奈の物語は、いわば〝リハビリ〟から〝実践〟へと変わる。杏奈は他人という、強がりを言い（ウソをつき）、自分の思い通りにはならない、存在を学んでいく。

つまりマーニーは、杏奈の分身として現れ（観客がそう想起できるよう、幼い杏奈にマーニーそっくりの人形を抱かせている）、他人として消えるキャラクターとして描かれているのだ。これがマーニーの二重性だ。

だから、前半のマーニーとの触れあい（自分の分身に認めてもらう）と、後半のマーニーとの触れあい（他人を守ろうとする）では、その意味合いは大きく異なるはずだ。そしてこの二つの側面を経ているからこそ、移行対象（成長期に、主人公の側にいて成長を促し、やがて消える存在）として姿を消すことに繋がる。

だが、先ほども書いた通り、この映画は前半の杏奈に徹底的に寄り添うことで、その体験を（幻影かどうかを棚上げした上で）「真実である」というトーンで描いた。その真実こそが杏奈にとっての救いであると位置づけたからだろう。そして、そのスタンスは後半になっても変わらない。だから、マーニーの立ち位置が変わり関係性が自分自身から他人へと変化しても、「二人の仲がより深まった」という部分にこそ目がいってしまう。結果として、マーニーの二重性が孕んでいた意味は後景に下がり、友達の消失という印象が強まり、移行対象として消えたようには見えない。

物語の構造上マーニーが抱えた二重性と、映画の「核」として置かれた描写の間にある、この距離をどう捉えるか。そこが観客のこの映画についてどう受け止めるかの分岐点になっているのではないだろうか。

なお映画はさらに「合理的結末」としてマーニーの素性を明らかにする。そこでは杏奈とマーニーの関係に新たな要素が加わり、マーニーとは杏奈にとって実は三重の存在であったことが示される。そして、この三番目のマーニーこそ、タイトルである『思い出のマーニー』の主体でもある。

こうした原作の段階で仕込まれていた仕掛けの多さを主眼にせず、杏奈の「真実の体験」に絞って描き出したのが本作だったのだ。

初出：「四代目アニメの門」、二〇一四年八月一日公開。

『思い出のマーニー』(劇場公開作品)
監督：米林宏昌　脚本：丹波圭子、安藤雅司、米林宏昌　作画監督：安藤雅司　原作：ジョーン・G・ロビンソン
制作：スタジオジブリ　劇場公開：二〇一四年

『この世界の片隅に』——片渕須直のいるところ

『魔女の宅急便』（一九八九）や『大砲の街』（一九九五）で重要なポジションを担った片渕が『名犬ラッシー』で監督となったのが一九九六年。その後、二つの長編映画を経て、二〇一六年に発表したのが『この世界の片隅に』だ。こうの史代の漫画を原作とする本作は、日本のアニメの歴史の中で積み重ねられてきた「その世界を実感をもって描き出すこと」と、世界的な長編アニメーションの大きなトピックである「アニメーション・ドキュメンタリー」の交点に位置する作品となった。

アニメ史の中の『この世界の片隅に』

2016/11

『この世界の片隅に』劇場アニメ公式ガイドブック」（双葉社）で片渕須直監督に取材をした。そこで片渕監督は映画のポイントを三つ挙げた。

ひとつは、ロケハンや資料で調べ上げた町の風景。もうひとつは、中割りを多く入れた動き。そして、のんのキャスティング。この三つのポイントは、すべてすずという主人公に実在感を与えるために必要なものだったという。

ここで注目したいのは、町の風景を丁寧に描くことがキャラクターの存在感を裏付ける、というアプローチだ。

たとえば『この世界の片隅に』の冒頭では、広島市の中島本通りの様子が描かれる。この昭和八年の歳末セールに賑わう商店街を点描する一連のシーンは、短い尺ながらも、画面に描かれる各店舗は、集めた資料や関係者の意見などを反映して、できうる限りの正確さを目指して描かれている。原作も、さまざまな資料を踏まえて描かれているマンガだが、アニメはその精神を受け継いで、さらに調査を重ねて画面を完成させている。

中島本通りのシーンでは、原作にはない大正屋呉服店の手すりですずが休むカットが加えられている。

これは、大正屋呉服店の建物が、現在も平和記念公園のレストハウスとして残っていることを踏まえて付け加えられたものだ。

中島本通りは、この十二年後に原爆の爆心地となる、映画冒頭で描かれた風景はそのときに、跡形もなく消え去ってしまう（映画では、そのときに亡くなってしまった人たちの姿も意図的に店先に描いている）。その中で唯一残った建物が、大正屋呉服店なのだ。だから大正屋呉服店は、戦前、戦中、そして現在を貫いて結ぶ特別な場所として映画の中に位置づけられている。

冒頭の中島本通りだけではない。すずの故郷の江波、嫁ぎ先の呉の風景についても、ロケハンと調査を踏まえた描写がなされている。

またスタッフは、作中で描かれる昭和一八年から二〇年にかけて、呉や広島でその日に何が起きたのかをまとめた「この世界日めくり」というファイルを作り、映像作りのベースのひとつとしていた。そこには呉軍港の軍艦の出入りから日々の天気、すずの行動などがまとめて記されている。ちなみに、こうしたリサーチをすればするほど、原作のちょっとした描写もちゃんと根拠がある（たとえばすずがB-29の飛行機雲を見上げるくだり。実際、〝あの日〟にB-29は偵察飛行を行っている）ことも実感できたという。

『この世界の片隅に』のアプローチは、ほかの追随をゆるさないほど徹底したものだが、いわゆる〝聖地巡礼〟の対象となる作品などを見てもわかる通り、風景のリアリティをキャラクターの存在感・実在感へと結びつけようとしている作品は少なくない。

日本のアニメはどのようにして、このような傾向を内包するに至ったのか。

高畑勲監督は「60年代頃の東映動画が日本のアニメーション映画にもたらしたもの」（大塚康生『作画汗まみれ 改訂最新版』所収、文藝春秋）という論考で、ディズニー作品と照らし合わせることで、一九六〇年代の東映動画（現・東映アニメーション）がどのような作品を作り、それが後世にどのような影響を与えたかを検討している。

この考察で興味深いのは、一九六〇年代の東映動画作品が内包し、後の日本アニメの特徴となった要素として、ディズニーのようなファンタジーではなく、むしろリアリスティックな題材を取り上げた点を指摘している点だ。また作劇についても、主人公の葛藤や闘争と、そこへの感情移入を重視し、演出はそれを支えるよう、「作品世界に没入させるために、劇的な構成や表現で現実感実在感を与えることを基本にする」「カメラアングルやショット構成も、リアルな迫力を出す映画的な演出を心がける」などのアプローチをとることが継承されていったと記されている。

実際、東映動画は戦後初のカラー長編『白蛇伝』（一九五八）から始まり、『少年猿飛佐助』（一九五九）、『安寿と厨子王丸』（一九六一）といった、既に実写映画で扱われた題材をアニメ化している。つまり、東映動画はディズニー風のエンターテインメント（歌や踊りを挿入したり、小動物を主人公の側に配置したりする工夫）を意識しつつ、当時の観客の好みが反映された実写映画も参照していたということなのだ。それが、後のアニメにも継承されることになる。

実写映画を意識した演出とは、煎じ詰めると「カメラがそこに置かれていると考えて画面を作る」というところに行き着く。手で描かれた絵を、あたかもカメラという〝機械の目〟を経由したような体をとることで、「客観的な画面」として提示すること。それは自然主義的なアプローチによるリアリズムの導入といえる。しばしば日本のアニメの特徴として、リアリスティックな表現が挙げられるが、その根底にはこの自然主義的演出があるのだ。『この世界の片隅に』の描いた戦前の町並みが自然に受け止められるのも、この自然主義的なリアリズムが当たり前のものとして広く認知されているからだ。

なお『ミッキーの書式　戦後まんがの戦時下起源』(大塚英志)は、アニメにおけるリアリズムの導入について『桃太郎　海の神兵』(一九四五)を取り上げて検討している。

> 筆者はこれまでも戦時下における国策のひとつとしてあった科学的啓蒙の重視が、まんがおよびアニメーション表現に一定のリアリズムを導入することで戦後のまんが表現の基礎が形成されたことを示唆してきたが、「文化映画」とはそのような国策を具体的にアニメーションに導入しうる枠組みとして作用したと考える。
>
> (大塚英志『ミッキーの書式　戦後まんがの戦時下起源』、角川学芸出版)

確かに同作の戦闘機などの表現は、非常にリアル志向で描かれている。その背景に、科学的啓蒙の重視があったという指摘も説得的である。ただ、戦後のアニメの自然主義的リアリズムと本作のリアリズムを直線で結びつけられるかどうかは議論が必要だろう。

そもそも『桃太郎　海の神兵』は一九四五年春に公開され、一九八〇年代にネガが発見されるまでは、長らく幻の作品と呼ばれていた作品だ。当時も見た人は決して多くなく、見返されることもなかった。そのため一九六〇年代の東映動画に直接の影響を与えたとは考えづらい。

たとえ見ていたとしても、当時の東映動画のスタッフに影響を与えた作品としてしばしばフライシャーの『バッタ君町に行く』、ワーノの『せむしのこうま(イワンの仔馬)』、グリモーの『やぶにらみの暴君』などの名前があがっていることを考えると、作品傾向にどこまで影響を与えていたかは慎重になる必要がある。

また監督の瀬尾光世も戦後は絵本作家に転向しているなど、その演出スタイルが受け継がれるような形で戦後のアニメ業界と人脈がクロスしていない、という点もある。

こうして考えると、現在のアニメが自然主義的リアリズムを重視するようになったのは、一九六〇年代の東映動画作品が実写映画を参照していた点にルーツを求めるのが妥当のように思われる。

さて、カメラで捉えたかのような客観性を意識した「自然主義的リアリズム」は、一九七四年の『アルプスの少女ハイジ』で本格的に試みられることになる。

高畑が監督を務めた『アルプスの少女ハイジ』では、宮崎駿が場面設定・画面構成としてクレジットされている。

場面設定とは、実写でいうなら大道具・小道具に相当する役回りで、あるシーンに登場する空間とそこに配置されている小物を設定するポジションだ。これらは現地にロケハンを行いその取材の成果などを反映して描かれた。また画面構成は、実写でいうならカメラマンに相当する役回りだ。絵コンテの演出意図を汲みながら、実際にカメラアングルを決め、小道具の配置などを調整して、レイアウトを完成させる。宮崎は全五十二話全カットにおいて、この役割を全うすることで、『ハイジ』の演出を支えた。

アニメの背景は、しばしば書割になってしまう。それは「背景の上に、キャラクターが描かれたセルを載せて撮影する」というメディアの特性上、どうしても起こりうることだ。もし自然主義的リアリズムに則って作品を作ろうとしたら、書割ではリアリスティックな感触は生まれない。また、書割をいかに写実的に描いても、存在感は生まれてこない。

存在感が生まれるには、背景が描き出している空間の中に、キャラクターが立っているように見えないとそうはならない。

その空間に立つということは、周囲の小道具とキャラクターの演技をする空間がちゃんとせめぎ合っているということだ。それはキャラクターと背景の間に生じるインタラクションの最も基本的な状態だ。このインタラクションこそが、背景の存在感がキャラクターに付与される理由となる。

一般的に、キャラクターの絵柄は、背景よりもより記号化されていることが多い。にもかかわらず画面にリアリスティックな感触が宿るのもこのインタラクションの効果と思われる。だからこそ、空間感のある背景というものが重要なのだ。

『ハイジ』では現地での取材と資料集めを反映した大道具・小道具と、空間感を意識したレイアウトが、ハイジという少女の存在感を支えたのだ。

背景とキャラクターのインタラクションこそ重要という点では宮崎監督の『となりのトトロ』の冒頭を

思い出してもいいだろう。サツキとメイの姉妹は、引越し先の家を訪れると実にいろいろなものに手で触れている。テラスのボロボロになった屋根、バケツと水の重み、手漕ぎポンプ、そしてマックロクロスケが入り込んだ壁の隙間。こうした背景とのインタラクションがあるシーンを通じて、観客はサツキやメイが感じたであろう「手の感触」を想起し、それを通じてキャラクターの実在を感じる。

『この世界の片隅に』でも、(原作にもある通り)すずが雁木で荷物を背負い直したり、大正屋呉服店の手すりにもたれかかって一休みしたりするシーンがあり、決して目立つものではないが似たような効果をあげている。

このような空間感のある背景を利用する自然主義的リアリズムは、じわじわと広がっていったが、本格的に普及するのは一九九三年の『機動警察パトレイバー 2 the Movie』以降のこととなる。

同作はレイアウト(画面構成)の段階で演出意図を徹底するというスタイルで制作され、レイアウトを集めて出版した『Methods—押井守「パトレイバー2」演出ノート』(KADOKAWA)は、どうしてそういうレイアウトになっているかを解説しており、さまざまなアニメスタッフがアニメ制作の参考書として活用した。そしてここでも、徹底的に「カメラのレンズ」の効果を意識して、「観客が見慣れた客観的な映像」に擬態することが説かれている。

二〇〇〇年以降に、実在する町を舞台にしたり、作品世界の参考にしたりするケースが増えているが、これはレイアウトの精度があがり、「カメラで捉えた客観的な風景」として描き出す技術が向上したことと無縁ではない(制作環境のデジタル化とデジカメの普及も関係あるだろうが、ひとまずそれはここではおいておく)。

一九八五年に発表された『メガゾーン23』は、「現代の東京を描く」がひとつのテーマとなっている作品で、新宿や渋谷などの実在の風景が登場する。ただし、レイアウトの空間感は、現在の水準からするとアバウトで、その分、実景を描いているのにどうしても「客観的な風景」にはなりきれず、若干の書割感は残ってしまっている。このギャップを埋めるのに、十数年の時間が必要だったのだ。

一方、一九八〇年代に入ると、背景にリアリティを付与するのにまた別の手法が登場している。それは現実に存在する商品や商標を（なるべくそのまま）画面に描き出してしまおうというスタイルだ。当時の言葉に従って言うなら、カタログ文化的な手法といえる。たとえば『メガゾーン23』では、マクドナルドや当時のヒット映画『ストリート・オブ・ファイヤー』などがそのまま登場している。こうした手法はそのまま『新世紀エヴァンゲリオン』に登場する「EBISU」（途中からEBICHU）ビールなどに受け継がれている。『この世界の片隅に』でも冒頭に印象的に、森永製菓広島支社や森永製菓のお菓子が登場している。『この世界の片隅に』がどうして徹底的な調査でもって広島や呉の風景を描かなくてはならなかったのか。それは半世紀の及ぶこのようなアニメ史の積み重ねの中で、極めて必然的なアプローチであったのだ。

なお、『この世界の片隅に』の背景への徹底した取り組みが生んでいる効果は、キャラクターの実在感だけではない。キャラクターの実在感を高めるだけなら、ここまで本物の風景にこだわる必要はない。一定のリアリティさえ担保されていれば十分効果が生まれる。では、本物の風景にこだわることで、どんな効果が生まれるのか。それは、現実と映画の間に回路が開いた感覚をもたらすのだ。

まず映画から現実への回路について。

絵で描かれたものであっても、根拠があればそれは現実へと強く紐付けられる。それはドキュメンタリー的な側面と言ってもよいだろう。

たとえば高畑勲監督の『おもひでぽろぽろ』(一九九一)では、紅花から紅を作るまでの工程を意図的に〝記録〟していた。高畑は『平成狸合戦ぽんぽこ』(一九九四)でも、多摩丘陵におけるタヌキの生活の変化を、擬人化したタヌキの姿を使いつつ、〝記録〟しようと試みていた。世界的に見ても『ライアン』(二〇〇四)や『戦場でワルツを』(二〇〇八)といったアニメーション・ドキュメンタリーが制作されている。また、先述の『メガゾーン23』のように、制作時には〝記録〟の意図はなくとも、結果として一九八〇年代半ばの東京の風俗を現在に伝える資料になっている作品もある。

『この世界の片隅に』は、すずの行動は架空のものだが、彼女を取り巻く風景や史実にはすべて事実に基づいている。だから画面の情報を辿って、歴史的な事実にアクセスすることができる。正確な意味ではドキュメンタリーとは言いづらいが、当時を再現した〝記録〟としての価値が宿っているのだ。

そして、映画の舞台となった場所に立てば、今度は現実から映画への回路が開く。

作中に描かれた建物は広島の大正屋呉服店のほか呉の下士官兵集会所など現存するものもある。建物でなくても、たとえば呉の山並みや主要な道路の通っている位置は変わらない。つまり、映画で描かれた場所に立てば、すずが見ていた風景を想像できるのである。そのとき、すずの目を通じた太平洋戦争末期の光景が、現実の風景にオーバーラップすることになる。そこには、すずもまた〝召喚〟されてそこに立っている。
日本のアニメは、いかに〝リアル〟を獲得するかをめぐって進化を続けてきた。『この世界の片隅に』はその問題意識を、ストレートに受け継いでいる作品なのだ。

初出：「ユリイカ」二〇一六年一一月号、青土社。

『この世界の片隅に』（劇場公開作品）
監督・脚本：片渕須直　監督補：浦谷千恵　キャラクターデザイン・作画監督：松原秀典　原作：こうの史代　制作：MAPPA　劇場公開：二〇一六年

すずの右手と世界の繋がり——『この世界の片隅に』

2016/12

一一月一二日に封切りとなった『この世界の片隅に』が公開直後の予想を上回る勢いで興行成績を伸ばしている。公開前に発売された「ユリイカ」誌での論考（「アニメ史の中の『この世界の片隅に』」、本書105頁）では、この作品を制作する手つきがアニメ史の中でどういう位置づけになるのかを書いた。公開後となるこちらでは、映画の中身に踏み込みたいと思う。

映画はこうの史代の原作に非常に忠実に作られている。だが映画のほうがストーリー全体を貫く「縦糸」を意識して構成されており、そこから「すずという女性が自分自身を見つけ直す物語」という側面が浮かび上がるようになっている。そのためにオリジナル・シーンやセリフの変更などが行われている部分もある。

主人公のすずは、昭和一九年に十八歳で呉の北條家に嫁ぐ。夫となる周作は、以前から一方的にすずの存在を知っていたらしい。すずは求められるままに結婚し、北條すずとして呉での暮らしを始めることになる。

〝子供時代〟のまどろみからいきなり引き剝がされたすず。新しい名字となって知らない土地で嫁を演じることになる。そこにはある種の抑圧が生じるのは当然だ。そのストレスですずは円形脱毛症になる。

コミカルに描かれてはいるが、描かれている状況はなかなかにシビアだ。

この展開は同じ片渕須直監督の『アリーテ姫』の展開を思い起こさせる。頭の良いアリーテ姫は、魔法使いボックスに〝結婚〟という名目でさらわれてしまう。ボックスはアリーテに「理想的な姫」という魔法をかけて、幽閉してしまうのだ。

もちろん周作はボックスほどわがままではないし、当時はすずよりもっとつらい境遇の人も多かっただろう。そういう意味ですずは幸運なのだ。夫も義父母も優しいし（義姉の性格はキツいが）、隣組の人々も基本的によい人だ。戦時下ではあるが、武張って思想を押し付けてくる人もすずのスケッチを見咎めた憲兵ぐらいである。

ただこれは「この作品の世界が優しくチューニングされている」というのとは少し違う。この映画の丁寧な取材に基づいて描かれた背景は、カメラのフレームの外にも世界が広がっていることを感じさせるリアリティがある。だから、この映画の登場人物が優しいのは、フレームにたまたまそういう人が入っているからに見える。カメラが少し別のところを捉えればもっとクセのある人間がいてもおかしくない。そもそも映画（原作）のタイトルは、フレームの中に映っているのは「世界のすべて」ではなく「世界の片隅」に過ぎないと明言している。

ともあれ、そんな優しげな「片隅」にも当たり前のように抑圧はある。だから物語は、この「突然北條すず」として生きざるを得なくなった」という抑圧とすずがどう向かい合っていくかがポイントになる。

映画はそこで義姉の径子のエピソードを印象的にピックアップする。径子をすずの対照的な存在として際立てることで、すずの人生を照らし出そうとしているのだ。それが端的に伝わってくるのが、映画終盤に出てくる径子とのやりとりだ。

そこで径子は、自分は夫にも先立たれ、息子は夫の実家に渡し、娘は死んでしまった。それでも自分の選んだ人生だ、と語る。それに対しすずは「まわりのいいなりに、知らん家に嫁に来て、いいなりに働かされてさぞやつまらん人生だと思うわ」と。

言葉はきついが、これは径子なりにすずに共感した言葉なのだ。そして径子はすずに、居場所はここでもどこでもいいから、自分の意志で決めろ、と告げる。

このとき、すずは広島市江波の実家に帰るつもりでいたが、それは妹のすみが「帰ってこない？」と誘ったことも大きい。意志を持って生きてきた径子と、流されてきたかのように見えるすず。径子はすずの意思を問うているのだ。それは単に呉から去るかどうかだけではなく、自分の人生をどう考えているのか、という問いかけでもある。

それに対してすずは「ここへおらしてもらえますか」と言う。それは、周囲に流されて抑圧されているかのように見えたすずが、自分の人生を「自分の選択である」と捉え直していく第一歩なのだ。

なお、原作読者なら既に知っている通り、原作では朝日遊郭の女性・白木りんに関するエピソードも多い。径子が自分の意思で生きた女ならば、りんは「貧しくて思うように生きられなかった女」で、径子と正反対の方向からやはりすずと対照になる存在なのだ。それが映画で取り上げられなかったのは、主に尺の都合であろう。そこを補完するように、クラウドファンディングのクレジットで原作にもあった

「すずの（右手が）想像したりんの人生」が描かれている。

しかし、どうしてすずは径子に問われた瞬間に、自分の意思を表明することができたのか。それは右手という、すずにとって世界に触れる手段が既に失われてしまったからだ。右手を失ったことで、すずは自分の意思を言葉で表明せざるを得なくなったのだ。

すずの右手とは、まず「絵を描く右手」であった。「ぼーっとした子」であるすずは、言葉ではなく、絵を描くことで世界と触れあっていたのだ。そこは想像と現実が入り混じり、ゆりかごのような暖かさに包まれている。

すずは右手を通じて世界を理解する。たとえば映画には、寝そべったすずが天井の木目を指でなぞる、という仕草が描かれている。広島市草津の祖父母の家で昼寝したときと北条家に嫁いだ翌朝にその仕草をしている。その仕草はまるで「見慣れない風景を指でなぞることで、自分の世界に組み入れようとしている」かのように見える。

また、里帰りをして広島市内のスケッチをするすず。セリフにもある通り、絵を描く右手を通して、別れを風景に別れを告げているのだ。そこには本質的に言葉はいらない。

また、右手と縁が深いモチーフとしてサギも登場している。

サギは、作中ですずの子供時代を象徴する存在だ。まず幼馴染で青葉の乗組員となった水原哲が、すずのいる北條家を訪ねてくるエピソード。ここでも故郷・江波を思い出すきっかけとしてサギが登場し、すずは羽ペンでサギを描く。

その後、サギは右手を失ったすずの前に現れる。空襲が始まる中、「山を越えたら広島じゃ」とサギを追うすず。そのとき、すずの脳裏に浮かぶのは、まだ実家がノリの養殖をやっていた子供時代の江波の風景だ。しかもその風景は原作も映画も「すずが描いた絵」として表現されている。

つまり「絵を描く右手」は「すずが世界と繋がる手段」であると同時に「すずの子供時代」を体現してもいるのだ。ここで「お使いに出かけたすずがばけもんと出会う」というエピソードが、原作では一種のファンタジーとして表現されていたのに対し、映画はすみのために（右手で）描いた絵物語という表現になっていたことを思い出してもいい。

だから時限爆弾で右手を失うということは、単なる欠損ではなく、すずなりの世界の繋がり方が奪われたということであり、それはそのまま子供時代が消え去ってしまったということでもある。

だからすずは、改めて「世界との繋がり方」を探さなくてはいけないのである。その第一歩が「ここにおらしてください」という自分の意思を表した一言になるのだ。

そこにすずの大きな変化があることが見えると、「寝顔の周作の顔を（無言で）スケッチしたエピソード」と『ほんとにすみません』と言いながら伝単をまるめて周作に投げつけるエピソード」が対応関係にあるのがわかる。前者では、言葉を使わずただ自分の心の中で絆を確認しているのに対し、後者は言葉を通じて周作と改めて繋がろうとしている。

では、右手は完全に消えてしまったのか。

原作も映画も終戦を迎えた八月一五日に、すずが「右手の気配」を感じるシーンが描かれている。だがそのニュアンスは少し異なる。

原作のすずは玉音放送を聞いて憤り、畑に行って慟哭する。そのとき、すずの「この国から正義が飛び去っていく」から始まるモノローグは、当時の人の認識の枠組みを踏み越えて戦争を総括するセリフになっている。その分、そこにある種の「結論」としてのカタルシスがあるのは間違いない。右手のイメージは、そのモノローグの後に現れる。

一方映画は、玉音放送後に戦争についてのすずなりのまとめが語られる点では同じだが、もっと生活者としてのすずに寄り添った内容になっている。だから「結論」的なカタルシスは薄い。生活者の視点で戦争を見るというのは八月一五日だけのことではない。戦艦・大和の巨大さをそこで行われる炊事洗濯の量で想像するなど、映画を通じてすずの姿勢は一貫している。

むしろ映画で強調されるのは、そうして気持ちを一区切りさせた後の、黙々と白米を炊く女たちというオリジナルのシーンで、この映画が描こうとしている「今日も明日も続く生活」という部分が強調されている。そして、その白米を食べながら、死んでしまった姪の晴美を思い出したとき、すずは右手の気配を感じるのだ（なおすずが畑で慟哭するシーンでは、原作も映画も太極旗が掲げられるカットが入る。実は映画では、太極旗を掲げる家は、その前のシーンで、兵士を送り出していた場所の近くであろう場所として描かれている。つまり原作のセリフにあった「暴力で従えとった」に対応する要素は映画の中にも忍ばせてあるのである。そしてこれは前述したように「少しフレームを動かせば、映画が描いていない部分も見えてくる」ということでもある）。

八月一五日の右手の登場のタイミングが異なっていることで、その後のすずのセリフの違いも生まれている。というより、最終的なすずの着地点を見極めた上で、右手の登場のタイミングが調整されているのである。

すずの着地点が示されるのは、刈谷さんと買い出しに行った後のセリフだ。原作のセリフはこうだ。

「生きとろうが死んどろうが、もう会えん人がおって、ものがあって／うちしか持っとらんそれの記憶がある／うちはその記憶の器としてこの世界に在り続けるしかないんですよね」

このセリフは残されたものとしては極めて自然なものなのだが、ここではすずは完全に器というポジションになってしまっていて、そこにすずの意思を感じるのは難しい。これまで見てきた通り、映画は「すずという女性が自分自身を見つけ直す物語」として再構成されている。そこで映画では、原作のその前後のセリフを組み合わせて次のようになっている。

「晴美さんのことは笑って思い出してあげようと思います。この先、ずっとうちは笑顔の器になるんです」

すずという器を満たすのは、まず「自分の中から生まれてくる笑顔」なのだ。この器を満たすものというモチーフもまた『アリーテ姫』と呼応している。自分が空っぽだと感じていたアリーテ姫は、自分の中に「空っぽでいたくない」という願いで満ちていることを思い出す。それによってボックスの魔法から解き放たれる。

すずも、自分の中を満たすものが何かをはっきり言葉にしたことで、世界の片隅に自分の居場所を見つけることができる。もうすずは、右手に頼らなくてもやっていけるのだ。

そして右手という子供時代に別れを告げたすずは、自分の人生が人に言われるままに生きてきただけではないという自覚をもって新たな一歩を踏み出すことになる。かくして「すずという女性が自分自身を見つけ直す物語」は終わりを迎える。

それはとても非対称な形で始まった周作との関係の新たな一歩でもある。この映画はだから二人が夫婦になっていく「長い道」を描いた作品でもあるのだ。

すずは右手に別れを告げたが、だからといって「右手で繋がっていた世界」が消失してしまったわけではない。それもまた、すずの（そして私たちの）隣にふいに顔を出すのだ。相生橋で再びすれ違うばけもんのように、幻想の中ですずと肩を寄せ合うりんのように。

初出：「アニメの門V」、二〇一六年一二月六日公開。

『この世界の片隅に』（劇場公開作品）
監督・脚本：片渕須直　監督補：浦谷千恵　キャラクターデザイン・作画監督：松原秀典　原作：こうの史代　制作：MAPPA　劇場公開：二〇一六年

『リズと青い鳥』——山田尚子の歩み

『けいおん！』（二〇〇九）で監督デビューした山田尚子監督は、着実にキャリアを積み重ね、十年間でTVシリーズ二作、映画四作品を発表している。特に『たまこラブストーリー』（二〇一四）以降、『映画 聲の形』（二〇一六）を経て、『リズと青い鳥』（二〇一八）に至る過程で、その表現はどんどん繊細に研ぎ澄まされてきている。撮影がデジタル化されたことで可能になったレンズの歪みや色収差という〝アナログ〟な効果を使いこなしながら、小さな世界のさざなみが、当人にとってはいかに大きな出来事かが描き出されている。

柔らかに描き出される時間と人々——『たまこまーけっと』

2013/03

『たまこまーけっと』を見始めた多くの人は、同じメインスタッフが手がけた『けいおん！』をどこかに念頭において見始めたのではないか。作り手もそれを意識していたのか、第一話のトップシーン、主人公のたまことその友達が三人で手を繋いで駆けている様は、ちょうど『映画けいおん！』のラストで駆け出した唯たちとまるで地続きのような印象を与えた。

だが『たまこまーけっと』は、そんな『けいおん！』から続く印象を、すぐさまするりとぬぐい去る。その最たるものは、コメディリリーフにしてストーリーの鍵を握る（と思われる）、トリのデラ・モチマッヅィの登場なのだが、この特異な存在についてはまた後ほど触れることにしよう。

では『けいおん！』から『たまこまーけっと』で何が変わったのか。

当たり前だが、画面に映るものが変わった。具体的には、作品が捉えようとしている射程がいくぶん広くなった。

『けいおん！』が切り取っていたのは端的にいうと「私たち」であり「現在」であった。部室という場所に象徴される、狭い空間であり、均質で濃密な空気。『けいおん！』の持っていたフェティッシュはそこで何倍にも増幅されていた。

これに対し『たまこまーけっと』は、「私たち」だけでなく「みんな」、「現在」ではなく「過去と未来」が自然と射程の中に入ってきている。だからその手つきも「切り取る」というようなソリッドなものではなく、「すくい取る」ような柔らかなものになっている。

「みんな」や「過去と未来」も画面に登場する、というのはどういうことか。

たとえば『けいおん!』では、唯の両親の存在感はかなり薄かった。それに対して、たまこの祖父・福、父・豆大はしょっちゅう登場する。

この二人が垂直方向に人間関係を広げている一方で、部活が異なるのにやがて友達になる朝霧史織や、南の国からデラを探してやってきた少女・チョイのエピソードによって、水平方向にも人間関係が広がっていく。さらにこうしたメインの人間関係を、独身の豆腐屋、鮮魚店の中年夫婦、玩具店の老人、性別不明な生花店といったバラエティに富んだ商店街の面々が取り囲んでいる。

たまこをセンターに置きながら、カメラはその周囲に、「私たち」の範囲を超えた、さまざまな人が生きていることを描き出す。

たまこの幼馴染・大路もち蔵がたまこに告白しようとするのを、友達・常磐みどりがブロックするエピソード、あるいは、みどりが文化祭で披露するバトンの振り付けを思いつけず、人知れず苦悩するエピソードも、たまこがそこを知り得ないがゆえに、世の中の広がりを感じさせる。

人間関係だけではない。作中に登場する時間にも広がりがある。

第一話でたまこは、自分が知らずに覚えて口ずさんでいる歌が何の曲なのかを知りたいと語る。この疑問は第九話で解消される。口ずさんでいた歌は、父・豆大が若き日にバンドで歌い、既に亡くなっている母に贈った歌だったのだ。ここでは、たまこが生まれる以前の、彼女が知り得なかった過去が呼び出されているのだ。

このようなエピソードの積み重ねを経て視聴者は、多彩な人間関係の広がりと、過去から現在へと続く繋がりの中にたまこがいることをその目で確認することになる。

そして、その広がりと繋がりを意識させる契機となっているのが、デラだ。

デラは、南の国の王子の后を捜すために（何故か）日本にやってきたという。人語を解するだけでなく、（壊れてしまったが）本国との通信機能を持ち、映像を再生・投影する能力も持っている。

この通信と映像投影能力は、「ここにはないものを、その場に呼び出す力」といえる。これは本作でデラに与えられた本質的な役割だ。だからこそ、デラは縁遠かった史織とたまこを結びつけ、父の過去を映像として蘇らせる。たまこの身の回りにこれまであって、気がつかなかったことを顕在化させるのだ。

そしてもちろんデラは、画面の中に「未来」も召還しようとしているかに見える。

第十話まで見た段階では、ミスリードか前振りかは判然としないが、チョイがたまこに「后の気配」を感じるシーンが存在するのだ。

もしこれが前振りであるなら、たまこはデラが運んできた「王子の后」という未来と向かい合わなくてはならなくなるのではないか。もしそうなればそのとき、さほど強い個性を持っているとは言い難いたまこは、明確な意志で自分の未来を選ばざるを得ない。これは漠然と当たり前に思っていた自分の周囲の人間や家族といった「自分を取り囲む人間と時間の広がり」をたまこ自身が自覚する契機にもなるはずだ。

この予想が当たるかどうかはさほど重要ではない。ただ、人というのはいろんな人間関係や時間の綾の中に生きていて、それはそう悪いものでもない、という〝テーマ〟のアニメが、そのシーズンの話題作として放送されていることに、日本のアニメの成熟を改めて実感するのだ。

初出：「帰ってきたアニメの門」、二〇一三年七月二九日。

『たまこまーけっと』（TV放映作品）
監督：山田尚子　シリーズ構成：吉田玲子　キャラクター原案・デザイン・総作画監督：堀口悠紀子　制作：京都アニメーション　TV放映：二〇一三年

「変わること」を受け入れること——『たまこラブストーリー』

2014/05

『たまこラブストーリー』の立っている場所を説明するには、少し長い前置きから始めないといけない。「何も起きない」ということが作品に対するほめ言葉だった時代がある。一九八〇年代後半のことだ。その象徴ともいえる作品がOVAとしてリリースされた『魔法のスターマジカルエミ 蟬時雨』だ。『蟬時雨』は、TVシリーズの合間の夏の数日を描いた作品だ。描かれるのは主人公・舞とその周囲の人々の日常。何てことはないささいな日常の出来事を淡々と描く中で、「変わらないようで変わっていくもの」という本作の狙いが次第に浮かび上がってくる。

そこで「何も起きない」ということがほめ言葉になるのは、表層的なストーリーでもなく、目に楽しい派手な作画でもない、「何か」をその作品が獲得していたからだ。

その「何か」というのは、つまり「演出家が意図的に仕込んだ語り口」だ。それがあるからこそ、何も起きないようでいながら、「変わらないようで変わっていくもの」という本質が浮かび上がる。

また「何も起きない」には、もうひとつの意味も潜んでいる。それは「現代を舞台にした、(比較的視聴者の日常に近いと思われる)〝生活〟」が描くに値するものということだ。

たとえば『蟬時雨』の中で舞は魔法を使わない。一部、変身後のエミは登場するがそこは直接的には本作の見せ場ではない。いわゆる〝アニメ的〟な事件は起きないのだ（「変わらないようで変わっていくもの」という主題は、TVシリーズ・ラストで描かれた、魔法を手放すことを決意する舞を念頭においている以上、無関係ではないのだが、ここではその点には深入りしない）。

ことさらの劇的さをあえて排して、日常の描写を積み重ねていく、いわゆる「生活アニメ」と呼ばれるスタイルは既に『アルプスの少女ハイジ』から『母をたずねて三千里』でひとつの完成を見ている。ただそこで舞台となった時代も場所も、現代日本からは遠い。現代の日本を舞台に「生活アニメ」は作ることができないのか。現代の日本（とそこに生きている〝自分〟たちの感覚）はアニメの対象にならないのか。アニメはこの疑問を長い時間をかけて少しずつ解いてきた。その道のりの極初期に位置するのが『蝉時雨』だ。

そして、その最新のアンサーが映画『たまこラブストーリー』だ。高校三年生の男の子と女の子のシンプルな恋物語が、日々の生活の中で描き出される。

本作は、二〇一三年に放送された『たまこまーけっと』の続編にあたる。TVシリーズは、高校生・たまこが、闖入者・鳥のデラが起こす騒動を通じて、「今の私」を形作っている自分の過去と周囲を意識する内容だった。

これに対して映画は、たまこが幼馴染・もち蔵の告白をちゃんと受け止められるようになるまでを描く。「ちゃんと受け止められるようになる」というたまこの変化を描くのがこの映画の縦軸だ。

舞台は狭い。

登場するのは、たまこの家（餅屋）があるうさぎ山商店街と学校。同スタッフによる『映画けいおん！』が、プロデュース・サイドからの要請でロンドン旅行を盛り込んだような「スペシャル感」はない。その代わり、登校、下校、帰宅後の時間といった、普通なら零れ落ちそうな日常の時間が丁寧に描き出される。見ているうちに、たまこの、家業の手伝いから始まり銭湯で終わる一日の過ごし方がちゃんと頭の中に像を結ぶ。

そして日常が丁寧に描かれれば描かれるほど、たまこたちが高校三年生で、残された高校時代はあまりないことが意識される。友達やもち蔵が将来の進路の話題を持ち出すとき、どちらも川が近くにあるのも偶然ではないはずだ。奇しくも『蟬時雨』もそうであったが、流れる川の映像は、観客に過ぎていく時間を思い起こさせずにはいられない。

狭い舞台に徹底して寄り添う姿勢は、登場人物に関しても変わらない。映画の冒頭、たまこともち蔵の姿を見せるべきシーンで、カメラの前を人影などが頻繁に横切る。そのため、たまこともち蔵の姿がなかなか見えない。この冒頭は、二人が特別な存在ではなく、大勢の中のひとりである平凡な人間であることを意識させる。そしてカメラはその人ごみを越えて、二人の日常に接近する。そうすると心の中のさざなみも、二人にとっては心を大きく揺らすうねりであることが見えてくる。

たまこの心のうねりは、表層的には「もち蔵が東京の大学へ進学を決めたこと」と「その決意をきっかけに告白されたこと」に端を発している。こうして本作は表層的には「恋愛の成立／不成立」をめぐる物語を展開するが、実はその奥にあるのは、たまこの心の中にある「変わることへの葛藤」だ。この映画でもち蔵は、「変わること」を一足先に選んだキャラクターとして描かれており、そこからたまこの心を照らし出す役割を果たしている。

「変わること」に葛藤があって、もち蔵の告白をちゃんと受け取れないたまこの転機は二つある。

ひとつは、餅屋の娘である自分が餅を好きになったきっかけだ。たまこは、母を亡くした後、顔を描いた餅で自分を慰めてくれたのは父親だとずっと思っていた。だが、実はそれは幼い日のもち蔵だった。この発見が、たまこの中でもち蔵の存在を決定的にする。

もうひとつの転機は、若き日に父が母に告白するために歌ったという「恋の歌」が入ったカセットテープがもたらす。偶然、カセットテープがオートリバースして始まったB面。そこには、父の告白にやはり(少し下手な)歌でこたえようとする、若い母の歌声が録音されていた。

たまこが餅に憧れていたのは、それが暖かく柔らかかった母の記憶と結びついているから。だが、カセットテープの歌声を聴いた瞬間にたまこは悟る。母親は最初から母親だったのではなく、父の告白を受け止めて、変化して「たまこの母親」となったのだ。母が変わらなくては自分もいなかった。

「自分にとってのもち蔵の価値の再発見」と「人はいつも変わるものだという発見」。この二つがそろって、たまこの中に変化が起きる。この変化は「自分の中のもち蔵への気持ちに気づいた」と説明しても間違いではないが、そこには親離れを含んだ変化の受容があって、もち蔵はその動機なのである。そして映画はラストシーンへと一気に駆け出し始める。

もし本作が実写で撮られたのならば、役者の肉体が枠となって、固有の人間と人間の物語としての印象が先に立つだろう。だが『たまこラブストーリー』はアニメのため、キャラクターが存在感を持ちながら、同時に抽象化されている。だから、固有性を超えてそこに普遍性が宿っている。
『たまこラブストーリー』はいとおしい映画だ。それは主人公であるたまこともち蔵がいとおしいだけでなく、二人を通じて今の若者とかつての若者が、いとおしい存在であることを思い出させるからだ。
ほんの一言の告白がどう受け止められるかだけを描く「何もない」映画だが、アニメは長い道のりの結果のひとつとして、こういう題材を自然にテーマにできるようになったのだ。

初出：「四代目アニメの門」、二〇一四年五月九日公開。

『たまこラブストーリー』(劇場公開作品)
監督：山田尚子　脚本：吉田玲子　キャラクターデザイン・総作画監督：堀口悠紀子　制作：京都アニメーション
劇場公開：二〇一四年

2018/05

みぞれと希美の距離感を巧みに描く、映像言語の饒舌さ――『リズと青い鳥』

やがて時が過ぎ去っても、この瞬間は永遠に続く――。

引っ込み思案の少女は、闊達な少女とずっと一緒にいたいと願っていた。でも高校三年生という時間は、二人をそのままにしてはおかなかった。吹奏楽部を舞台にしたこのシンプルな物語は、劇伴も含めとても静かに表現されているが、その実、とても饒舌である。

それは、オーボエ奏者の鎧塚みぞれが、校門近くの階段でフルート奏者の傘木希美を待っている、開巻間もないシーンから徹底されている。

まずみぞれは、膝をあまり上げず、少し重心を前にかけて、まるで「先に進みたくない」かのように歩いて登場する。足音も心なしか音色が暗い。

一方、希美になると、元気よくカツカツと歩いてくる。足は前に大きく踏み出され、歩く度にポニーテールも踊るように右に左に大きく揺れる。階段を一段飛ばしで上ったりもする。

そして、そんな希美を、みぞれはうしろからじっと見つめている。簡単な会話以上の関係性が二人の歩く姿から匂い立ってくる。この映像言語の饒舌さは、ラストシーンまで全編を貫いている。

続いて、二人は音楽室に入り、互いの楽器を取り出す。希美がみぞれのとなりの椅子に座ると、みぞれは希美を意識し、彼女を見つめる。その瞳をカメラは広角レンズを使ったアップで捉える。

要所に入るこのキャラクターの目元を狙ったクロースアップは、それぞれの心の中に起きた〝さざなみ〟を〝大波〟のように観客に伝えてくれる。

このとき、二人が並んで読むことになる童話絵本が表題となっている『リズと青い鳥』である。希美がどうしてこの絵本を持っていたかといえば、彼女たちが所属する北宇治高校吹奏楽部は、コンクールの自由曲としてこの童話をベースにした楽曲を演奏するからだ。画は冒頭に、『リズと青い鳥』の冒頭――リズと青い鳥の出会い――の部分をおいて、本作が童話と照らし合わせながら進行することを示している。

そしてみずれと希美は組曲『リズと青い鳥』第三楽章の冒頭部分から出てくるオーボエとフルートのソロを吹き始める。吹き終えて希美は、「自分のピッチが合っていなかったかな」という趣旨のことを言うが、確かに違和感はこのソロの二重奏にみちみちていて、物語後半へと続く不穏な雰囲気を既に漂わせている。

この不穏な雰囲気がさらに掻き立てられるのは、希美がコンクールについて前向きな言葉を発するのに対し、ひとりになったみぞれは、本番なんてこなければいいのに、とつぶやくからである。

こうして『リズと青い鳥』は冒頭およそ十分ですべてが示される。そして観客は、残り八十分をかけて、何気ない日常として描かれていた冒頭十分にどのようなドラマの予兆が潜んでいたかを思い知ることになる。希美とみぞれの関係が変化していくのは、必然だったと知るのである。

ドラマが急浮上するのは、中盤、みぞれが音大受験を薦められたあたりからだ。

みぞれが音大のパンフレットを渡されたことを知った希美。カメラは廊下の二人を横から捉え、希美は「私も音大受けようかな」というセリフとともに、画面左側へとフレームアウトしていく。「希美と一緒にいたい」というみぞれの言葉を肯定するようなセリフでありながら、映像はそれを裏切っている。このような希美の言葉と芝居の不調和が、映画後半の緊張感を静かに高めていく。それまで、絶えず楽しげなステップを踏んでいかのように動いていた希美の足だが、ピアノを囲んで三年生四人が会話するときには、快活さを装ったセリフを裏切るように、机のバーにのせられた足はまったく動いていない。

このようにして関係性を描く作品だからこそ、本作は、画面を縦に区切る「境界線」をどこに置くかという演出の基本について、とても繊細に気を配っている。

たとえば、みぞれは慕って声をかけてくる後輩の剣崎梨々花との関係の変化は、教室の窓の柱を使って描かれている。

教室にいるみぞれのところに、初めて梨々花がやってきたとき、二人の間には厳然と柱が描かれている。だがやがて、みぞれはその柱の中に入り込んで自ら境界線を侵犯するようになる。最終的に教室でみぞれと梨々花が一緒にオーボエを吹くとき、オーボエは境界線である柱を超えており、二人の気持ちのようにクロスして描かれる。

だからこそ、理科室で希美とみぞれの間の距離が明確になったとき、二人の手前に置いてある実験スタンドへとピントが送られ、縦に伸びた支持棒が二人の間を引き裂くように画面を縦に区切ったときの衝撃も大きいのだ。

もちろんこのような境界線を使った演出は、映像言語としては決して珍しいものではない。だが本作は、こうした「やるべき演出」を丁寧に見せつつ、そこに加えて、随所に花のカットをインサートしたり（絵本世界では青い花、現実世界では黄色い花がフィーチャーされている）、窓の外を飛んでいく鳥をイメージ的に見せたりと、言外の要素を加えて、映像言語を重層的に構成していく。

映画は童話の中のリズと青い鳥の関係性を、みぞれと希美の関係性に重ね合わせるように進行していくが、やがてプロット上の大きな転換点を迎える。この転換点は、吹奏楽部の演奏シーンとしてもとても見ごたえと聴き応えがあるシーンとして作られている。演奏だけでキャラクターの感情の変化を伝えることに成功している。

この前後でみぞれと希美の関係は大きく変化してしまう。相手の気持ちがようやくわかるようになって、だからこそ自分の気持ちがわかることもある。自分が何者かわからなかった、まどろみのような幸福な時間は終わる。

かくしてみぞれと希美の間に距離が生まれる。その距離はまず、画面分割として表現される。時折画面に登場して、ドラマの予感を示していた「境界線」が物理的な区切りとしてフレームの上に現れ、別々の空間にいるみぞれと希美を映し出す。

ただ別々の空間にいてもなお、カメラは二人がそれぞれ似た行動をとっている瞬間を拾い上げており、それはこの映画の優しさだ。

そして別々の時間を過ごした二人は待ち合わせ、一緒に下校をしていく。階段の段差を使って希美がみぞれに語りかけるシーンも印象的だが、最も心に残るのはその後のカットだ。

たわいない会話をしながら歩く二人。その二人をカメラは正面から望遠レンズで撮っている。

手持ちカメラでドキュメンタリー風にキャラの心情に迫ったり、望遠レンズを使って「盗み見る」という形で観客をキャラクターのドラマに立ち会わせるという手法は、それぞれ『けいおん!』、『たまこラブストーリー』で使われていた。本作もこの延長線上でカメラは物語を語っている。

だがこのラストの望遠レンズは少し違う。二人の関係を盗み見るだけに留まらない。このカットでは、もう別々の道を歩き始めた二人を収めつつも、そこには（レンズの圧縮効果により）「二人の距離」が映っていないのである。

やがてこの二人がどのような人生を歩んでいくか観客は知らない。でも今、何の距離もなく一緒に下校しているその瞬間があったという事実は永遠なのだ。

青春という名の物語の〝ハッピーエンド〟とはそういうものだと思う。

初出：「アニメの門V」、二〇一八年五月一一日公開。

『リズと青い鳥』（劇場公開作品）

監督：山田尚子　脚本：吉田玲子　キャラクターデザイン・総作画監督：西屋太志子　原作：武田綾乃　制作：京都アニメーション　劇場公開：二〇一八年

『未来のミライ』——細田守の道

細田守監督は『時をかける少女』（二〇〇六）以降、三年に一作のペースを守り続け、これまでに五作の映画を世に送り出してきた。それは一段ずつ階段を昇るように、自身の世界を深めていく過程であり、同時に「細田守」という名前が、より多くの人に知られていく過程でもあった。その範囲は国内だけにはとどまらず、『未来のミライ』（二〇一八）はアカデミー賞長編アニメ映画賞にノミネートされ、アニー賞では長編インディペンデント作品賞を受賞した。深く、広く、そして遠く。細田監督の道のりはまだまだ未来へと続いている。

「おおかみこども」と「母」と「花」――『おおかみこどもの雨と雪』

2013/07

子供のころ、両親のなれそめに興味を持って尋ねたことのある人は多いだろう。そこで語られる「やがて二人が結婚することを前提とした思い出語り」は、子供にとって、お姫様と王子様が出会い、「めでたしめでたし」で締めくくられるおとぎ話に限りなく近い。

「おとぎ話みたいだって、笑われるかもしれません。／そんな不思議なことあるわけないって。／でもこれは確かに私の母の物語です」

このようなナレーションで開幕する『おおかみこどもの雨と雪』は、確かにおとぎ話のような映画だった。

天涯孤独な女子学生・花が、偶然〈彼〉と知り合い、おおかみおとこであるという〈彼〉の秘密を知ってなお受け入れ、結ばれる。

親への言及が少なく、バックグラウンドをあえて詳細には描かれていない花と〈彼〉は、まるでおとぎ話の登場人物のようだし、さら成長した二人の娘・雪による回想形式のナレーションであることも加わって、この序盤の展開からは「お姫様と王子様」のおとぎ話が思い浮かぶ。

出会うべきパートナーと出会うことで終わる「おとぎ話」。もちろんこの映画はそこで「めでたしめでたし」と終わるわけではない。むしろ、〈彼〉が不慮の事故で死に、雨と雪という姉弟を抱えた花が二人を育て上げる様子こそがこの映画の本題といえる。そして、本作はそこからもまた「おとぎ話」であろうとする。そこにこの映画の一番の特徴がある。

子育てというのは「巣立つことを期待しながら、慈しみ続けようとする」という矛盾を孕んだ行為だ。だからこそ、巣立ちはいつも、慈しむ親にとって一種の裏切りとして起こる。これは劇的ではあるが、しかし同時に親という存在に最初から織り込まれた「想定の範囲内」の出来事でもある。

この「想定の範囲内にある巣立ち」を前提に、そこへと向かう経路としてさまざまな思い出が語られていくと、そこには両親のなれそめを聞くのに似た「おとぎ話」らしさが立ち上がってくる。

序盤がベターハーフと出会う「少女のおとぎ話」とするのなら、この映画の中盤以降で語られるのは「母のおとぎ話」と呼べるだろう。「少女のおとぎ話」が愛の成就を目指して進行するように、「母のおとぎ話」は「子供の巣立ち」という「めでたしめでたし」に向けて進行していくのだ。

本作は、この二つの「おとぎ話」を、それにふさわしいシンプルで力強い演出で語っていく。

語り手が生まれる前の「少女のおとぎ話」はロングショットが多く、それがナレーターの雪が語る〝現在〟からの距離を感じさせる。〈彼〉が自分がおおかみおとこであることを告白するとき、運命の変転を予感させるように、星空の星が速い速度で回転する。「母のおとぎ話」になってからは、小学校に入ってからの二年を、廊下から見た教室をパンしてくだけで表現したかと思えば、檻の中のシンリンオオカミの寂しげにも恐ろしくも見える姿をフィックスで捉える。

このような引き締まったカットを無駄なく積み重ねることで十数年にわたる時間が、約二時間の中に過不足なく織り込まれていく。この語り口は見事だ。

ただし忘れていけないのは「母のおとぎ話」を語るために、意図的に〝編集〟され、フレームの外へと置かれたものもある。それは「社会と花の関わり」であり「花自身の人生」だ。

たとえば花は、予防接種を受けさせていないことなどから、ネグレクトを疑って児童相談所の児童福祉司がやってきても玄関から閉め出してしまう。そのほか数年にわたって〈彼〉の残した「わずかの貯金だけで暮らしている」という展開や、「廃屋同然だった古民家を花ひとりで修理してしまったであろう描写」。さらには仕事を決めるときも「高校生のアルバイトのほうがよっぽど時給がいい」と言われながらも、自然観察員の補佐の仕事を選ぶ。

映画の中でこれらの問題が、どのように解決したかを具体的に描かれることはない。花や〈彼〉の生い立ちを詳細に語らないことと同様、問題解決するために社会と花の間に起きたであろう対峙もフレーム外の出来事として処理されることで、映画は「おとぎ話」と呼びうるシンプルな構成を保つことができている。

そして世間と交流はしても社会として対峙することのない花は、母として「おとぎ話」を生きている。だから彼女個人がどのような人生を生きたいと願っているかについてもまた、フレームの外に出てしまってなかなか見えてこない。

映画のラストで、二人の子供が巣立っていった後、彼女は〈彼〉の写真とほほえみ合うだけで何もしていないのは象徴的だ。そこにあるのは「母の余生」であって、花の人生ではない。「母のおとぎ話」は、花の人生をフレームの外へ押し出してしまっているのだ。

本作の物語が、雪と雨の側から読みとったときと、花の側から読みとったときとで印象が大きく異なるのは、この「母としての花」と「個人としての花」のバランスが大きく偏っているところに理由がある。それによって「めでたしめでたし」と「おとぎ話」を終えられるか、それとも「めでたしめでたし」の後に続く現実を考えてしまうか、物語の受け取り方にも違いが出てくる。

〈彼〉は「同じ団地でも家の中はまるで違うんだ」と語った。それはつまり「普遍的な家庭像」などなく、人は自分が暮らした家族のことしか知らないということでもある。花が映し出すのは、そういった各人の家族観でもあるはずだ。

初出：「帰ってきたアニメの門」、二〇一二年八月一七日公開。

『おおかみこどもの雨と雪』（劇場公開作品）
監督・原作：細田守　脚本：細田守、奥寺佐渡子　キャラクターデザイン：貞本義行　企画・制作：スタジオ地図
劇場公開：二〇一二年

「神の手」は大衆を救う――『バケモノの子』

2015/08

『サマーウォーズ』について「強靭な大衆性」と評したのは映画ジャーナリストの大高宏雄だったと記憶するが、『おおかみこどもの雨と雪』を挟んで発表された『バケモノの子』は、『サマーウォーズ』（興行収入一六・五億円）以上に大衆性を打ち出した作品だった。前作『おおかみこどもの雨と雪』（興行収入四二・二億円）を越えたヒットになりそうな勢いも、納得の内容だ。

物語のポイントを逐一セリフでフォローすることで、大人も子供も同じように物語を受け取るように作られているのもヒットを後押ししているはずだ。

身寄りのいない少年が、渋天街というバケモノの街に迷い込み、熊徹という乱暴者のバケモノの弟子になる。離婚のため父のことをよく知らない少年・九太はやがて、熊徹と親子のような絆で結ばれていく。一方、熊徹は、渋天街宗主の後継者のひとりと目されながらも、人望がない。そんな熊徹も、九太を弟子にとったことで変化していく。

九太の成長と熊徹の変化をテンポよく描く前半はシンプルでわかりやすい。これが後半になると九太が、バケモノの世界と人間の世界の間で迷う展開となり、少し構図が複雑になる。

まず九太を人間の世界に誘うキャラクターとして楓という少女と、子供のころ別れたきりだった父が登場する。そして二つ世界に引き裂かれた九太の〝鏡像〟として、九太と似た境遇にある一郎彦が心の闇に飲まれて暴走する姿が描かれる。

それぞれの要素が複雑に絡まり合っているが『バケモノの子』は、そこを「神の手」としか言いようのない絶妙な案配で、物語をコントロールしていく。目的は、熊徹と九太の関係を一番大事に描くこと。それ以外の要素は「神の手」によって、そこに奉仕するか、逆に邪魔にならないように存在を薄められるかのどちらかになっている。

九太にとって熊徹の存在は、一言でいうと移行対象だ。移行対象とは、本来は乳離れの時期に乳幼児が母親代わりに愛着する毛布やおしゃぶりなどを指す。ここから転じて、物語などで「親離れ」する際に、親代わりになるような存在を移行対象と呼ぶことも多い。たとえば映画『ユンカース・カム・ヒア』に出てくる言葉を解する犬・ユンカースは移行対象だ。

だから、九太は最終的に〝熊徹〟離れをして、人間の世界へ帰る。それが九太の成長となる。前半の展開からこの映画がそうなっていくのは極めて自然な流れといえる。

だが、バケモノの世界で八年も過ごしてしまった九太を人間の世界にソフトランディングさせるには、誰か相手が必要となる。そこで登場するのが、楓という少女と、子供のころ別れたきりだった父となる。

難しいのは、移行対象と別れた後に、向かう先がやはり父親となるとどうしても成長したようには見えない。かといって実の父とのドラマの比重が増せば、天涯孤独な九太と熊徹が疑似家族的に結ばれるという主題の邪魔になる。しかし、父の存在を絶妙に薄く描くことで（デザインも非常に〝薄い〟）、そうしたドラマ上の混乱を起こさないようになっている。

かといって人間の世界にいる人が薄ければ、九太がこちらに帰ってくる理由も弱くなる。そこで配置されているのが、楓という少女だ。彼女は九太に「勉強」という動機を与え、二つの世界に引き裂かれて悩む彼の理解者として配置されている。ここでも彼女との関係が恋愛未満に留まっていることで、移行対象との別離＝恋愛の成就という構図に陥らないようになっている。だからこそラストで渋天街にやってきた楓は、あくまでも九太に大学受験する気があるかを確認することになる。

そして、二人以上に「神の手」に左右されたのが、九太の〝鏡像〟として設定されたキャラクターの一郎彦だ。一郎彦は宗主後継者をめぐって熊徹のライバルである猪王山の長男。強く人望のある父を尊敬し、腕っ節も強くて子供時代は人気者。だが、思春期になるとその性格は大きく変わり、暗く陰湿な面を隠し持つようになる。

実は一郎彦は、人間の捨て子だったのだ。猪王山は人間の子が闇を宿すと知りながらも、自分が育てれば大丈夫だと思い育ててきたのだ。だが、一郎彦の心の闇は、父への尊敬と、どうしても父のような猪の姿にならない自分の姿に引き裂かれて生まれたものだった。

自らも人間とバケモノの世界の狭間で闇に囚われそうになっていた九太が、暴走する一郎彦と向かい合うことで、映画はクライマックスへと向かう。

どうして九太は闇に対して踏みとどまれて、一郎彦は暴走したのか。九太には楓からもらったお守りがあったからだ。それによって九太は我を取り戻す。

では、一郎彦の人生には、楓のような存在はいなかったのだろうか。仕事人間らしく子供の面倒をみてない猪王山はともかく、優しそうな母や素直に天真爛漫な弟・二郎丸、あるいは子供時代に一郎彦を取り囲んでいた女の子たちなどと、彼はまったくそういう関係を取り結べなかったのだろうか。

特に、一郎太が人間であることを知っていた母親の胸中はかなり気になる。九太には熊徹との仲を取り持った、百秋坊や多々良がいたというのに。

もちろん物語にIFはない。九太にあった幸運な偶然は一郎彦には訪れなかったのは厳然とした事実だ。だからこそ、そこに「神の手」がのぞく。九太の成長を描くために、幸運な出会いを禁じられた一郎太。

そして、一郎彦は自らが引き起こした惨劇の後、目を覚ます。このとき、彼は自分が何をしたか忘れているようだ。これもまた「神の手」である。彼がやったことを覚えていたら、その罪をどう着地させるか、質量ともにかなり重たいエピソードが必要となるはずだ。それでは、九太の物語から大きく話がそれてしまう。しかも、観客にとっても後味のよいものにはなりにくい。九太の物語として締めくくり、エンターテインメントとして丸く終わるためにも、一郎彦には、あそこですべてを忘れたかのような振る舞いが求められるのだ。ここでの「神の手」は一郎彦を救ったようでいて、実はそうではなく、観客の気持ちを救っているのである。

こうしてみると九太よりも、一郎彦の置かれた環境のほうが、ある意味リアルといえる。人間の子供でも自分が育てれば大丈夫と思った猪王山の増長。よき親、よき家族に囲まれていても、コミュニケーションの不足が孤独を生むこと。それが心の闇に繋がること。だがこれらの要素は、大人から子供まで楽しめるエンターテインメントを志向する本作の中心にはふさわしくない。

この「神の手」は、作り手の手練手管というよりも、この映画のルールのようなもので、この映画そのものが九太の人生を親のように見守っているかのようだ。そしてこのように本作の大衆性は間違いなく「神の手」によって支えられている。この「神の手」が気になるか気にならないかで、映画の印象はかなり変わるだろう。

さらに言うならこの大衆性は、大学で学ぶ理由が曖昧なまま「高卒認定試験」に重要な位置を与える保守性とも深く結びついているように思う。

初出：「アニメの門V」、二〇一五年八月七日公開。

『バケモノの子』（劇場公開作品）
監督・脚本・原作：細田守　キャラクターデザイン：細田守、山下高明、伊賀大介　制作：スタジオ地図　劇場公開：二〇一五年

これは〝家族〟の物語ではない――『未来のミライ』

2018/08

『未来のミライ』は、家族の物語ではない。

この映画は赤ちゃん時代の残照の中でまどろんでいた四歳のくんちゃんが、子供としての一歩を踏み出す物語だ。その一歩は小さな一歩だが、人生と呼べるものの始まりを告げる大きな一歩でもある。

赤ちゃん時代との決別とはどういうことか。

四歳は脳の発達に伴い、現在と未来と過去が理解できるようになったり、他人と自分の区別がつくようになったり、ときにはウソをつくこともできるようになる年頃。そうした発達は同時に本人にとってストレスでもあり、反抗期という形で現れる、それは四歳児にとって嵐の時期だ。思春期の嵐を覚えている人は多いが、四歳児の嵐を覚えている人は少ない。本作はそこにフォーカスした。

だから、ここでは両親の仕事がとか、暮らしぶりから想像できる年収がとか、そういうことは映画の本質とはあまり関係ない。多様化した現代において、『ホーホケキョ となりの山田くん』のように、〝どこかにいそうな庶民的な家族〟という存在を想像するのは難しい。〝普通の家族〟を描くのが難しい時代に家族を描こうとすると、それは何がしかの偏り（〝普通〟とは思えない部分）を孕まざるを得ないということだ。

映画は、くんちゃんの家に、生まれたばかりの妹ミライちゃんがやってくるところから始まる。お父さん、お母さんは新生児のミライちゃんにかかりっきりで、これまでのように甘えられないくんちゃんは赤ちゃんがえりしてしまう（もちろん本人は〝赤ちゃんがえり〟しているつもりなどないが）。

そんなある日、くんちゃんは中庭で不思議な体験をする。この不思議な体験のエピソードは、五つ用意されていて、それぞれに切り口が設けられている。そして、このエピソードを経て、くんちゃんは「子供としての自己」を確立していくのだ。

最初のエピソードは、思わず未来ちゃんを叩いてしまい、怒られたことがきっかけで始まる。くんちゃんが、中庭に出ると「くんちゃんが生まれる前のこの家の王子」を名乗る男が現れる。実はこの男は、飼い犬のゆっこなのだ。くんちゃんは、ゆっこの尻尾を引っこ抜いて、自分のおしりに挿してしまう。ちなみに、これと次のエピソードに出てくるハチゲーム（一種のくすぐりっこ）で、性欲という形に分化する前の子供のエロスを正面から描いていて、この映画がくんちゃんの映画であることを強く印象づける。尻尾を挿してみるみるゆっこになっていくくんちゃん。ゆっこになって家の中で大暴れをして、すっきりとしたくんちゃんはご機嫌に戻る。この最初のエピソードからわかる通り、くんちゃんはこの時点ではまだ、「自分」が確立されておらず、他人との境界が曖昧なのだ。だからゆっこになってしまうことができる。くんちゃんの今の状態を描いたこのエピソードは、いわば「起」だ。

次のエピソードは未来から中学生になったミライが初登場。人間の姿のゆっこも交えた三人が、お父さんに知られずにお雛様を片付けようとする騒動がコミカルに描かれる。こちらは、中学生のミライを観客に知ってもらうための「承」といったところだ。

三番目のエピソードは、部屋を散らかしてお母さんに怒られたことから始まる。癇癪を爆発させたくんちゃんが中庭に出ると、グッピーの群れが現れて、気がつくとくんちゃんは知らない街にひとり。くんちゃんはそこで出会った同い年ぐらいの女の子の家に招かれる。二人は、女の子の家でおもちゃを広げ、お菓子を食べ散らかして、大騒ぎして遊ぶ、そこに女の子のお母さんが帰ってくる。女の子はくんちゃんを逃して、自分はお母さんに怒られる。くんちゃんは自分と同じようなことをしてしかられる女の子に「共感」をする。実はこの女の子はお母さんの小さいころの姿。単に「共感」を描くだけなら幼稚園の同級生とのエピソードでもいいわけだが、そうではなく、時間を超えたエピソードにすることで、「共感」だけでなく、こういう子供と親のやりとりは過去から未来へと繰り返されてきたことも無言のうちに示されている。

四番目は、補助輪を外した自転車にうまく乗れなくて、癇癪を起こしたくんちゃんが、大人のお兄さんと会って馬やバイクに乗せてもらうエピソード。この青年はくんちゃんにとっては、実の曽祖父にあたる人物。馬上でこわがるくんちゃんに、彼は「遠くを見るんだ」とアドバイスをして、それがくんちゃんの自転車を乗りこなすヒントになる。四歳児は初めて自転車に乗る子供が多い年齢だが、補助輪をとるにはまだ若干早い年齢。でも、自転車は〝子供の自立〟を象徴するアイテム（行動の範囲が大きく広がる）だからこそ、このエピソードが採用されたのだろう。自転車を接点として、くんちゃんと青年の曽祖父が重ね合わされ、くんちゃんの小さな変化が大人へと繋がっていることが暗示されている。幼いお母さんのエピソードが過去からの繋がりを浮かび上がらせる一方で、こちらはくんちゃんの未来を言外に示しているのである。

三番目のエピソード、四番目のエピソードでは、四歳児の嵐という一点の中に過去と未来が含まれていることが描かれている。扱う時間の範囲がぐんと広がって、くんちゃんの話であってくんちゃんの話でない普遍性を持ってくるところが、この映画の「転」となる。

そして最後のエピソードは、夏の旅行に出かけようとするとき、くんちゃんお気に入りの黄色いパンツが洗濯中だったことがきっかけとなる。くんちゃんはまた「家出をする！」といってへそを曲げ、そうこうしているうちにまた中庭から不思議な世界へと入っていく。そこでまず出会ったのが、不機嫌そうな男子高校生。後に明かされるが、観客の予想通りこの男子高校生は、思春期の嵐の只中のくんちゃんなのである。自分も嵐の中にいるから、くんちゃんがふてくされている理由がわかるのだ。人生の中に嵐の季節は何度もやってくる。

その後、くんちゃんはやってきたローカル線に乗り組み、〝東京駅〟について迷子になってしまう。遺失物係に、迷子になったことを告げると登録のために、お父さんやお母さんの名前を求められるが、くんちゃんは答えられない。ゆっこの名前を挙げてもペットは受け付けられないという。迷子の登録ができないこどもは、黒い新幹線で「ひとりぼっちの国」に送られてしまうという。

謎の力で黒い新幹線に引きずり込まれそうになるくんちゃん。そのとき、改めて「ひとりぼっちの国」に行きたくないなら、自分自身を証明する必要があると迫られる。そこでくんちゃんは、いろんな言葉で説明する。しかしここでも「お父さんの子供」「お母さんの子供」では認められない。

そこに現れたのは赤ちゃんのミライちゃん。くんちゃんは、ミライちゃんが黒い新幹線に吸い込まれようとするのを阻止する。そして「くんちゃんはミライちゃんのお兄ちゃん」と叫ぶ。すると、今度は女子中学生姿のミライちゃんがくんちゃんを救いに現れる。このくだりは、まず第一に「赤ちゃんがえりしていた、くんちゃんがお兄ちゃんの自覚を持った」というふうに見られるだろう。

ただ無視できないのは、遺失物係の問いかけが「自分の証明」である点だ。どうして「お父さん、お母さんの子供」が証明にならずに、「ミライちゃんのお兄ちゃん」が証明になるのか。

くんちゃんはお父さん、お母さんの名前を言えない。つまり、「お父さん、お母さんの子供」という言葉には、生まれたときから続く自他の境界がまだ確立する前の関係という意味合いが含まれている。だからこそ「自分」の証明にはならない。ゆっこも同様で、最初のエピソードで同化してしまったように、ペットはそれを対象に「自分」を形作る存在ではない。そういう状況にあって、（この映画で描かれた範囲では）名前を持った未来だけが、くんちゃんにとって純然たる〝他人〟なのだ。

だから、それを対象化することで、くんちゃんは自己確立をすることができる。単に「お兄ちゃんになりました」では済まない、自己確立の瞬間が描かれたエピソードだからこそ、このエピソードは「結」足りうるのだ。このように本作は、嵐の時期を生きる四歳児が自己確立をする過程の中に、過去と未来を織り込んだ作品として出来上がっている。

くんちゃんを助けた女子中学生のミライちゃんは、くんちゃんがもとの時間に戻るために、曽祖父に始まり、さまざまな人の気持ちや人生が織りなす大きなツリーの中を飛行していく。これは、さまざまな人生が偶然交差するところに生まれた「結節点」こそが人間であるということを描いており、くんちゃんがようやくその鳥羽口にたった「人生」というものを大きく俯瞰して描いてみせている。

自己確立という主題は、思春期を題材に描かれることが多い。それを、思春期と同じく自己確立の時期である四歳を選んだことが本作のユニークな点だ。そしてそれを時間、空間、登場人物を絞り込んだ上で描くというミニマムな語り口の見事さ。松谷みよ子の『モモちゃんとアカネちゃん』シリーズにも通じるような、なかなか例のない映画だ。

初出：「アニメの門V」、二〇一五年八月三日公開。

『未来のミライ』（劇場公開作品）
監督・脚本・原作：細田守　作画監督：青山浩行、秦綾子　制作：スタジオ地図　劇場公開：二〇一八年

第二部　作品は語る

アニメの描くもの

観客はなぜアニメに心を動かされるのか。表現と物語、あるいは大衆性と作家性。これらは相補的なもので、自転車のタイヤのように、ひとつだけになってしまうと、作品は十分に走ることができない。ここでは、そうした二つの要素が「どのように絡み合い作品ができあがっているか」を追いかけた原稿を集めた。一部、二〇一〇年以前の原稿や、同人誌に発表した原稿もあるが、いずれも思い入れの強い原稿なので、本書に収録した。

眼を閉じることと開くこと――『鉄コン筋クリート』

2007/06

映画版『鉄コン筋クリート』は魅力的な映画だ。原作に描かれた宝町の世界をさらに深めた美術。その町で生きる第一級ぐ犯少年、クロとシロの動きのリアリティ。そしてそのリアリティの〝向こう側〟を垣間見せる壮麗あるいは厳粛な幻想シーン。それぞれが絶妙の強さで鳴り響き映画はひとつのハーモニーとして構成されている。原作の世界を尊重しながら、随所にアニメーションならではの飛躍を盛り込んだ映画版『鉄コン筋クリート』は、エッジの立った表現とシンプルなエンターテインメント性が見事に調和した作品として完成した。

だが、そうした各所の魅力をここでは細かく語ることはやめようと思う。それぞれの魅力は劇場へ足を運んだ人々それぞれがスクリーンで確認していただければ済むことだ。

そのかわり、ここでは「眼」の話をしたいと思う。

世界には二種類の人間がいる。

「眼を閉じる人間」と「眼を開く人間」だ。

見終わった後、映画版『鉄コン筋クリート』はもしかしてこの二種類の人間について語ろうとした作品ではなかったか、と思った。記憶を反芻すれば確かに「眼」のモチーフは随所に登場しており、映画のトーンを形作るのに一役買っていた。

「眼を閉じる人間」と「眼を開く人間」とはどういうことか。

眼をつぶる。〝世界〟が暗闇に覆われる。〝私〟は〝私〟の中の深い闇へと沈んでいく。「眼を閉じる人間」の眼差しは、自分の内面へと向かっていくのだ。

一方、「眼を開く人間」は、光を見る。動きを見る。他人がいる世界を見る。見ることで世界を確固たるものへと変えていく。これが「眼を開く人間」の眼差しだ。

原作では「眼」がモチーフとして前面に出ることはない。「眼」は原作をアニメーションへと翻訳する際に仕掛けられた、映画版ならではバックボーンだ。

たとえば映画はこのように始まる。

暗闇に浮かび上がる獣の頭骨——後にこれは宝町で最強といわれるイタチの姿とわかる。そして暗闇に灯りが灯り、カメラが引かれると、それがシロの瞳だとわかる。シロはマッチの炎を見つめているのだ。そこに重なる老人のセリフ。

「火っていうのは妙なもんだ。あんなに静かで穏やかなくせに、中には力と破壊ばかり潜んどる。何かを隠してるんだな。人間と一緒だ。近づいてみなきゃと中になにがあるのかわからんこともある。時には痛い目にあわないと真実が見えないこともある」

自分自身を燃やして輝くマッチの火を優しく見つめるシロ。この映画のために作られた導入部分は映画全体を象徴する場面となっている。

先の二分法をあてはめるとクロは「眼を閉じる人間」、シロは「眼を開く人間」だ。クロとシロという名前は、そのまま二人の網膜に映し出される闇と光のことでもある。たとえば町中の工事現場。わずかに開いた出入り口から、無理矢理中を見ようとしているのがシロ。そのときに、ただぼんやりと空を仰いでいるのがクロだ。もちろんそのとき、クロは空を見たくて見ているわけではない。ただ宝町とシロのことについて考えているのだ。本編の前半でクロはしばしばそのような表情を浮かべる。

「眼を閉じる人間」は、その内面を見つめる眼差しで、自分自身が何者かを問い続ける。クロは宝町を「俺の町」という。友達でもある老人から「俺の町、っていうのはやめろ」といわれながらもクロはそれをやめられない。なぜならシロと宝町を守ること、それがクロの存在理由だからだ。だからシロと宝町について考えているとき、クロはその閉じた眼の裏側で自分自身についても眼を凝らしているのである。

ネズミと呼ばれるヤクザ、鈴木もまたクロと同種の人間だ。ネズミが「眼を閉じ」ざるを得ないのは、自分を育ててくれた宝町と組が急速に変質しているからだ。それは自分が生きる根拠を削り取られるような状況だった。だから表面上は対立するクロとネズミの間に、無言のままの友情が成立する。二人を結びつけたのは「眼を閉じる人間」だけが感知できるアイデンティティのゆらぎだからだ。そしてシロによってつなぎとめられたクロはこの世に踏みとどまり、もはや行き場を失ったかネズミは自らこの世を去る決意をした。

「眼を開く人間」も二人いる。

ひとりはシロ。その無垢な心ゆえに、宝町になじむことができない存在。劇中で「こんなドブみたいな町で汚れなく生きている。不思議な子だ」と語られる通りだ。宝町になじめないということは、クロと宝町をつなぐような濃厚な関係がないということだ。だからこそ、シロは自分の外に広がる「世界」を心のままに自由に見つめる。たとえばシロが刺客に襲われる場面。シロはその瞬間でさえも、コンクリートの地面を這う小さな蟻を見て「蟻から見た自分の姿」を想像せずにはいられない。また公園でうたた寝したシロが垣間見た極彩色の夢もまた、シロの目線から見た風景だった。世界の細部までも揺るがさずに見つめる純粋な視線。それがシロなのだ。それはシロが時折、悪いことをしたことを謝るという神様の目線にも似ている。

もうひとりは、同じ「眼を開く人間」だがシロとは似ても似つかない。宝町を地上げしてレジャーランド「子供の城」を建設しようという男・ヘビだ。ヘビは高い塔の上から宝町を見下ろすだけでなく、テレビカメラで宝町の細部も見逃さないように監視している。すべてを見渡し、神のような全能者を気取る男、それがヘビなのだ。ヘビもまた「神」の名前を口にする。そういえばキムラとヘビが出会ったバーが、あたかもキムラを監視するかのように、壁面がすべて目の写真で埋め尽くされていたことを思い出そう。実にヘビの個性を反映した初登場場面だった。

こうして登場する「眼を閉じる人間」と「眼を開く人間」が惹かれあい、反発しあうのが『鉄コン筋クリート』の深層を流れているドラマなのである。

また、「眼を閉じる／眼を開く」の境界に立つキャラクターも存在する。ネズミの舎弟のキムラは、最初は「眼を開く」側の人間として、ネズミに従い、クロと闘う。そのときのキムラは自分に不安を感じることなく、ただ暴力に邁進していた。だがクロにのされて、顔に傷を負って以来「眼を閉じる」側の人間となる。そうなったとき、彼の目の前に現れたのが新たなアイデンティティとなる妻と生まれ出ずる子供であり、そうなった自分とは決して相容れない「眼を開く人間」へビであった。キムラは、常に自分と正反対のタイプの人間に翻弄されているのだ。それもまた人間らしい人生ではある。またシロとクロの友人である老人は、どうやら片目が不自由なようだ。片目は開き、片目は閉じている。そのような徴を持っているからこそ、あの老人はシロとクロ二人のよき相談相手、話し相手であることができたのだろう。

さてここで先に紹介した、冒頭の場面に戻ってみよう。

老人は炎について語っているが、これはクロのことにほかならない。自分の中に自分を燃やし尽くしてしまうかもしれない激しい闇を抱えた存在。それがクロだ。だからこそ、この老人のセリフの真意をにおわせるかのように、クライマックスまで登場しないイタチが映画の一番最初に顔を覗かせるのだ。そしてその、激しいけれどもはかなげな炎＝クロを優しく見つめるシロ。クロがシロを守っているのではなく、シロがクロを守っている。この世界につなぎとめている。それがこの冒頭にシーンで既にマッチを象徴として描かれていたのである。ただしこれが象徴だと観客が気づくのは、物語も後半に入ってからのこととなる。

シロを守るため、シロを保護する警察をそのまま見過ごすクロ。だが、それはシロに守られていた自分がむき出しにのまま闇にさらされることでもあった。現実と接点をなくし、鬼神のごとく暴れるようになるクロ。そしてイタチが姿を現し、クロを深い闇に誘い込む。イタチは、自分がクロから生まれた存在だと名乗る。イタチとクロの一連の場面は『海辺のカフカ』（村上春樹）の一節を思い起こさせる。

君の外にあるものは、君の内にあるものの投影であり、君の内にあるものは、君の外にあるものの投影だ。だからしばしば君は、君の外にある迷宮に足を踏み入れることによって、君自身の内にセットされた迷宮に足を踏み入れることになる。それは多くの場合、とても危険なことだ。（略）森は罠をしかけている。君がどれだけ用心して工夫していても、目ざとい鳥たちがやってきて目じるしのパンくずを食べてしまう。

（村上春樹『海辺のカフカ』、新潮社）

クロが迷宮のような宝町を好きなのは、自分の中にも逃れることのできない闇の迷宮があったからではないか……。それまではシロがいたから迷宮を迷宮と気づかなかっただけではないか。シロはクロが歩むときに迷わずにすむような「目じるしのパンくず」だったのではないか……。これにクロが気づいたとき、『鉄コン筋クリート』の物語は終わる。闇は一時退却し（なくなるわけではない）、迷路は消える。クロとシロは念願の海にいる。クロはどこかこれまでよりも幼くも見えるし、シロが作った貝殻のオブジェは、どこか巨大な瞳を思わせる。それはすべてを見通すようにまっすぐに空を見つめている。さわやかなラストシーンだ。

だが忘れてはいけない。ここで描かれたのは二人の成長物語ではないし、この二人が泳ぐ海も作中では一時「死」のイメージと重ね合わせて描かれてもいるのだ。

闇の巣食う迷路のような町と、死の微粒子が混ざった美しい海。もしかすると「生きる」というのは、眼を閉じたり開いたりしながら、この二つの場所を行ったりきたりする、ということなのかもしれない。

シロとクロのように。

初出：『鉄コン筋クリート』プレスシート　二〇〇六年一〇月。

『鉄コン筋クリート』（劇場公開作品）
監督：マイケル・アリアス　原作：松本大洋　脚本：Anthony Weintraub　総作画監督・キャラクターデザイン：西見祥示郎　制作：STUDIO 4°c　劇場公開：二〇〇六年

その語り口を目だけでなく、音でも聞き分けるために――『true tears』

2008/01

『true tears』のどこを見るか

『true tears』は二〇〇八年一月から三月まで放映された、全十三話のシリーズです。

この文章を読んでいる皆さんは、放送前に『true tears』という作品を知ったとき、まずどんな印象を持ったでしょうか。

まずは、ここ十年ほどの間にアニメの中に一ジャンルをなすようになった、美少女ゲーム原作の作品がまた、と思った人は少なくないでしょう。二〇〇六年に発表された同名ゲームの〝アニメ化〟という触れ込みでしたし、実際、物語の根幹は主人公の少年・眞一郎が三人のヒロインの中から誰かを選ぶか、という部分にあります。その種のジャンルの定石を押さえているといえば押さえている。

現時点では承知の人が多いと思いますが、『true tears』の場合、同名ゲームとは「真実の涙」というコンセプトだけが共通で、内容はまったく無関係のオリジナル企画でした。でも、それが視聴者の間で強く意識されるようになるのはもうちょっと後のこと。当然ながら『true tears』は、いわゆる美少女アニメとはちょっと違ったテイストの作品として視聴者の目の前に現れました。

では『true tears』はどんなアニメだったのか。たとえば第一話が放映された直後に、『true tears』の真価に気がつき、驚いた人は少なかったはずです。今見直せば、冒頭のカメラがカットが変わるたびに、少しずつ仲上の家を進んでいく場面からして、独特な語り口であることがわかりますが、当時、そこに素直に興奮した人は少なかった。

その時点での『true tears』の一般的評価というのは、「誠実なタッチの青春もの」といったところでしょう。もちろん「誠実なタッチの青春もの」という評価は間違いではありませんし、むしろ「美少女ゲーム原作のアニメ」という先入観よりははるかに作品の正鵠を射ている。

絵本作家にあこがれながらも、その道を選べるかどうかはわからない不安。母親からのプレッシャー。気になる女のコと、妙になついてくる女のコ。気の置けない友人との日常。ここに「青春もの」に必要な要素はみなそろっています。ヒロインのひとりで「妙になついてくる女のコ」である石動乃絵は、エキセントリックな言動で主人公・中上眞一郎を振り回しますが、これもまた「青春もの」のとしてはスタンダードといってもいい。

「青春もの」としての『true tears』は非常に魅力的です。けれどもこの原稿で強調したいのは、そういう部分以外のところなのです。

では、ここでは何を語ろうというのか。それは『true tears』の語り口です。映像の語り口を言葉でフォローしていくことは難しいことでもありますが、そうすることで、『true tears』の魅力はよりクリアに見えるようになるはずです。

『true tears』はその語り口が非常に独特だったからこそ、まっとうな「青春もの」が「ありきたり」の罠に陥らず、魅力を発揮したのでした。

そしてご存じの通り、映像作品の本質はしばしばその語り口の中にしか存在しないのです。

「現在」の中に差し挟まれる「過去」

『true tears』の語り口はどのように独特だったのでしょうか。

第一話から順番に列挙していってもいいのですが、ここでは紙幅も限られています。ですので、象徴的な場面を取り上げて、そこを鍵にして全体を見ていきましょう。

そこで取り上げたいのが、第五話「おせっかいな男の子ってバカみたい」で、眞一郎が湯浅比呂美の部屋を尋ねる場面です。サブタイトルにもなっているセリフを比呂美が口にする非常に印象的な場面です。ここを起点にシリーズ全体へと目を配ろうと思います。

念のため書いておくと、眞一郎は中上という造り酒屋の息子。両親が死んだため、そこに居候することになったのが、幼馴染の比呂美です。

比呂美の部屋に入った眞一郎は、〝蛍川の四番〟こと石動純が比呂美のことをかわいいといっていた話を持ち出してかえって比呂美の反発を招きます。

このくだりで驚かされるのは一旦、眞一郎視点で描かれた後に、比呂美の視点でもう一度同じシチュエーションが繰り返し描かれるところです。

通常であれば二回目のほうは「回想」としてそれなりの処理や手順を経て描かれるのがオーソドックスな語り口でしょう。ですが『true tears』は、そのようなやりかたを選びません。いうなれば「回想」として語られるべきものを、現在形の語り口で語ってしまうのが『true tears』なのです。

これは第五話だけではありません。

たとえば第六話「それ…なんの冗談?」のBパート。そこの冒頭に突然、眞一郎の母から何事かを告げられている比呂美の回想が挿入されています。また第八話「雪が降っていない街」では、三人目のヒロインである安藤愛子が、眞一郎との衝動的なキスのその後を思い出しています。回想に入るカットつなぎは(そのほかの回想に比べ)比較的普通ですが、キス・シーンからの続きとしてそのまま描くこともできた内容を、あえて後で回想として描いているところが『true tears』らしいです。

その中でも特に忘れがたいのが第九話「なかなか飛べないね…」の一場面です。

比呂美の起こした事件で、保護者として学校へ呼び出された眞一郎の両親。このとき、眞一郎の母は比呂美をこれまでにないほどの情熱で庇います。第八話で多少変化があったとはいえ、それまで比呂美につらくあたってきた彼女にとっては大きな翻身です。

実はその後、回想として重要な場面が挿入されるのです。実は学校へ出かける前、眞一郎の母と比呂美は、比呂美の部屋で言葉を交わし、ある種の〝和解〟に至っていたのでした。これなども視聴者がキャラクターの感情を追うことを考えると、回想でなくてもよさそうな気がします。しかしそこで「現在形の語り口の回想」を選ぶのが『true tears』なのです。

現在の時系列の中に唐突に差し込まれる「回想」。それは思い出のフィルターのかかった「回想」というよりも、むき出しの「過去」といったほうがふさわしいかもしれません。むき出しの「過去」は、「回想」のように現在との間に安全な距離感を保ってはいません。その意味で『true tears』の〝唯一の回想〟は、幼い比呂美が麦端祭りで迷子になった記憶の場面だけかもしれません。

思い出されるさまざまな出来事は、現在のキャラクターに突き刺さり、揺さぶる存在なのです。だからこそ「過去」が「現在」と同じ語り口で語られるのです。そこにこの語り口の「マジック」があります。

このようにあまり例のない語り口で物語が語られると視聴者は緊張します。この作品は目を凝らして見なければ、何かを見落としてしまう可能性がある。それが視聴者に堂々と突きつけられたのが第五話の比呂美の部屋のシーンだったと思うのです。

セリフとキャラクターの内面

第五話の比呂美の部屋のシーンで興味深いのは、そのカットつなぎだけではありません。もう一カ所、見逃せないというか、聞き逃せないところがあります。

それは比呂美の内面を語るモノローグです。

普通、内面のモノローグとセリフが並立されている場合、そこでは内面と具体的な言葉の「矛盾」こそがポイントになります。キャラクターに内面を持っていることの、もっともストレートな（そういう意味ではおもしろみの少ない）表現です。

ところが第五話の比呂美はそうはならない。

比呂美は眞一郎が部屋を訪れたことに期待があります。昼間、乃絵をおんぶしていたことについて釈明があるのではないかと思っているのです（それは直前の朋与のメールを読むカットがあることでわかります）。

この段階では、比呂美の思っていることと、言っていることの間に、当然のように乖離があります。思わぬ眞一郎の来訪に心がゆらぎ、聴きたいこともあるけれど、とりあえず世間話をしてしまうのです。

ところが眞一郎が部屋にきた本題が「蛍川の四番が、比呂美のことをかわいいと言っていた」と告げることだとわかった瞬間に、比呂美は反発を感じます。

そして比呂美は「おせっかいな男の子ってバカみたい」と口にします。そしてこのときは、内面のモノローグも直前のセリフと同様に「おせっかいな男の子ってバカみたい」と繰り返されます。

つまりこの場面は、（いってしまえばありきたりな）本音と言葉の乖離から始まり、それが劇的な頂点で一致してしまう、というあまりない状況が描きだされているのです。

これはどういう効果を生むでしょうか。

視聴者はここで、キャラクターたちが本音を言っているときもあれば、そうでないときもある、という当たり前のことをまざまざと意識し直すことになります。より生々しい存在としてキャラクターが感じられるようになり、結果として観客は一種の宙づり状態になるといってもいい。

それは先ほどの「現在形で語られる過去」と同様、視聴者に緊張を強いるものです。画面に目を凝らすように、視聴者はキャラクターの言葉とその裏にある感情に耳を澄まさなくてはならない。しかも『true tears』のセリフは非常に抑制が効いていて説明的なセリフとはほど遠いものです。セリフをより「聴く」ようにしないと、静かにうねる『true tears』のドラマを捉え損なってしまう。ここでは〝行間を読むこと〟が求められているのです。

たとえば第九話のAパート。眞一郎の母が比呂美と話をしているところに眞一郎が割り込もうとする場面があります。

この場面は眞一郎の母が比呂美についた「眞一郎と比呂美は異母兄妹」という嘘の種が明らかになる節目でもあるのですが、その事実に関するセリフは直前の父親のセリフも含め、最低限に押さえられています。

真実の暴露を焦点とした、いわゆるドラマチックな展開を期待している視聴者は、ここで肩すかしをくらったような気分になったでしょう。

でもだからこそ、その場面を締めくくるように比呂美から眞一郎に告げられる「私、疲れちゃった……」から始まるセリフをどう捉えればいいかがポイントになります。言葉の裏を読みたくなるような雰囲気もあります。

結論から言えば、ここは比呂美は、言葉通りのことを思っているのだと思います。夜のツーリングとその事故、眞一郎の母からの弁明、その二つを結びつけている眞一郎への気持ち。この雑多な情報を彼女なりに理解するために、彼女は時間を欲しているのです。

そして二日の時間が経てようやく、前出の眞一郎の母と比呂美の〝和解〟の場面がやってくるのです。

このニュアンスを捉えられないと『true tears』という物語は、盛り上がりそうで盛り上がらない奇妙なものにしか見えないでしょう。逆に言えば、セリフの行間、カットとカットの間の時間を読むことで、そこに心情のうねりが見えてくるのが『true tears』なのです。

ちなみに比呂美と眞一郎の母の〝和解〟の場面でも、仕掛けがあります。比呂美がその場面を思い出すきっかけとなるのが、「私、バカみたい」というセリフなのです。ご丁寧に過去を思い出す前と思い出し終わった後と二回入って、〝和解〟の場面をサンドイッチする構造になっている。

つまり、比呂美と眞一郎の母の〝和解〟は、比呂美にとって「私、バカみたい」と距離を持って「回想」できるようなエピソードになってしまっているのです。

常識的に考えて、引き取った年頃の娘に対して、眞一郎の母の当たり方は常軌を逸しているものです。でも、そんな眞一郎の母の行動を、比呂美は一旦受け入れます。

その結果、眞一郎の母と比呂美の関係は、保護者ー子供という関係でなく、女同士の対等な関係へと変化します。〝和解〟の場面の二人の会話のカットの切り返しや、真横から二人を捉えたカットは、そのような正面から向かい合う対等な二人の関係を具体的に画にしたものでした。

「私、バカみたい」というセリフの裏側にはそれだけの比呂美の気持ちがあるのです。

比呂美と眞一郎の母

どうも比呂美と眞一郎の母の関係に紙幅を使いすぎたようですが、ついでですので、第九話のその先にちょっと触れておくことにしましょう。

この原稿の最初に『true tears』には三人のヒロインがいると書きました。その流れに沿っていうなら、眞一郎の母は本作において裏ヒロインのポジションに位置しているキャラクターなのです。

彼女というキャラクターの最大の特徴は、「嫉妬」というネガティブな感情を非常に自然に発露させているところにあります。そしてそれが彼女の魅力でもあります。

死んでしまった友人夫婦の娘を預かったところ、どうやら息子は彼女に気があるらしい。そのとき、彼女は自分の「なわばり」が荒らされたような感情に囚われたのでしょう。

それにどうやら中上夫妻と友人夫婦の若いころには、眞一郎たちと同じような、三角関係っぽい人間関係があったようなニュアンスも作中から感じられます。

そういった複雑な感情が折り重なり「嫉妬」となって一気に比呂美にぶつけられたのでしょう。

ではこの物語にあって比呂美は一方的な〝弱者〟であったか。というとそうではないように思います。

印象的なのは第十二話「何も見てない私の瞳から…」です。麦端祭りの中、これまで一堂に会することのなかった三人のヒロインが交錯する場面が出てきます。

中上家の手伝いをしている比呂美のところに、幼馴染でもある愛子が訪れます。そのとき、愛子と比呂美は少し離れたところにいるは乃絵の姿を認めます。

このとき、「眞一郎を見に来たのかな。彼女か……」という愛子のつぶやきを聴き、比呂美は「彼女は私です」と鋭く言って、乃絵を追いかけていくのです。そして乃絵に対して、自分がいかに眞一郎を好きで、ようやくわかり合えたのだから邪魔しないでほしいと訴えます。

比呂美もまた、「嫉妬」という感情を自然に発露させたのです。

このときの一連の場面で比呂美は眞一郎の母と同様に和服を着ています。また二人の顔を正面から捉えるカットもあり、二人とも口紅をつけていることもあって、思っている以上に二人は似て見えます。

第九話で眞一郎の母は「人間には相性がある」と言っていますが、比呂美と眞一郎の母の場合は、実は性格が似ているためにぶつかっていたのではないでしょうか。第九話で二人が対等の関係になったからこそ、比呂美のそのような一面が前に出てきたのです。

第十三話で、比呂美は眞一郎が乃絵とのけじめをつけに行くのを見送り、自室で待ちます。

そこを訪れるのは眞一郎の母です。眞一郎の母が「待つのって体力いるのよね」と話しかけます。おそらく眞一郎の母もかつて比呂美のように誰かを待ったことがあったのでしょう。ここでも眞一郎の母と比呂美は重ね合わされ、似たもの同士の対立は、女同士の友情へと収れんしていくのです。

もうひとりの主人公、石動乃絵

どうもここまでの内容が比呂美中心に偏ってしまったようです。本稿の最後はやはり石動乃絵に触れないといけないでしょう。

『true tears』の三人いるヒロインは、いずれも〝個室〟を持っています。愛子であれば今川焼き店の「愛ちゃん」、比呂美であれば仲上家の中でひとつだけドアのついている「自室」。乃絵の場合は、学校にある「鶏小屋」がそれにあたります。これら三つの自室の扉が開いたり閉じたりするたびに、人間関係にさざ波が巻き起こるのが『true tears』という物語でした。セリフを追うよりも、誰かが扉を開けて入ってくる、あるいは出て行くというアクションに注目したほうが『true tears』のドラマを体感できるはずです。そこもまた『true tears』の語り口の特徴でもあるのです。

乃絵の鶏小屋は作中で三度大きな転機を迎えます。まず第一話「私…涙、あげちゃったから」でタヌキか何かの襲撃を受けて雷轟丸が死んでしまうとき。次が第七話で、このときは眞一郎が手を差し伸べて、中にいる乃絵を外へと導いています。そして第十一話「あなたが好きなのは私じゃない」では、眞一郎との別れの予感を抱えて乃絵は鶏小屋に閉じこもります。

第一話のエピソードは、乃絵と眞一郎の物語の始まりを告げるものです。自分の世界の中にいて、羽ばたけるかどうかわからない不安にさいなまれている。その点で二人はとても似ているのです。そんな二人の若者らしい心情が、ニワトリの雷轟丸と地べたに託されます。

第八話「雪が降っていない街」は、第七話「ちゃんと言って、ここに書いて」の眞一郎からの告白を踏まえての描写です。乃絵は思わぬ告白に驚き、喜びます。自分の世界に固執していた乃絵はそれをきっかけに扉を開けて、世の中に出て行こうとしています。

ところが眞一郎との仲は決してうまくいきません。そこで乃絵は第十一話で鶏小屋に閉じこもってしまうのです。そして乃絵が家に帰ってないと知らされた眞一郎が、鶏小屋を訪れたとき、そこはもう無人で眞一郎の前で静かに扉が揺れているだけです。

乃絵は第八話で一旦、眞一郎の誘いで外へと出ましたが、今度は自分の意志でそこから出たのです。もちろん乃絵には乃絵の悩みがありますが、自分の意志で外へ出たことの意味は大きい。眞一郎もまた、そこに気づきます。自分は言い訳ばかりで、なにひとつ自分の意志で選んでいない、ということに。

そんな眞一郎の自覚が、今度は第十二話で眞一郎が、「おぎゃあ」という叫びとともに押入から出てくる（ここも「個室」と扉のドラマを構成する重要な要素です）場面につながります。

乃絵と眞一郎の関係は、こんなふうに互いが互いを刺激し合う関係なのです。そういう意味では恋愛とはちょっと違う。二人は実は心のありよう、ちょっと大げさにいうと魂のありかたがよく似ているのです。だから二人は互いに興味を持ったのだし、大人になっていく課程で、最終的に別れなくてはならなかったのです。

そういう意味では、乃絵はいわゆる主人公の相手役という意味でのヒロインというよりも、眞一郎と同格の主人公だったと考えたほうがわかりやすいかもしれません。だから物語の締めくくりにあたって二人はそろって一度小部屋＝バス停に入り、そこからそれぞれの進む方向へと出て行ったのです。『true tears』はこんなふうに乃絵と眞一郎の物語を絵として語ったのです。

第十三話「君の涙を」で酒造りをしながら眞一郎の父はこう語ります。「いいか、目だけに頼らないで、音でも聞き分けるんだ」。このような細心さは『true tears』を見るときにも求められることだと思います。

初出：『true tears memories』、学習研究社、二〇〇八年八月二七日刊。

『true tears』（TV放映作品）
監督：西村純二　シリーズ構成：岡田麿里　キャラクター原案：上田夢人　キャラクターデザイン・総作画監督：関口可奈味　制作：P.A.WORKS　TV放映：二〇〇八年

魔法少女たちに永遠の花束を──『魔法少女まどか☆マギカ』

2011/08

1 魔法少女はどこから来たのか

ジャンル映画とは何か。強調すべき第一点は、ジャンル映画とはハリウッドの大量生産システムから生み出される大衆消費財だったということである。それはフォードやトヨタの工場の自動生産ラインに乗って組み立てられる大衆車のように生産され、消費された。好むと好まざるとにかかわらず、ハリウッドは一定のパターン（それは「好み」に応じて漸進的に変化しないわけではないが）に基づいて自社の製品をつくりつづけ、観客はそれをそのパターン条件下で享受しつづけた。パターンのこの反復可能性が継続的な大量生産／消費を可能にする。そしてパターンゆえに、生産者側も消費者側も自分たちが何を売り、そして何を買っているのかはっきりとわかっていた。ジャンルの生成と発達は安定拡大を目指す産業の必然なのである。

（加藤幹郎『映画ジャンル論　ハリウッド的快楽のスタイル』、平凡社）

『魔法少女まどか☆マギカ』は、〝魔法少女もの〟ではない。それは脚本を担当した虚淵玄も言明している通りだ。

けれども今回、『まどか☆マギカ』について語るにあたっては、「魔法少女」という単語からすべてを始めようと思う。それはこの言葉が、この作品を語る上でさまざまな因果をつなぎとめる特異点になっているからだ。

だから、まず最初にこうやって問いかけることから始めよう。

「魔法少女はどこから来たのか」。

教科書的に答えるならば、その起源はまず一九六六年に求められる。

同年『奥様は魔女』にヒントを得た横山光輝の『魔法使いサリー』が初の「少女向けアニメ」として東映動画(現・東映アニメーション)にて映像化されたのだ。

そして『サリー』のヒットを受けて制作された『ひみつのアッコちゃん』(一九六九)では、「変身用小道具(魔法のコンパクト)」「あこがれの職業への変身」「お付きの小動物(猫のシッポナ)」といったジャンルを特徴づける要素が早くも登場している。

以降、東映動画は一九八〇年までの一四年間に九作の魔法少女ものを送り出す。だが、この中で「魔法少女」を肩書きに持つのは『魔法少女ララベル』だけだ。

肩タイトルで「魔法少女」をうたわないのは、東映動画作品だけではない。

一九八〇年代に魔法少女ものに革新をもたらした『魔法のプリンセスミンキーモモ』から『魔法のアイドルパステルユーミ』に至る五作も「魔法」の言葉は使えど、「魔法少女」の単語は避けている。

『ララベル』が「魔法少女」を名乗らざるを得なかったのは、この作品が前作『花の子ルンルン』へのカウンターとして、日本を舞台にした庶民的な作品——つまり世界観に特異性が薄い方向性——を目指したため、肩タイトルにその世界観を象徴させることが難しかったからだろう。

この『ララベル』を例外として、次に「魔法少女」の単語が登場するのは、一九九六年の『魔法少女プリティサミー』。そして、その後、二〇〇四年に『魔法少女隊アルス』、『魔法少女リリカルなのは』、二〇〇五年に『奥様は魔法少女』、二〇〇六年に『砂沙美☆魔法少女クラブ』と続く。言うまでもなく『リリカルなのは』の監督は新房昭之である。

これらの作品の特徴はいずれも「魔法少女もの」という系譜からすると、かなり変化球な作品であるということだ。パロディにするか、肩タイトルだけ借りるか、その意匠を解体するか、そのアプローチはそれぞれだが、いずれにせよ「もはや魔法少女ものとは呼びづらい作品が、あえて魔法少女をうたう」という共通点がある。

一九九〇年代以降の「魔法少女もの」は、その見取り図が非常に描きづらい。「魔法少女もの」の正統な系譜が『おジャ魔女どれみ』(一九九九)、『Cosmic Baton Girl コメットさん☆』(二〇〇一)と登場する一方で、『美少女戦士セーラームーン』(一九九二)から『ふたりはプリキュア』(二〇〇四)へとつながる「戦闘美少女もの」が一大潮流を形成する。そのほかにもさまざまな「魔法少女もの」(バリエーションの「アイドルもの」も含め)が登場するが、それらの存在はスタンドアローンで一九八〇年代までのように、シンプルな系譜を描くことは難しい。

この混迷はおそらく、一九八八年に『ひみつのアッコちゃん』のリメイクが成功したときから始まる。そのときから「魔法少女もの」の単線的な歴史は終わり、「魔法少女もの」という漠然とした巨大な概念と、ターゲットや方向性によって切り口が変化する個別の作品が存在するだけになったのだ。

だからこそ「魔法少女もの」として変格な作品が、視聴者との関係を取り結ぶために、その不透明な立ち位置を明瞭にする目的で「魔法少女」を率先して名乗ることになる。それはずいぶんとアクロバティックな転倒だ。

だが現代にあって「魔法少女」を名乗るということは、このアクロバティックな転倒を自覚することにほかならない。だから「魔法少女と名乗っているにもかかわらず、魔法少女ものではない」といわれてしまう『まどか☆マギカ』は、「魔法少女もの」の歴史に鑑みて実に正しい。『まどか☆マギカ』の立っている場所はそのような場所なのだ。

2　魔法少女から魔法少女へ

ある願望があって、それも願わくは妄想的でも平凡でもない強烈な願望があって、それをどうしても達成しようとは思わないではいられないやはり強烈な性格の人物がいる。そして彼は見事にその願望を達成するのだが、それを達成するということは、同時に彼がまさにその上に立っている基盤そのものを見事に否定し去るのだというそういう逆説の存在。『オイディプス王』から『人形の家』

まで、すぐれた戯曲をつらぬいているものは、この絶対に平凡でない原理であるように思う。そしてその原理こそがドラマであり、その原理の集約点がつまりドラマのクライマックスである。

（木下順二『ドラマとの対話』、講談社）

では魔法少女ものの歴史の終端で生まれた『まどか☆マギカ』は、かつて世に出た魔法少女たちからまったく縁がないだろうか。いや決してそうではない。たとえば変身して華麗な戦闘服になるというパターンは、『セーラームーン』以降の意匠だ。

だが、注目すべきはそうした表層ではない。過去の魔法少女と『まどか☆マギカ』をつなぐ、もっとも本質的で重要なのは魔法少女となるヒロインたちの「願い」の描き方だろう。

たとえば美樹さやかは、幼馴染である上条恭介を助けたい一心から魔法少女になるべく、謎の生物キュウべぇと契約をする。恭介は将来有望なバイオリニストだったのだが、事故でバイオリンを弾くことのできない体になってしまったのだ。

魔法少女となったさやかの願いは叶い、回復が絶望的と思われていた恭介の手は再び動かせるようになり、バイオリンは音色を取り戻す。退院もできるようになり、学校へも登校できるようになった。

さやかの願いは叶ったが、それゆえ上条とさやかの距離は開いてしまう。夕方の病院で、一緒にCDの音楽に耳を澄ませたあの密かに甘い時間はもう戻ってこない。そして恭介への思いをさやかに告げる志筑仁美。

願いを叶えようとすると、かえってその願いが遠のいてしまう。そこから生まれる葛藤を劇作家の木下順二は「劇的」と呼んだが、『まどか☆マギカ』の少女たちは、契約によってまさに「劇的」な逆説の中へと放り込まれてしまうのだった。そして、さやかはその逆説に飲み込まれ絶望に至ったのだった。巴マミは、「生きながらえること」を願った結果、命をかけて魔女と戦わざるをえなくなる（そして落命する）。佐倉杏子は、聖職者である父の教えを人々に知ってほしくて契約したにもかかわらず、それが原因で父を不幸へと陥れてしまう。

魔法を使えば、（一時）夢が叶う。だが、魔法を得たことで、本当は夢から遠ざかってしまう。

もともと魔法少女ものは、児童文学などでいう「エブリデイマジック」（日常生活の中にファンタジックな出来事が入り込んでくる仕掛けの物語）ものの一ジャンルと考えることができる。このスタイルは一話完結式というTVアニメとも相性がよく、多くの魔法少女ものは「エブリデイマジック」の範疇に収まっている。

だが一九八〇年代半ばにひとつの変化が現れる。それは「変身＝成長」という仕掛けの導入だ。それまでも『アッコちゃん』で「変身＝なりたい職業になる」というギミックは存在していた。だが、そこに「大人になったら何になる」と成長の側面を前面に打ち出したのは『ミンキーモモ』だった。

だが『ミンキーモモ』は、その「エブリデイマジック」の世界を主人公の事故死で締めくくって終わる。これについては、本題とは異なるので深くは触れないが『モモ』にとってテーマは「夢」であり、「成長」はそれを導くための要素のひとつだったのだ。

この「成長」というギミックは、翌年の『魔法の天使クリィミーマミ』で「年上のアイドルへの変身」という形で継承されるに留まらず、そのラストを成長し結婚した主人公・森沢優の姿で飾るということにつながる。

そして一九八五年の『魔法のスターマジカルエミ』になると、この「成長」がテーマとして物語の中に積極的に取り込まれる。

『マジカルエミ』は、小学生の女の子・香月舞が、鏡の妖精トポに「願いの叶う魔法」をもらい、十六歳の天才マジシャン・マジカルエミとなって芸能界で活躍するストーリーだ。

物語の終盤で舞は、自分がエミとして活躍することにある種の欺瞞を感じるようになる。魔法の力で天才マジシャンになってもそれは〝嘘〟ではないか。エミもまた、魔法によって夢を手に入れることで、自分が夢から遠ざかる逆説の中に身を置いていたのだ。そしてそれに気づいたために、舞は、自分の意志で魔法を返上し、下手だけれど自分のマジックを演じようとする。

夢を叶える魔法とは、実は自分を夢から疎外するものでもある。

この魔法のパラドックスに自覚的であるという点で――そしてそのパラドックスがドラマの中核をなしている点で――『マジカルエミ』と『まどか☆マギカ』は一本の線で結ばれている。

3　古典的な仕掛け

「友のある者は敗残者ではない」

（『素晴らしき哉、人生！』）

『まどか☆マギカ』がクライマックスへ向けて大きく舵を切るのは第十話「もう誰にも頼らない」だ。第十話は暁美ほむらが視点人物となって、物語のいわば種明かしが行われるエピソードだ。そこでは、かつてほむらが、まどかたちに導かれて魔法少女となったこと、ワルプスギスの夜と呼ばれる魔女の登場によってすべてが失われたことが明らかにされる。

ほむらはその絶望的な状況を前に、自らに宿った時間の巻き戻し能力を使う。そしてほむらは、まどかが出会った日まで時間軸を遡り（正確にはこの時点で世界の時間軸が分岐するため単なる〝遡行〟ではないのだが）、ワルプスギスの夜が現れるまでの約一カ月間を、まどかが救われる未来を求めて幾度も戦い続けることになる。

もちろん、ほむらもまた、魔法少女のパラドックスとは無縁でいられない。望まない未来に突き当たるたびに同じ時間を繰り返した結果、そのたびに生じた平行世界の因果の糸がまどかに結びつけられ、まどかに最強の魔法少女にして最悪の魔女となる素質を与えることになってしまったのだ。

このほむらの抱え込んだ逆説が『まどか☆マギカ』のクライマックスを劇的に盛り上げることになるが、ひとつ注意したいのは、そのほかの三人の魔法少女たちの抱えた逆説とほむらのそれは異なる点があるということだ。

第十話はそれ全体がほむらの回想——記憶の物語——だ。ほむらの記憶ということは、ここで語られたエピソードは、同じ時間を繰り返したほむらしか知らないエピソードということになる。

そのほかの魔法少女たちが魔法少女になった理由は、別のキャラクターへの説明・告白という体裁で語られ、その想いは別のキャラクターと共有されている。だが。、ほむらの想いは誰も——視聴者を除いて——共有されていない。

視聴者だけが知る登場人物の秘密。それは視聴者に、その登場人物の人生に立ち会ったという感覚を強く抱かせる。それは視聴者の中に強いエモーションをかき立てることにつながる。

わかりやすい例をあげよう。

『ローマの休日』のラスト、アン王女（オードリー・ヘップバーン）と新聞記者ジョー（グレゴリー・ペック）が記者会見で顔を合わせる場面。ここでは観客だけが、二人が既に想いを寄せ合っていることを知っている。だから、その想いを表に出すことなく会話する二人の姿に心が揺さぶられる。

第十話を見た視聴者はほむらの秘密を知り、それによって彼女の人生に立ち会うことになる。それは、ほむらの視線を視聴者が自分のものとすることでもある。そのとき、謎めいたキャラクターだったほむらが、感情移入可能なキャラクターとして視聴者の胸の内に立ち上がる。まどかを救いたいという願いを胸に孤独に戦い続けてきたほむらの想いを、視聴者は我がことのように近しく感じるようになる。過去の魔法少女たちが、自分が魔法が使えるという事実を、視聴者とだけ共有していたことを思い出してほしい。

ここで視聴者は、まどか視線で見てきた第九話までの物語を、一段高いほむらの視点で眺め直すことになる。そしてこれ以降、視聴者はほむらの視線を内在化させて、魔法少女となり概念となるまどかを見送ることになる。

「ループ」というアイデアは、ほむらと視聴者の視線を重ね合わせるようにするというストーリー上の重要な転換点を可能にするという点で、非常に巧みに用いられている。

たとえば、美少女ゲームなどで「ループ」の仕掛けをもった物語が存在しており、第十話で描かれた「ループ」を『ゲーム的リアリズムの誕生　動物化するポストモダン2』（東浩紀、講談社現代新書）などを補助線として読み解くことも可能であろう。そのとき、「ループ」からもたらされる叙情は「ポストモダン的な状況に生きる人々の生の実感をすくいとったもの」として考えられる。

だがここでは「ループ」の仕掛けを、視聴者をキャラクターの人生に立ち会わせ、感情移入を可能にするための古典的な道具立てとして考えたい。

それは、自殺を試みようとした男が、自分のいないもうひとつの（不幸な）世界を垣間見て（当然、このもうひとつの世界を見ることができたのは主人公と観客だけだ）、〝現世〟へと帰還する『素晴らしき哉、人生！』の仕掛けと同じ種類のものだ。

『まどか☆マギカ』はそういう受け止め方ができるぐらいには、「最先端」というよりも「古典的」な作品なのだ。

4　魔法少女の中の「少女」

「魔女との戦いがどういうものか、その目で確かめてみればいいわ。その上で、危険を冒してまで叶えたい願いがあるのかどうか、じっくり考えてみるべきだと思うの。」

――巴マミ

第一話「夢の中で逢った、ような……」は夢の中でまどかがほむらと出会うシーンから始まる。このシーンが象徴するように、まどかという少女は「見る」キャラクターだ。

まどかはまず「傍観する」。友達のさやかが魔法少女となっても、先輩のマミを慕っても、まどかはなかなかキュウべぇと契約をしない。ただの普通の少女として、ほかの魔法少女たちの苦闘に立ち会う。

どうしてまどかが傍観するしかないかといえば、それは彼女に動機がないからだ。

第二話「それはとっても嬉しいなって」で、先輩の巴マミに従って、魔法少女見習いに出かけるとき、まどかは自分が魔法少女になったときのコスチュームを絵に描いて持ってくる。動機を持たないまどかは、魔法少女をとらえるのにその外側からアプローチするしかなかったのだ。

ここでふいに思い出されるのは『機動戦士ガンダム』第四十一話「光る宇宙」で、主人公アムロ・レイに投げかけられたセリフだ。

「なぜあなたはこうも戦えるの？　あなたには守るべき人も守るべきものもないというのに。」

「私には見える。あなたの中には家族もふるさともないというのに。」

このセリフを口にしたのは、超感覚を持ちニュータイプと呼ばれる少女ララァ・スン。彼女と出会い急激にニュータイプとして覚醒をとげるアムロは、意識の中でララァと会話し、戦うための「動機」の不在を指摘される。

アムロは父とも母とも別れ、どこにも居場所を持たないデラシネだ。彼は生き延びるために降りかかる火の粉を払うままに戦い続けて、戦争の中核へと入り込んでしまった。そしてアムロは、ニュータイプとして開眼することで、最強の戦士へと〝成長〟する。

ララァが問うたのは、その「動機をもたない普通の少年」と「最強の戦士」が共存する奇妙さだ。まどか自身も「動機を持たない普通の少女」であり、同時に「最強の魔法少女（魔女）になる可能性」を秘めている。まどかは、アムロと同じ二重性を抱えているのだ。

アムロの場合、「最強の戦士」の物語はSFとして締めくくられ、「普通の少年」の物語はビルドゥングスロマンとして語られる。この二種類の物語が織り合わされているのが『ガンダム』という物語なのだ。

具体的にいうと「最強の戦士」の物語は第四十一話「光る宇宙」で、ララァとともに未来を幻視する部分がクライマックスということになる。また「普通の少年」の物語は最終回「脱出」で、ニュータイプの能力を使って仲間たちを戦火から救い、仲間のもとへと帰還することで完結する。

「ごめんよ、まだ僕には帰れるところがあるんだ。こんな嬉しいことはない。わかってくれるよね。ララァにはいつでも会いに行けるから。」

仲間のもとへと戻るアムロがつぶくこのセリフが、第四十一話の「守るべきものがない」というララァの問いに対してアンサーとなっていることはもっと注目されていい。

『ガンダム』と同様に考えると『まどか☆マギカ』もまた「普通の少女」の物語のラストシーンと、「(最強の)魔法少女」の物語のラストシーンがそれぞれに存在することになる。

魔法少女ものを読むための補助線をロボットアニメから引いてくることを、唐突に感じる人がいるかもしれない。

だが魔法少女ものもロボットアニメも、どちらも「主人公が身の丈以上の力を手に入れることで、社会(子供なら関与できない事件)に関与することができる」という構造を持っている。

また「エブリテイマジック」的な各話完結ストーリーをベースにしながら、一九八〇年前後に「成長」を物語の中に取り込むことでジャンル内で表現可能なことを深化させたという経緯も似ている。あえて極端な表現を使うならばロボットアニメは、もうひとつの魔法少女といっても差し支えないのだ。

まどかの場合、「普通の少女の物語」の最終回に当たるのが第十一話「最後に残った道しるべ」になる。

まどかは、ワルプルギスの夜と単身戦っているほむらを助けるため、家族で避難してきた避難所を抜け出そうとする。そのとき、まどかの母・詢子がまどかを引き留める。

具体的な理由を一切語らず、それでもほむらのもとへ急ごうとするまどか。

「ママはさ、私がいい子に育ったって、言ってくれたよね。嘘もつかない、悪いこともしないって。今でもそう信じてくれる？　私を正しいと思ってくれる？」

この言葉を聞いて詢子は言う。

「絶対に下手打ったりしないな？　誰かの嘘に踊らされてねぇな？」

それに頷くまどか。

このときのまどかの頷きは、正確に語ろうとすると「嘘」だ。下手を打ったりする可能性も十分あるし、キュウべぇの嘘に踊らされている可能性は少なからずある。にもかかわらずまどかは「うん」と応える。

このとき、「傍観者」だった少女・まどかは動機を胸に秘めた主体的な存在へと変貌する。この変貌は「成長」といってもいい。

この「成長」は決して、親との単純な決別や裏切りを意味するものではない。魔法少女となったまどかの行動には母から学んだことが多く含まれているからだ。

たとえばマミは、魔法少女となるまどかの願いを知り「希望を叶えるんじゃない。あなた自身が希望になるのよ」と励ます。これは詢子の生き方について、父が解説してくれた「生き方そのものを夢にする」という内容と呼応している。

また、追いつめられていくさやかを案じて詢子に相談したとき、詢子は「正し過ぎるその子の分まで、誰かが間違えてあげればいい」とアドバイスをする。このアドバイスは、さやかのときに生かされることはなかったが、その後、ほむらを助けるため、あえてほむらの望まない「魔法少女になる」という「間違えた」選択をするという形で実践される。

まどかが魔法少女となる動機は、仲間の魔法少女たちの死を傍観することしかできなかった後悔と、ほむらへの友情にある。だが、その動機を実践するための、いうなれば〝倫理〟を、まどかは詢子から受け取ったのだった。

第一話から詢子がワーキングマザーであることや、まどかをさりげなく気にかけている描写を積み重ねているからこそ、まどかが受け取った「倫理」に説得力がある。

親から受け取った大切なものを実践するために親を裏切る。それはまさに「成長」というしかない行動だ。

アムロは動機を自覚する前からガンダムという力を得て戦わざるを得ず、戦いながらその動機を探り当てなくてはならなかった。エミもまた無自覚なまま魔法を手に入れてしまったため、魔法を使いながら、本当に自分に魔法が必要かを考えざるを得なかった。

一方、まどかは、自分の中の「動機」を自覚してようやく「魔法少女」になる決意をする。ベクトルは違っていても、三人のキャラクターはいずれも「自分が何をやっているのか」を自覚し、それによって次の一歩を踏み出すのだった。まどかは、魔法少女であるがゆえに、一九八〇年前後から積極的にアニメの題材として取り上げられるようになった成長物語の系譜の上に位置することになったキャラクターといえる。

その点で『まどか☆マギカ』は正統な成長物語でもあるのだ。第十一話までは。

5 「あなた」を見つめる視線の源

「この国では、成長途中の女性のことを、少女って呼ぶんだろう？　だったら、やがて魔女になる君たちのことは、魔法少女と呼ぶべきだよね」

——キュウべぇ

『ガンダム』の作劇で特徴的なのは、アムロの人間的成長に大きな影響を与えた敵味方のさまざまなキャラクターの存在が、実はアムロがニュータイプになるということを導くための描写でもあった、という演出意図にある。

どうしてアムロは人間的成長をとげるだけではなく、ニュータイプにならなくてはならないのか。それは戦争という見立てを導入したロボットアニメを締めくくるためには、個人のドラマだけでは足りず、「未来への希望」をなんらかの形で指し示さざるを得なかったからだろう。

結果、アムロはララァとの交感の中で、抽象的なビジョンを垣間見、人類の行く末を感知する。かくして「ニュータイプという最強の戦士の物語」は、SF的ビジョンでもって締めくくられる。

第十二話「わたしの、最高の友達」のAパートで繰り広げられているのは、このアムロとララァの交感と同種のビジュアル的なスペクタクルだ。まどかは「過去、現在、未来、全宇宙に存在するすべての魔女を生まれる前に自分の手で消し去ること」を願い、それによって宇宙のルールそのものを書き換えるに至る。

それは第十一話の詢子とのシーンで凝縮されて描写された「成長」とは無関係で、ここでの描写は、デウス・エクス・マキナとなったまどかが、圧倒的な力で世界を塗り替えていく様子に力点が置かれている。

まどかは「横顔」のキャラクターだった。舞台劇のような横の構図を多用し、上手下手に登場人物を配することが多い本作にあって、さまざまなキャラクターに横顔のカットはしばしば登場するのだが、なかでもまどかの横顔は印象的だった。それはOPで彼女が、左の横顔を見せながら画面の中を左へ疾走するカットがあったから、というだけではないだろう。

ほむらというキャラクターが、正面向きで画面手前に向かって歩いてくるという映像に象徴されるように、まどかの心配そうな「横顔」もまた、「傍観者」であるまどかを象徴していたから印象的だったのだ。

だが第十二話になると横顔よりも正面顔のほうが印象が強い。これは正面顔のカットが増えたという定量的な問題というよりも、「見る」キャラクターであるまどかの内実が、「傍観」から能動的な「見守る」へと変化した、その変化が印象を変えたのだ。

時間と空間を超えて偏在する存在になり、魔法少女を見守る「概念」へとシフトしたまどか。その視線は、彼女の使う弓矢のごとく、「あなた」を常に射抜くものでなくてはならない。第十二話のまどかは、そのような視線の源として画面の中に存在している。

一九六六年から始まり、四十五年を経て「魔法少女もの」は、「魔法少女もの」というジャンルの枠をはみ出すほどまでに広く拡散した。だが、そこにはやはり確実に「魔法少女もの」のDNAが無意識のうちに混ざり込んでいる。

この無意識に混ざり込んでくるDNAこそが、大衆娯楽の強靭さの理由である。そして『まどか☆マギカ』の中の「魔法少女DNA」は、新たなDNAと混ざり合いながら、さらにアニメの世界、フィクションの世界へと永遠に拡散していく。こうして永遠に伸びていくアニメという樹のある枝に、今年実った大きな果実のひとつが『まどか☆マギカ』だった。

大きな連鎖の中で生まれたこれまでの魔法少女たちと、これから生まれてくる魔法少女たち。まどかを含む彼女たちに永遠の花束を。

初出：同人誌「ティロフィナーレ本」（まどか屋さん）、二〇一一年八月一四日刊。

『魔法少女まどか☆マギカ』（TV放映作品）
監督：新房昭之　脚本：虚淵玄　キャラクター原案：蒼樹うめ　キャラクターデザイン：岸田隆宏　制作：シャフト
TV放映：二〇一一年

リンゴ、毛糸、花びら、炎――『輪るピングドラム』

2011/07

リンゴ、毛糸、花びら、炎。

『輪るピングドラム』にはさまざまな「赤」が登場する。その点で間違いなく『輪るピングドラム』は「赤」についての作品だが、同時に忘れていけない色がある。

それは「黒」だ。「赤」が一層輝きを増して印象的に見えるのはこの「黒」があるからだ。だが「黒」は「赤」のように画面の中で具体的な姿をとらない。ただ静かに画面を埋め尽くす闇。それが『輪るピングドラム』の「黒」だ。

赤いアイコンが無数に散りばめられた「運命の列車」の車内を思い出してみればすぐに納得できるだろう。漆黒の中で輝く赤。それが『輪るピングドラム』だ。

だから『輪るピングドラム』について語るには、まず「黒」について考える必要がある。

「世界はいくつもの箱だよ。人は体を折り曲げて自分の箱に入るんだ。ずっと一生そのままに。やがて箱の中で忘れちゃうんだ。自分がどんな形をしていたのか。何が好きだったのか、誰かを好きだったのか。だからさ僕は箱から出るんだ。僕は選ばれしもの。だからさ僕はこの世界を壊すんだ」

第二十三話で渡瀬眞悧《さねとし》はこうつぶやいた。

眞悧のこの言葉は真実だ。たとえばサブキャラクターである時籠ゆりと多蕗桂樹が子供時代に経験したことは、「僕は選ばれしもの。だからさ僕はこの世界を壊すんだ」という最後の二文を除けば、まさにその通りだったのだ。ゆりも多蕗も、親の期待という箱の中に閉じこめられ、その中で自分を見失いかけていた。特に多蕗は「捨てられた子供たちが集められる施設」であるこどもブロイラーで粉々に砕かれようとしていた。

ここで自分を見失うということは、単に我を失うという意味ではない。ここでいう自分を見失うということは、世界を認識できないということだ。つまりその人にとって世界はもはや存在しない。そこにあるのは虚無の世界。それが『輪るピングドラム』の「黒」だ。

多蕗は自分を「ここにいるのは、僕を内側から食らい尽くした、一個のモンスターだ」と言った。このモンスターこそ虚無であり、それは画面を埋め尽くす「黒」で表現されている。

この「黒」は、第九話にも顔を見せる。陽毬が訪れた、中央図書館そらの孔分室。暗闇に囲まれたそこには司書を名乗る眞悧が待ち受け、陽毬に過去の思い出を見せる。それはいずれも「取り返しのつかない後悔」や「今ここにいる自分は本当の自分ではない」といった、自分を否定し、見失わせるような感情を巻き起こさせる思い出だった。陽毬はここで「黒」に食い尽くされることはなかった。だが陽毬の中には（こどもブロイラーの記憶以外にも）、「虚無」へと転じる種は間違いなくあるのだった。

自分がどういう存在か見失い虚無に食い尽くされてしまうこと。それは決してフィクションだけの話ではない。

二〇〇八年、ある青年が事件を起こした。母親に過剰に期待され、それに応えられず躓いた彼は、そこから世間との関わり方を見失い、最終的に多くの人を傷つけ命を奪った。

彼は「選ばれたもの」という意識こそ微塵もなかったが、眞悧の言葉を借りるならば、「箱から出ようと」試み、結果それは「世界を壊すこと」につながってしまった。

彼の人生を追ったルポを読むと、彼の人生の中に「こどもブロイラー」を訪れた瞬間があったように思えてならない。『輪るピングドラム』が様式的な画面作りでありながら、非常にリアルな物語だと実感するのはそういう瞬間だ。

番組前半で不穏な空気を漂わせた「95」の数字も、この「黒」と無関係ではない。

人は自分が何者かを見失ったとき、誰かが提供する言葉や物語でそこを埋めようとする。一九九五年に起きたさまざまな事件は、そういう自分がどういう存在かを見失った人々が、一足飛びにカリスマから与えられた物語に身を委ねてしまった結果だった。

かつては「貧病争」が人々の悩みの中心だった。そこを埋める言葉が世の中に求められていた。だがやがて豊かになり「貧病争」よりも「自分」をどう扱うかが大きな意味を持つ時代になった。プリンセス・オブ・クリスタルが何度となく口にした「何者にもなれないお前たち」とは、そんな「自分」が何者なのか不安を抱え、「黒」に飲み込まれるかどうかの境目をさすらう衆生のことだ。

こどもブロイラーに行って透明な存在となり自分を完全に見失うか、カリスマの立派な言葉に身を委ねて自分を手放すか。「何者にもなれないお前たち」が「黒」に飲み込まれてしまった結果として我々の目の前に幾度も現れているのだ。

ここで思い出すのは「ピングフォース」の指導的幹部であった高倉剣山のことだ。

「この世界は、そんなつまらない、きっと何者にもなれない奴らが支配している。もうここは氷の世界なんだ。しかし幸いなるかな、我々の手には希望の松明が燃えている。これは聖なる炎。明日、我々はこの炎によって世界を浄化する。今こそ取り戻そう。本当のことだけで人が生きられる美しい世界を!」

剣山の演説は迫力があって素晴らしい。この素晴らしさは具体性を欠いているからで、そこには記号のように「素晴らしさ」だけが叫ばれている。

剣山の「素晴らしさ」はなぜ、呪いとして冠葉や晶馬に受け継がれることになったのか。

作家の瀬名秀明は東日本大震災後にSFは何をなしうるかを考察した「SFの無責任さについて」(『3・11の未来　日本・SF・想像力』所収、作品社)という長文を執筆した。瀬名はその中で、ハンナ・アレントの『革命について』の一部を引用する。それをここに孫引きしてみよう。

(前略)大審問官の罪は、彼がロベスピエールと同じように「弱い人《レ・ゾム・フェーブル》に引き寄せられた」という点にあった。なぜそれが罪かといえば、このように弱い人びとに引き寄せられるということが、権力への渇望と区別することができないからであり、のみならず、彼は受難者たちを非人格化し、彼らを一つの集合体――いつも不幸な《トゥジュール・マルルー》人びと、苦悩する大衆等々――へひとまとめにしたからである。ドストエフスキイにとって、イエスの神性のしるしは、万人に対する同情を、一人一人の特殊性において、すなわち、彼らを一つの苦悩する人類というようなある実体に総括することなく持ちうる彼の能力のなかにはっきりと現れていた。その神学的な意味は別として、この物語の偉大さは、もっとも美しく見える哀れみの理想主義で大げさな文句が同情と対決するとき、いかに空虚に響くか、それをわれわれに感じさせる点にある。

（ハンナ・アレント『革命について』、筑摩書房）

ここで題材となっているのはドストエフスキーの『カラマーゾフの兄弟』である。この一節を引用しながら瀬名は、被災者を「可哀想な人たち」といってひとまとめにしてシンパシー（共感や同情）を感じるだけではなく、個別の人の個別のことについてエンパシー（他者の感覚や考えを我が者のように共有していく能力）の意味を説いている。

ここで注目したいのはその言葉が、非人格化された集合体に向けられるのか、個人に向けられるのか、ということだ。

「もっとも美しく見える哀れみの理想主義で大げさな文句」。剣山の演説はまさにその通りで、具体性を欠いているのは「受難者たちを非人格化し、彼らを一つの集合体——いつも不幸な人びと、苦悩する大衆等々——へひとまとめ」にしているからだ。

だから剣山は、陽毬がこどもブロイラーに送られたことを知らされても、こどもブロイラーのある世界を非難はしても、行動を起こさなかった。

そして晶馬は行動を起こした。

人が「黒」の世界へ落下しようとするとき、それをこの世に留められるのは、具体性を欠いた素晴らしい言葉ではない。誰かひとりのために投げかけられる言葉、伸ばされる手だけが、その人を何者にもなれない虚無から救うのだ。

OPでメインキャラクターの落下する場面を繰り返した『輪るピングドラム』。そのモチーフは本編の中でも何度も繰り返されるが、中でも第十八話は「落下」をめぐるドラマが中心に据えられていた。

多蕗は陽毬を人質にとり、復讐のためにその両親の居場所を白状しろと冠葉に迫る。

陽毬はゴンドラに乗せられ、建設中の高いビルから吊される。爆弾で一本ずつ破壊されていくゴンドラのワイヤー。最後の一本が爆破されたとき、冠馬は身を挺してそのワイヤーを握りしめる。ここでは陽毬が落ちることが、多蕗が虚無に完全に飲み込まれてしまうことが重ね合わされている。

しかし、陽毬を乗せたゴンドラが墜落しそうになった陽毬を救ったのは多蕗自身だった。

それは、かつてこどもブロイラーで粉々にされ、自分を失いそうになった多蕗に手を差し伸べて救った桃果の記憶が残っていたからだ。

多蕗は、陽毬をすくい上げようとする冠葉に、桃果を見たのだ。

多蕗は陽毬をすくい上げることで、自分自身を救いあげた。それは桃果が冠葉を通じて多蕗を救ったということでもある。

「黒」へと落ちようとしている誰かに手を差し伸べること。全編で繰り返されたそのモチーフは、『輪るピングドラム』のクライマックスで正面から繰り返される。

冠葉から晶馬へと差しのばされた手。晶馬から陽毬に差しのばされた手。そして陽毬から冠葉へと差しのばされた手。この手だけが、「黒」に飲み込まれてもおかしくない過酷な現実の中で、お互いがこの世に生きる証となったのだ。

その支え合いこそが三人の生存戦略だったのだ。そして三人の手にはいずれも運命の果実＝リンゴが赤く燃えていた。

手を差し伸べて人を救うことは、数奇な運命に結ばれた冠葉・晶馬・陽毬の三人だからこそできたことなのだろうか。あるいは多蕗に「救世主になったかもしれない」とまでいわれた桃果だから可能になったことなのだろうか。現実に生きている人間とは無縁なアクションなのではないか。

実は『輪るピングドラム』はそうではないと語っている。

苹果は、桃果の妹ではあるがごく普通の（少し思いこみが激しいだけの）少女だ。彼女は、陽毬の好きな「運命の果実を一緒に食べよう」という言葉こそが「運命の乗り換えを可能にする呪文」だと気づく。

この気づきには合理的な理由が描かれていない。苹果は陽毬と友達だったから「そう思えた」だけなのだ。そしてそう思えたからこそ、死んだ姉に憧れていた苹果はついに〝桃果〟に成り代わることができた。

大切な人がいれば誰かもが桃果のような力を発揮できる。これは眞悧が「幽霊」として死にもせずずっとこの世に生き続ける存在であることと、対照的だ。不幸に満ちた「世界を乗り換える」ことが氷の「世界を壊すこと」と限りなく似ていながら、ギリギリで倫理的なのは、それが「誰かが自分の身を代償に」行う願いだからだ。それは「世界を壊す」ニヒリズムと逆方向を向いている。

桃果と眞悧が争った結果、この世には「黒」の虚無と「赤」の愛が半分ずつ残った。もしかすると、何度二人が戦っても、どちらが勝つということはないのかもしれない。

ただ「黒」に塗りつぶされているように見えるこの世の中でも、そこに「赤」く燃えるリンゴがある。それがあなたや僕たちがこの世で生きていける意味なのだ。

初出：『『輪るピングドラム』公式完全ガイドブック　生存戦略のすべて』、幻冬舎コミックス、二〇一二年　©イクニチャウダー／ピングループ

『輪るピングドラム』(TV放映作品)
監督：幾原邦彦　シリーズ構成：幾原邦彦、伊神貴世　キャラクターデザイン・総作画監督：西位輝実　制作：Brain's Base　TV放映：二〇一一年

アニメーションの輝きが照らす問題――『虹色ほたる～永遠の夏休み～』

2012/06

『虹色ほたる』を見た。とてもみずみずしい映画だった。

物語はいたってシンプルだ。小学六年生のユウタは一年前に亡くした父の思い出をたどるように、ダムのある山奥へと向かう。ふいの豪雨に流されて崖下へ落ちたかと思ったユウタは、夕暮れの草むらの上に寝そべっていた。そこは一九七七年の夏。ユウタは、ダムに沈んだはずの村のはずれにいたのだ。

ユウタは、不思議な老人に、現在に戻るまでの一カ月間を、この村で過ごさなくてはならない、と告げられる。ユウタは、ユウタをいとこと呼ぶさえ子や、同い年の少年ケンゾーたちと、かけがえない時間を過ごすことになる。

郷愁をもって描かれる「夏の田舎の風景」「小学生の夏休み」。言葉にすればずいぶんとありきたりの内容になってしまう。確かにエピソードだけ拾えば、本作はさほど特徴的な内容とはいえない。本作の魅力は、その児童文学的なクリシェを、作画と美術の力でみずみずしい映像体験へと昇華している点だ。

とはいえそれは、本作が〝作画（と美術）だけ〟が見どころの映画ということを意味するわけではない。さえ子の回想シーンなど、演出と作画が絡み合ったシーンこそ、本作の見どころであるのは強調しておきたい。

アニメは、まずなによりも絵である。

ここで「絵である」ということは、言葉では同じシチュエーションであったとしても、描かれた絵によって、それはまったく違うものになってしまう、ということでもある。

本作のキャラクターは、描線が太く、ひじなどではところどころ描線が途切れている(アップ時は細めの色トレスが引かれている)という独特のスタイルで描かれている。たとえば指先などは、指の輪郭線がちゃんと閉じていないので、太い絵筆でそのまま絵の具を置いたように色が〝はみ出して〟いるように見える。リアルというよりは、絵本などのキャラクターに近い印象もある。

ここに印象的な動きが加わる。本作では、登場人物の細かな仕草を拾いつつも、緻密さというよりも、その仕草のおもしろさを大胆に絵にしていく方向で作画が描かれている。

たとえばその作画の方向性は、類似した題材(小学校高学年の夏の暮らしを描く)を扱った『ももへの手紙』と比較すると、一層際立つ。

『ももへの手紙』の作画は「そのキャラクターがあたかも実在するかのようなリアリティ」を求めている。そのため物理的な存在感(量感やものの形状、空間的奥行き)をまず非常に大切にしている。キャラクターが演技をするときも、こうした物理的な条件で規定された「キャラクターという器」は非常に大切に扱われている。

それに対し、本作の目指すリアリティは「クロッキーの持つ生々しさ」といえる。たとえば本作は口パクの形が独特で、上唇の線が非常に生々しく、それが〝上あごの形状〟を想起させてキャラクターの生々しさにつながっている。

『ももへの手紙』であれば、「実際にこの角度から見たらこう見えるだろう」と論理性と緻密さでアプローチをするはずであろうことを、観察をもとにしつつも、ざっくりとした一本の線に託してしまうのが本作の絵柄＝世界観であるといえる。

そのため本作は、ときとして物理的な「キャラクターの器」を壊してでも、そのときの心情を素描しようとする。その筆頭が青天狗と呼ばれる神社の神主とユウタが会話をするシーンだ。ここは本編の中でもかなり「描きだそうとする心情」が「キャラクターの器」からあふれだしてしまっているシーンだ。

このシーンは、演出の狙いを越えて、いささか踏み外している感（絵に意識がとられてしまい、ドラマに意識が向かいにくくなってしまう）もあるのだが、しかし、本作の作画を貫く世界観が一番前面に出ているシーンであるのは間違いない。現実を観察することから始まった素朴な表現が、やがて深まり記号化するようになり、さらには記号と記号を掛け合わせた技巧的な高みへと至る。

あらゆる表現はおおむねそのような流れを繰り返している。記号と記号を掛け合わせたメタ記号的な表現は、一方で現実と遊離しているため「記号として消費されること」には長けるけれど、表現の原初の力は失われてしまっている。

このとき、文学ならば、言文一致——口語を小説の言葉に生かすことで、現在の記号でできている世界とは新たに別の世界を切り開くことになる。

アニメであれば、それは現実をもう一度観察するところから初めて、新たな絵柄を開発することに相当するだろう。また、絵柄というのがたぶんに属人的であることを考えると、そういう絵を描く人をいかにアニメ業界に取り込むことと考えるということでもあろう。

いうまでもなく現在のアニメの絵柄の記号性はかなり高まっているし、その記号を操作することに対するファンや作り手の感度も高いレベルにある。

メタ記号的な表現の高まりは、それはそれで悪いことではない。だが、それはどんどん狭くなっていく道を歩いていくようなものだ。どこかでなんらかの風穴が必要になるのは間違いないないし、「萌え」という言葉が生まれて約二十年。TVシリーズの絵のばらつきが底上げされて約十五年。そろそろ道は狭くなってきているようだから、もう一度新たなルートを探る変化が必要な時期のようにも思う。

『虹色ほたる』を見ると、今必要なのは、このようなアニメ表現の可能性を試す、自由なフィールドのように思う。そして、その挑戦をいかにビジネスの中に着地させていくか。

この複雑に絡み合った問題こそ、今のアニメの解くべき問題のはずだ。その問題も露わにした作品だった。

初出：「帰ってきたアニメの門」、二〇一二年六月二〇日公開。

『虹色ほたる～永遠の夏休み～』（劇場公開作品）
監督：宇田鋼之介　原作：川口雅幸　脚本：国井桂　キャラクターデザイン・作画監督：森久司　制作：東映アニメーション　劇場公開：二〇一二年

アオが見つけた青い鳥――『エウレカセブンＡＯ』

2012/12

第一話の冒頭、羽ばたく鳩の群れの中に一羽だけ交じった青い鳥。その姿を双眼鏡が捉えている瞬間から、『エウレカセブンＡＯ』が進んでいく方向は明確だった。そして最終回、アオが戻っていく故郷の先にも、やはり青い鳥が飛んでいた。

少々乱暴に断言してしまうと、『エウレカセブンＡＯ』は、ロボットアニメという形式で語られた現代の『青い鳥』だ。

『青い鳥』は百年ほど前に発表された、モーリス・メーテルリンクの手による全六幕の童話劇だ。貧しい暮らしをしているチルチルとミチルの兄妹が、妖女の願いを受けて青い鳥を探す旅に出る。二人は「思い出の国」「夜の国」などさまざまな世界を巡っていく。それは二人が知らなかった世の真実を知るための試練の旅でもある。

ここでは『青い鳥』を補助線に『エウレカセブンＡＯ』を読み直すことで、『エウレカセブンＡＯ』という作品が何を描き出そうとしたのかを考えたい。

『青い鳥』でまず注目したいのは、チルチルとミチルが旅立つ前に妖女から渡されたダイヤのついた魔法の帽子だ。妖女曰く、この帽子のダイヤを回すと「普段見られないものを見られる目」が開くのだという。

この設定は、主人公アオの「トラパー（世界に突如現れた珊瑚状の存在スカブコーラルから吹き出す小さな粒子。作中のメカはこれを利用して飛行することができる）や赤外線など、普通の人間には見えないものが見える目を持っている」という設定と重なっているように見える。

そして、このダイヤにまつわる印象的なエピソードが「森」の世界だ。

チルチルとミチルが青い鳥を探して訪れた森でダイヤを回すと、森の木々――特にカシワの木が意志を持って迫ってくる。

カシワは自分の身内がいかに二人の父親に殺されたか（切り倒されてきたか）を語り、二人を許そうとしない。二人は木々を含む森の生き物たちに死刑を宣告されるまでに至る。窮地に陥った二人だったが、二人を導く「光」によってなんとか助けられる。

ダイヤを回してもとに戻し、静かになった森で二人は「森はいったいどうしてしまったのか」と疑問を口にする。

光はそれに対して「森はいつもそうだ」と言う。ただ、人間はそれを見ることができないから知らないのだ、と。

「見えなかったものが見られるようになったことで、それぞれの立場が浮き彫りになり、自らの価値観が絶対ではないことを思い知らされる」という様子がこの「森」の場面には描かれている。

アオの「ほかの人とは違うものが見える」能力は、そのままニルヴァーシュのパイロットとしての適性の高さにつながっている。その結果、アオはチーム・パイドパイパーの一員として働くこととなり、世界にはいろいろな立場の人間がいることを知る。

特に2クール目になってからは、アオ（と彼の所属するチーム・パイドパイパー）を取り囲む環境は二転三転する。磐戸島の立場、シークレットの意味、連合軍の思惑、スカブコーラルの意志、トゥルースの思い、日本の選択。その価値観の揺さぶりは、『青い鳥』の「森」の場面と通底する。

線を引いて「味方」と「敵」を分け、自らの立場を明確にすることが「政治」の原点だ。だから政治的な人間はいつも線を引くことからその仕事を始める。岩戸島にしろ、連合軍にしろ、日本にせよ、そのような人間は多い。しかし、アオはさまざまな立場を知りつつ、このような線引きをよしとはしない。だから物語が展開するにつれ、アオの「見えないものが見える目」とは、単にその言葉通りの意味に留まらず、政治的な線に囚われずその向こう側まで見つめてしまうことの象徴という意味合いを帯びてくる。

この価値観の揺さぶりを経て第二十三話でアオは「お前がシークレットでもスカブでもないから、この世界にいちゃいけないのか。ふざけんな。そんなの誰かが決めた。お前もオレも、そんな線で引いてはっきり分けられるようなもんなのか。消えてなくなってゼロにして、それでおしまいなのか」というセリフを言うに至るのだ。

さらに『エウレカセブンAO』には『青い鳥』の「未来の王国」を思い出されるエピソードも登場する。チルチルとミチルが訪れた「未来の王国」は、これから生まれる子どもたちがいる国。子供たちは、生まれるときに手ぶらで生まれることはできない。さまざまな子供が生まれたらやりたい夢などを語る中、チルチルとミチルは、やがて自分たちの弟となって生まれるはずの子供と出会う。

その子供が持っていたのは、大きな夢などではなく、しょう紅熱、百日咳、はしかという病気だった。その子は、そうして生まれてすぐ死んでしまうのだという。それをその子供は「しょうがない」と語る。

この生まれてすぐ死んでしまう弟のエピソードは、まず直接的に生後三カ月で死んでしまったアオの姉を思い出させる。

この「未来の王国」のエピソードは何を語ろうとしているのか。

それはおそらく「人間は〝自分の人生〟を抱えて生まれるのだ」という哲学だ。どんなものであれ自分の人生は選択したり、手放すことができない。ただ唯一のものなのだ。それを「子供は何か手にしなくては生まれることができない」という表現で描いている。

親から見て、それは不幸だったり、不憫だったりするかもしれない。でも、それを理由に世界を変えようとまでしてしまうことは間違っている。なぜならこの世界に生まれ落ちた時点で、世界もまた自分の人生の一部になっているからだ。

だから「未来の王国」のエピソードはその姉を経由して、アオにも直結している。

アオの父レントンは、この世界にトラパーが満ちると、混血であるアオの体は耐えられなくなることを知っている。そのため、時空に影響を与え歴史を変えるクォーツガンを使い、トラパーの源であるスカブコーラルを消そうとする。現実に生き延びる努力をするのではなく、世界の一部を変えてすべてをなかったことにしてしまおうとするのだ。

だからアオはレントンに叫ぶ。

「俺たち子どもにも、今まで生きてきた人生があるんだ、俺はそれを否定したくない。たかが人間の都合でチャラになんかしたくない！」

その上でアオはいう。

「俺の体がいつまで保つのか、それは誰かにもわからない。だけど俺は信じる。父さんと母さんが選んでくれたこの時代のこの星の人たちが、選び、勝ち取る未来を」

そこには自分が病気を持って生まれることを「しょうがない」と語り、それでも親が待っている世界へ生まれていく子供の強さと通い合うものがある。

さて多くの人が知っている通り、『青い鳥』は、チルチルとミチルの夢の体験であった。そして目覚めた二人は自分たちが飼っていた鳥こそが青い鳥であることに気づくのである。これは多くの場合「身近なところにこそ幸せがある」という一般的な教訓として知られている。

しかし本当に大事なのはその後であろう。チルチルとミチルは、家を訪れた老婆の連れの娘が鳥をほしがったので、その鳥をあげてしまうのだ。だが鳥は飛んで逃げてしまう。

チルチルは言う。

「ぼくはもっと青いものを見たんだ。でもほんとに青いのはね、それこそどんなにしてもつかまらないんだよ」

その上でチルチルは観客に「どうかあの鳥をみつけた方は、どうぞぼくたちに返してください。ぼくたち、幸福に暮らすために、いつかきっとあの鳥が入り用になるでしょうから」と呼びかけ、舞台は幕になる。

幸せは「身近なところにある」のではない。

むしろこのラストにあるのは「さらなる幸せ（つかまらなかった青い鳥）を探すのではなく、目の前の青い鳥こそを幸せとするしかない」という人生の選べなさとも解釈できる。そして、その上で青い鳥＝幸せを「さがし続けるもの」と位置づけて、主人公たちから観客へとバトンを渡している。

『エウレカセブンＡＯ』のラスト、アオは、自分を覚えている人がいるかどうかもわからない、歴史改変後の二〇二七年の磐戸島へと帰っていく。この世界で生まれ育った以上、歴史改変ですべてが自分と無関係な人間になっていたとしても、そここそがアオの人生の一部となった世界だからだ。

ここにも『青い鳥』と同様、「世界（幸せ）を選べないこと」と「その中でやるしかない」という前向きな諦念とでもいうべき感情が刻まれている。
百年前の童話劇と『エウレカセブンＡＯ』がどうしてこのような共振を見せたのか。それは『エウレカセブンＡＯ』が、設定などの見かけ以上に普遍的な人間についての物語を語ろうとしていたからだ。
そして「選ぶことができないこと」「その中でなんとかやるしかないこと」という前向きな諦念は、二〇一二年の観客にとっても非常に切実な投げかけとして響くはずだ。

初出：「帰ってきたアニメの門」、二〇一二年一二月一九日。

『エウレカセブンＡＯ』（ＴＶ放映作品）
監督：京田知己　ストーリーエディター：會川昇　キャラクターデザイン：吉田健一（キーキャラクターデザイン）、織田広之　原作・制作：BONES　ＴＶ放映：二〇一二年

言葉と「間」——『HUNTER×HUNTER』

2014/6/6

キメラアント編のクライマックスに入った『HUNTER×HUNTER』が盛り上がっている。

原作の中でももっとも長いキメラアント編は、後半になると単なる敵味方の攻防を超えた緊迫の展開が続くのだが、その中でも「ハンター協会会長VSキメラアントの王」と「王に仕えるネフェルピトーとゴンの関係」についてはドラマの大きなポイントとなるため、ひときわ高いテンションで映像化されていた。

ここでひとまず概略をおさらいしていこう。

現在放送中の『HUNTER×HUNTER』は二〇一一年秋より放送されているTVシリーズだ。『HUNTER×HUNTER』は一九九九年にもアニメ化されており二度目のアニメ化となる。日本テレビでは当初午前一一時からの放送だった(日本テレビで全日帯に新たなアニメがスタートするのは非常に珍しい)が、放送三年目に入る二〇一三年秋より時間枠が深夜帯に移動。この時点でキメラアント編の前半まで放送していた。

キメラアント編は、大型化した凶悪な昆虫キメラアントが増殖して人類の選別を始めたため、主人公ゴンたちハンターがそれを止めるべくキメラアントがいるNGL自治国へと潜入するという内容。ストーリーの途中でキメラアントの女王が圧倒的な力を持つ王を産み、物語はこの王をめぐって本格的に動き始めることになる。原作は単行本でおよそ十二巻分、休載期間を挟みながら足かけ八年にわたって連載された。一九九九年のアニメ版はＴＶ終了後も二〇〇四年までＯＶＡとして原作を追いかけていたが、キメラアント編についてはまだ連載が始まったばかりだったため映像化されておらず、今回が初のアニメ化となる。

キメラアント編は中盤以降、多様なキャラクターが入り乱れて王を殺すため／守るために、それぞれの能力を駆使して攻防を繰り広げる展開になる。そのため、原作の段階からナレーションが多用されている。それぞれの思惑、計略の絡み合いを伝えるには、俯瞰の視点があったほうがわかりやすいからだ。また、キャラクターの心情・思考を説明するためのモノローグも随所に入る。

アニメもその形式を踏襲しているため、ナレーションの量は非常に多く、モノローグもそのまま再現されている。ナレーションやモノローグの多用は、説明的ということで好まれないことが多い。だが、このキメラアント編については、「原作にあるから」「複雑な状況を説明するのに便利だから」以上の理由で、ナレーションやモノローグの多用は非常に効果的だったということができる。

その一番の理由は、ナレーションとモノローグが緊張感の維持に大いに役立っているからだ。たとえば、王を倒すための作戦が本格的にスタートするのが第百十一話「トッニュウ×シテ×シンニュウ」から。そこからカウントしても既に二十話近く経過している。五カ月余りもの間（しかもキメラアント編終了まで考えると、半年ほども）、高いテンションを保ち続けるのは非常に難しい。

キメラアント編では、大量のナレーションとモノローグが説明の域を超えて、作品の一貫したトーンを貫く役割を果たしている。原作では客観と主観による情報の整理が主な役割のナレーションとモノローグだが、アニメ化されそれが音声になると、そこで語られる情報性を超えて、その響きが作品世界を形作り始める。そのときナレーションやモノローグはそれが劇伴に限りなく接近していくのである。

だからこそ、その〝劇伴〟がふと鳴り止んだとき、物語は転調し、新たな展開が始まる。言葉をベースに醸し出される緊張感の上に、絶妙の「間」が加わって、作品にメリハリが生まれるのだ。

たとえば第百二十九話「ヒョウテキ×ト×モクテキ」。大事なことを思い出せない王の「何かが……違う」というセリフに先行して「ピーン」という張り詰めた音が入り、画面では王の脳内にうごめく、思い出そうとしても思い出せない人物の姿がシルエットで描かれる。この絵と音とを組み合わせることで「間」が作られ、「何かが……違う」という王のいらだちにも似た戸惑いが強調される。

原作では「何かが」と「違う」の間でページめくりになる効果をわざと入れて、王のこの発言の持つ意味の大きさを外側から強調しているが、アニメは「間」を使って、その内面に入り込んでいるのである。

セリフが多い作品だけに、こうした「間」は非常に効果的に働いている。第一三十話「マホウ×デ×ゼツボウ」の、ピトーがプフから偽の情報を伝えられ「わかった」というまでの「間」も同様だ。

そしてなんといっても、会長と王の死闘を描いた第百二十六話「ゼロ×ト×ローズ」に続き、圧巻の第百三十一話「イカリ×ト×ヒカリ」のゴン。怒りで自らを強制的に成長させていくカットの荒々しい筆風のタッチも印象的だったが、なにより魅せたのは、死んだピトーが最後にゴンに攻撃を加え、ゴンの右腕が失われる一連のシーン。原作でおよそ八ページにわたる場面を、アニメ版ではそこを白と黒だけで描かれた画面で展開し、その中で唯一、色がついた血の鮮烈な赤が強い印象を残す。スローモーション演出にすることでセリフの入らない時間を長くとり、主題歌のピアノアレンジをたっぷりと聴かせている。「間」を最大限までとることで、物語のひとつのクライマックスを演出している。

このように『HUNTER×HUNTER』は、セリフが多いことを利用して緊張感を維持し、セリフが多いからこそ効果的になる「間」を巧みに使って、原作が持っているエモーションを的確に伝えてくる。ナレーションで進行するアニメはしばしば「紙芝居」などとネガティブに語られることもあるが、『HUNTER×HUNTER』がそれらとはっきり一線を画している点はもっと注目されてよい。

これからキメラアント編の結末部分に入る。原作既読の人は今後の展開を知っているだろうが、物語の最後の部分に非常に静かなシーンが出てくる。果たしてそれがアニメ版でどのような「間」で演出されるのか。今から楽しみだ。

初出：「四代目アニメの門」、二〇一四年六月六日公開。

『HUNTER×HUNTER』(TV放映作品)
監督：神志那弘志　原作：冨樫義博　シリーズ構成：前川淳、上代務　キャラクターデザイン：吉松孝博、いんどり
牧場　制作：マッドハウス　TV放映：二〇一一—一四年

三つのレイヤーで描かれるひとつの普遍的な物語――『SHIROBAKO』

2015/02

アニメ業界を題にとった『SHIROBAKO』のおもしろさはまず、業界の様子を垣間見るところにある。本作を見れば、アニメができるまでにはどんな工程があるのか、非常によくわかる。また、制作現場の雰囲気、空気のようなものも本作は巧みにすくいとっている。たとえば第二話で描かれたダビング時の音響監督と監督のやりとり。音響監督の矢継ぎ早の質問に、長考するタイプの監督が答えに窮する瞬間が描かれる。

監督はクリエイティブの中心にいてジャッジを下すポジションである。だがそれは、制作現場において常に絶対者として振る舞うこととイコールではない。この微妙な案配がちゃんと描き出されている。コメディタッチではあるが、同時に事実を踏まえているからこそのリアリティも濃厚に漂う。本作には「コメディタッチで演出しているが、その背景にはなんらかの事実があるんだろうな」と思わせるシーンが実に多い。

とはいえ本作にとって「業界裏話」の要素は(やや強めの)スパイスにすぎない。

本作の主人公は、新人の制作進行である宮森あおい。宮森は、武蔵野アニメーションの一員として、アニメ『えくそだすっ』の制作に忙殺される日々を送っている。その点で本作は「新入社員が一人前の職業人になっていく」パターンの物語だといえる。

本作はその「一人前の職業人を目指す」という物語を、「仕事」「会社（組織）」「人生の目的」という三つのレイヤーの重なりとして描いている。この三つの視点の共存により、本作は「お仕事もの」としての普遍性を獲得することになった。

一番表層にあるのは「仕事」のレイヤーだ。ここでは具体的に「仕事とはどうあるべきか」が描かれる。本作では宮森が、目の前の課題に悩み、さまざまな人から注意や助言をもらう部分がそれに相当する。たとえば第十一話。担当作品の最終回の原画マンが足りず宮森は、大ヒット作『新世代アヴァンガルドン』の監督・菅野光明にまで依頼しにいく。そこで菅野は宮森に、どうして自分にこのカットを依頼しようと思ったのかと問う。ただ担当原画マンを見つけ出したいだけだった宮森はそれにちゃんと答えることができない。菅野はそんな宮森に「アニメーターも人間だから、このカットはおまえにしかできないと言われて依頼されたい」と告げる。菅野の言葉は、アニメ業界だけに留まらない、仕事をする上で気をつけるべき大事なことが含まれている。

二番目にあるのは「組織」のレイヤーだ。ここでは集団で仕事をするということの意味が描かれている。そもそも会社とは、ひとりではできないような（大きな予算の）大きな仕事をするために組織されたものだ。本作の場合、アニメーション制作がこの「大きな仕事」に相当し、さまざまな部署が協力して一本のアニメを作り上げる姿を通じて、「組織で仕事をすること」を視覚的に端的に伝えている。

組織で仕事をする際に大切になるのが、「報告・連絡・相談」（いわゆる〝ほうれんそう〟）だ。物語序盤で制作進行の太郎が起こすトラブルが、報告・連絡・相談の不徹底に起因しているところはおもしろい。ここには本作の「組織で仕事をする」という側面が表れていて、太郎が起こしたトラブルは決してアニメーション制作だけの問題ではない。太郎のアバウトな態度に多くの視聴者がイライラするのは、それがどんな会社でもありうることだからだ。ここには一般的な会社仕事に通じる普遍性がある。

そもそも制作進行というポジションそのものが集団で制作をしなければ不要な職種なのだ。そういう職種は会社の中を見るといろいろある。たとえば総務もそうだろう。営業だって商品を開発・製造してくれる部署がなくては成り立たない。制作進行を主人公にしたのは、アニメーションの制作工程すべてを見渡せるポジションという理由が大きかっただろう。だが結果として制作進行という視点は本作の「組織の中で働く」という側面を強調することになった。

この「組織の中で働く」と次の「人生の目的」のレイヤーとが深く関わってくる。

人間はなんのために働くのか。「会社の目的」と自分の「人生の目的」が接近しているときは簡単だ。目の前の仕事をやることが、自分の人生の目的に近づくことにつながる。だが「会社の目的」と「人生の目的」がいつも重なるとは限らない。「会社の目的」と「人生の目的」がずれてしまったとき、「人生の目的」がはっきりしていれば、自分の人生を改めて仕切り直せる。

たとえば制作デスクの本田は、ケーキ屋になるという目的のために会社を退社した。宮森の後輩の藤堂美沙も、就職した3DCG会社が自動車しか手がけないことに悩み、退職して別の3DCG会社に入り直した。

ここでいう「人生の目的」とは「到達点」のことではない。むしろそれは「北極星」に近い。大昔の船乗りは北極星を見て、自らの船の位置を確認し、航路を見誤らないようにしたという。それと同じように「人生の目的」とは自分の進むべき方向をジャッジする基準点なのだ。

ここで思い出すのは、宮森あおいをはじめとするメインキャラクター五人は高校のアニメーション同好会出身で、当時『神仏混淆 七福陣』という作品を作っていたという設定だ。同好会出身の五人は、制作だけでなく作画、3DCG、役者、文芸とそれぞれの立場でアニメ業界を志している。いつかみんなで一緒にアニメを作ろうというのが、彼女たちの誓いだ。

この子供っぽい誓いが、いかに「人生の目的」へと昇華していくのか。

仕事のスキルを身につけ、組織と自分の距離を摑み、自分の「人生の目的」をしっかりと見据えたとき、彼女たちは社会人になったといえるはずだ。会社を辞めるために自らの人生の目的を見つめ直した藤堂美沙は、その点で一足先にそのステップへと進んだといえる。

では主人公、宮森はどうだろうか。彼女は、仕事のスキルも身についているし、組織の中で働く意味も十分わかっている。となると最後は「人生の目的」だけだ。彼女は果たして物語のラストまでにどのような「人生の目的」を発見するか。そこに注目したい。

初出：「四代目アニメの門」、二〇一五年二月六日公開。

『SHIROBAKO』（TV放映作品）
監督・音響監督：水島努　シリーズ構成：横手美智子　キャラクターデザイン・総作画監督：関口可奈味、森島範子、西畑あゆみ　制作：P.A.WORKS　TV放映：二〇一四―一五年

μ's色に上書きされる世界――『ラブライブ！The School Idol Movie』

2015/07

『ラブライブ！The School Idol Movie』はファンに応えるサービス満点のアイドル映画でありながら、その語り口は実に大胆不敵だ。

ストーリーそのものは、二期作られたTVアニメの後日談として、極めて順当なものだ。第二回ラブライブ！（学校ごとに存在するスクールアイドルの頂点を決めるイベント）で優勝した音ノ木坂学院のμ's。μ'sは三年生の卒業を期に解散することを決めていた。そして卒業式後、第三回ラブライブ！のドーム開催が発表される。μ'sは解散までの残り時間の中で、ドーム開催に向けラブライブ！を盛り上げるための活動に改めて取り組むことになる。そこで浮上するのは、ラブライブ！への責任感と、ここでμ'sを解散してしまうことの是非……。

映画は第二期で描かれた卒業＝解散の主題を再度、カーテンコールのようにピックアップする。そもそも、卒業＝解散があるという仕掛けがほかのアイドルアニメと異なる『ラブライブ！』の特徴なのだから、そこに再度焦点が当てられるのもよくわかる。

ところが、そうして用意されたストーリーを語る手つきは、生真面目なリアリズムをぶっ飛ばすような大胆なものだった。

まずスピード感。海外ライブのきっかけとなるエアメイルが届いてから、十分もたたないうちにμ'sのメンバーは国外にいる。しかも海外ライブのための受け入れスタッフなどが一切登場しない。決まり切った段取り、タメにならないようなタメを省略することで、物語は冒頭から一気にトップスピードに達する。このスピード感は、帰国後、μ'sが大人気になっている様子を見せるくだりでも十分に発揮される。

次に驚かされるのが、μ'sが訪れた外国の国名や街名が一切出てこないこと。画面上に自由の女神やエンパイアステートビルが登場することからもわかる通り、μ'sはアメリカのニューヨークを訪れているらしい。だが、主人公の穂乃果たちは頑ななまでに、この街の名前を口にしない。

どうしてここまでニューヨークの名前を避けるのか、思い始めたところで、この街は秋葉原に似ている、というセリフがメンバーのひとりから飛び出す。

海外ライブのエピソードは、μ'sがこの街のイメージを「秋葉原」という固有名詞で上書きすることに主眼があったのだ。それを納得できるように描くには、ニューヨークという固有名詞は大きすぎる。「秋葉原」という固有名詞を立たせるためには、上書きされる街の名前はないほうがよい。そのために映画の中では用意周到にニューヨークの名前は避けられていたのだ。

〝この街〟を秋葉原のイメージで上書きしてしまうこと。この振る舞いは本作の目指すところを的確に伝えている。

やがて帰国したμ'sは大人気になっており、町中にμ'sの姿が溢れている。そしてクライマックスの秋葉原ライブでは、μ'sたちが中心となって、街がスクールアイドル一色に染め上げられている。

つまり、この映画は、「μ'sが世界をμ's色に上書きしていく映画」なのである。そして、世界を上書きしていくμ'sは、〝μ's時空〟とでもいうべき世界の中心に存在しているのだ。

実際、カメラにμ's以外の人物が映し出されることは少ない。先述の通り、段取りやリアリズムの担保のための登場人物は大胆にカットされ、それ以外の登場人物もストーリーの進行上必要な範囲に留められている。

そうして余分なものを徹底的にそぎ落としたこの映画は、スピード感のある語り口で、スクリーンの上に〝μ's時空〟を作り上げてしまう。観客はあれよあれよという間に〝μ's時空〟へと引きずり込まれ、約百分の濃厚な時間を体験する。クライマックスでスクールアイドルが大集合し、その中央で歌い踊るμ'sが描かれる。μ'sが世界の中心である、この映画を象徴しているライブといえる。

そしてこの〝μ's時空〟の中でひときわ異彩を放っているのが、高山みなみ演じる女性シンガー（そういう役名なのである）だ。

彼女は、〝あの街〟で迷子になった穂乃果が街角で出会ったキャラクターだ。彼女は穂乃果をホテルまで案内してくれるが、気がつくとマイクを入れたトランクを残したまま姿を消している。

「かつてはみんなと歌っていて、今はひとりで歌っている」この女性シンガーが再び現れるのは、穂乃果がμ'sを解散すべきかどうか迷いのまっただなかにいるとき。このときも、いくつかのアドバイスをした後、彼女はすっと姿を消してしまう。

この女性シンガーは実在の存在なのかどうかは宙づりのまま、映画は進行していく。これもまた本作の独特の語り口のひとつだ。そういう意味で、彼女も生真面目なリアリズムとは無縁の〝μ's時空〟の存在なのだ。そして、彼女の存在は何なのか？　映画の中でそこに具体的な回答が与えられることはない。当欄としては、あれは穂乃果の分身、一種の未来像（ＳＦ的な仕掛けがあるという意味ではない）なのではないかと考えている。

「μ'sを解散すべきかどうか」の結論は、穂乃果をはじめメンバーの心の中で既に答えは決まっていたという形で決着する。ということは、穂乃果に名前すらない第三者のアドバイスが響いたというより、女性シンガーとの対話は、穂乃果の一種の自問自答であったと考えるほうが納得できる。しかも、かつてはみんなで歌っていて、今はひとりで歌っているという彼女の来歴は、スクールアイドルを終えた後の穂乃果が、どのように生きていくかをそれとなく示唆もしている。

彼女が〝あの街〟で穂乃果のもとに置いていったマイクは、さしたる問題にもならず、穂乃果の家に置かれている。このマイクはもともと穂乃果のものだったと考えると辻褄（というほどのものでもないが）も合う。

あくまで初見時に感じた解釈なので、見直せば細部から別の解釈も可能かもしれない。が、当欄としては、この映画が濃厚なμ's時空で出来上がっていることを踏まえて以上のように考えた。

めくるめくような〝μ's時空〟を現出させるこの作品が公開されたことは、間違いなく、ただならぬ事件なのだ。

初出：「四代目アニメの門」、二〇一五年七月三日公開。

『ラブライブ！The School Idol Movie』（劇場公開作品）
監督：京極尚彦　脚本：花田十輝　キャラクターデザイン・アニメーションディレクター：室田雄平　制作：サンライズ
劇場公開：二〇一五年

言葉と心の〝不調和〟をめぐる物語──『心が叫びたがってるんだ。』

2016/10

ことばは結局は、ただ一人の存在である自分自身を確認するただ一つの手段である

──石原吉郎「失語と沈黙のあいだ」

「好き」という言葉は、わずか二文字。

そこに「好きという思い」のすべてを込めるのは難しい。言葉は思いに足りず、行き場のない思いは溢れて叫びになる。『心が叫びたがってるんだ。』は、そんな言葉と心の〝不調和〟をめぐる物語だ。

成瀬順は無口な女子高生。小学校時代の彼女が漏らしたある一言がきっかけで、順の両親は離婚してしまう。それ以来、順は言葉を発するとお腹が痛くなるようになってしまった。順はそれを〝玉子の妖精による呪い〟と考え、言葉を発しないまま高校生になったのだ。そんな順が「地域ふれあい交流会」の委員に選ばれたことで、同じクラスの坂上拓実と接点ができる。

小学校から高校になるまで順は、何を考えていたのだろう。

順は拓実がたまたま「たまごに捧げよ　ビューティフルワード」と歌っているところを目撃し、それを、自分の心を見られた、と感じる。たまたまの出来事にすぎないのに、そんなことを思ってしまうという

ことは、順の心は結局、〝玉子の妖精による呪い〟をめぐってずっとドロドロと渦巻いていただけではないのか。

たとえば、順が今使っているいるノートに、料理などのレシピと並んで、玉子の呪いがメモされている。未だにこんなメモを書いているということは、順の内面はずっとそこで足踏みをしていたのではないだろうか。

心はマグマに似ている。ドロドロととけている心は、自分でも何を思っているか把握することはできない。外へ吐き出すことで、マグマは固まり「言葉」になる。そのとき、人はようやく自分が何を思っていたことを知ることになる。だからマグマが外に出る、ルートが必要となる。

順にそのルートを用意してあげたのは、拓実だった。「たまごの歌」をきっかけに、順は歌でなら言葉を伝えられることがわかり、拓実と順はSNSやメールコミュニケーションをとるようになる。それを通じて、順は自分を確認していく。

拓実がふれあい交流会の演目としてミュージカルを提案したとき、野球部の元エースの田崎大樹は、無口でつかえない順がいるのにおかしいとそのアイデアに絡む。険悪な雰囲気になった教室の中で、順はしぼり出すように、歌にのせて「私はやれるよ」と伝える。「私は」という歌い出しに、順が言葉を通じて自己確立をし始めていることが見える。それまではやったことがなかった自宅の来客に応対をしたのも、同じ理由だ。

だから、順がミュージカルのために書き始めた物語が、自分の体験した「玉子の呪いの物語」であるのも至極当然といえる。順の書く物語は、「自分の言葉を失っていた十年間」を改めて「言葉」として確認する、リハビリのようなものなのだ。

冒頭に引用した詩人の石原吉郎はシベリア抑留を体験し、その中で失語状態を経験したという。そこからの回復について次のようにも記している。

自覚された状態としての失語は、新しい日常のなかで、ながい時間をかけてことばを回復していく過程で、はじめて体験としての失語という形ではじまります。失語そのもののなかに、失語の体験がなく、ことばを回復していく過程のなかに、はじめて失語の体験があるということは、非常に重要なことだと思います。『ああ、自分はあのとき、ほんとうにことばをうしなったのだ』という認識は、ことばが取り戻されなければ、ついに起こらないからです。

（石原吉郎「失語と沈黙のあいだ」、『石原吉郎詩文集』、講談社）

順に起きたのは、まさに石原が書いたような形で、自分の失語を捉え直そうという心の動きだった。自分という存在が、ちゃんと形をとるようなヒントをくれた拓実。あの日、音楽準備室で拓実の歌を聴いてしまったのは、ほんとにささやかな偶然だが。それはとても大切な偶然だったのだ。だから、順が拓実を好きになってしまうのはとても自然な出来事だ。

一方、拓実のほうも、順と出会うことで自分の中で失っていたものを取り戻している。それはピアノだ。子供時代、ピアノが得意だった拓実。だが、ピアノと勉強どちらを優先するかで両親が不仲となり、母は家を出てしまった。そのことをきっかけに拓実は、ピアノから離れてしまった。だが、順と知り合い、ミュージカルを演じることになった結果、拓実は再びピアノを弾くようになる。順を送った後に、久々にピアノを弾いた自分の手を確認する拓実。順も、拓実に助けられてばかりではないのだ。

順は拓実への思いを募らせていく。そして、さまざまなキャラクターの思いが絡み合い、映画はクライマックスへと進んでいく。だがそこで、順の前に再び〝玉子の妖精〟が現れてしまう。

失語の過程を追うのは、すでに回復していることばであることに、注意していただきたいと思います。これは私たちのあいだで〈追体験〉とよばれている過程ですが、この場合の〈追体験〉は、体験そのものをはるかに遠ざかった地点でかろうじて回復したことばが、そこまで漂流した曲折を改めてたどり直して、ことばの喪失の原点へと里がえりするかたちで行われます。そうしなければ、うしなわれた空間が永久に埋まらないからです。

（同前）

自分が言葉を失った原点である〝玉子の妖精〟。それを前にしたとき、順はどうするのか。

クライマックスで順は、玉子の呪いから自分を解放してくれた〝王子〟である、拓実にとてもたくさんの言葉を投げかける。実はその言葉は「好き」からはほど遠い言葉ばかりなのだが、これは順の気持ちが

「好き」の二文字には収まりきらないからだ。そして溢れた順の思いは叫びとなって放たれる。それはまるで産声のような叫びだ。

世の中には言葉が溢れている。でも、その大半はタイムラインを埋めていくためのさえずりにすぎない。おしゃべりの言葉では自己を確認することはできない。

自己を確認できるような言葉を体の中に宿すには、順のような沈黙を経験することも必要なのだ。詩人の谷川俊太郎が『からだの中で』で書いた「からだの中に／深いさけびがあり／口はそれ故につぐまれる」というような切羽詰まった言葉との〝不調和〟を意識してこそ、言葉による自己確認ができるようになる。拓実だけでなく、委員でありながら順に絡んだ田崎大樹も、チアリーダーでやはり委員の仁藤菜月もみな、失語こそしないが、切羽詰まった言葉との〝不調和〟を体験し、自分なりの言葉を獲得している。

高校生の青春群像である本作だが、その根っこには言葉のあり方を通じて「私が私であるための根拠」についての問いかけがある。それがこの映画の普遍性なのだ。

初出：「Febri」Vol.31、一迅社、二〇一五年一〇月一〇日刊。

『心が叫びたがってるんだ。』（劇場公開作品）
監督：長井龍雪　脚本：岡田麿里　キャラクターデザイン・総作画監督：田中将賀　制作：A-1 Pictures　劇場公開：二〇一五年

〝強者〟と〝弱者〟の物語――『甲鉄城のカバネリ』『コンクリート・レボルティオ～超人幻想～』

2016/07

物語は大きく二つに分けられるのではないか。

ひとつは、強者の物語。己の正統性・正当性の証。秩序を回復するための物語。

もうひとつは、弱者の物語。現状への異議申し立て。言葉にならない個人的な思い。答えのでない永遠の問いかけの物語。

「強者の物語」が〝正史〟とするなら、「弱者の物語」は〝稗史〟だ。この二つには善悪や正邪はつけられない。ただ、その物語の向かっている方向が違うのだ。そして、強者が強者の物語を信じ語り、弱者が弱者の物語を伝えていくとも限らない。強者が弱者の物語に甘え、弱者が強者の物語にすがることもままある。

そんなことを思ったのは、『甲鉄城のカバネリ』も『コンクリート・レボルティオ～超人幻想～ THE LAST SONG』も、背骨の部分にこの二つの物語のせめぎ合いが置かれていたからだ。

『甲鉄城のカバネリ』の主人公・生駒はかつて、カバネ（一種のゾンビ）に襲われた妹を自らの手にかけた経験を持つ。その心の傷を抱えたまま生駒はカバネの研究を続けてきた。そして自分がカバネに襲われたとき、研究の成果を生かしてカバネ化を食い止め、人の心（頭脳）とカバネの体を持ったカバネリとして生まれ変わった。生駒は、カバネによって崩壊する砦・顕金駅から装甲蒸気機関車（この世界では駿城と呼ばれる）・甲鉄城に乗り込んで脱出をする。

この甲鉄城と合流するのが、幕府の対カバネ精鋭部隊・狩方衆が乗る克城である。その狩方衆を率いるのが将軍の息子である天鳥美馬だ。

美馬が語るのは「強者の物語」である。彼は「強いものだけが生きられる」と語り、自分を謀殺しようとした父への復讐を胸に秘めている。砦のひとつ磐戸駅をカバネを使って滅ぼした美馬は、いよいよ将軍のいる金剛閣へと攻め入るとき、こう語る。

「これがわれわれが求めてきた公平な世界だ。駅を出て戦いに身をさらすべきだ。ここでは臆病者は死に絶え、力あるものだけが生き残ることができる。それがこの世界の理だ」

ここでは生存バイアスも、個人差（障害や年齢なども含む）もまったく考慮されない。「強くなる意志さえあれば強くなれることこそ公平である」と美馬は甘く囁くのだ。

この美馬の語る「公平さ」に生駒は反発を禁じえず、それを否定する。世の中には、強くなりきれず無念に死んでいく人間が大勢いる。生駒はそういう弱者の物語の側にあるのだ。だからこそ生駒はカバネリの力で人を守りたいと願うのだ。政治闘争の一環として人を殺す美馬の姿を見た生駒は怒り、「なぜあいつは人を殺すために力を使う。それは自分の身がかわいい卑怯者のすることだ」と断言する。

興味深いのは、美馬の「強者の物語」は、彼なりの「弱者の物語」が変質して生まれているということだ。美馬の父は、将軍の座を巡る暗闘の中、疑心暗鬼となり幼い美馬を切りつけたことがあった。さらにはカバネリ討伐に出て成果をあげる美馬を畏れ、殺してしまおうとも企んだ。その中で生き抜いてきた美馬は、戦わなくては殺されてしまう弱者そのものだ。

だが、父が自分を殺そうとする理由が「畏れ」であると見抜いた美馬は、自分の中にある「畏れ」を封印してしまう。そのときに「不幸な子供がなんとか身を守った」という「弱者の物語」が、「人は畏れを封印して強く生きるべきである」という「強者の物語」になってしまったのだ。個人的な信条が、他人を律するルールへと変質してしまう。

もちろん美馬の中に、まだ「畏れ」の心は眠っている。

美馬の部下であるカバネリの滅火は、その残酷な作戦に身を捧げ、人間性を完全に失って暴走する。美馬に刃を向ける滅火。そのとき、美馬は冷や汗を流している。それは彼の封印したはずの「畏れ」が顔を覗かせたものだ。

冷や汗に気づいた滅火は、そのとき、人間の表情を取り戻す。滅火は、自分に死ねと顔色ひとつ変えずに命じた男の中にも、人間の心がまだ残っていることを確認できたのだ。それは、かつて自分に向けていた優しさにも一片の真実があるということを信じられた、ということでもある。この「美馬の冷や汗」は最終回でも重要なところで登場する。

生駒と美馬は対照的なキャラクターだ。だがそこにあるのは「弱者の物語」と「強者の物語」という単純な対比ではない。「弱者の物語」を、秩序のための「強者の物語」へと変質させるかどうかの違いこそが、二人のキャラクターの一番大きな差となっているのだ。

一方、『コンクリートレボルティオ』は、〝超人〟と呼ばれるさまざまな能力を持った人々が、ある時代を生き抜いた様子を描く。

舞台となるのは、神化と呼ばれる架空の元号を持つ日本。物語は、神化四〇年代の出来事を中心に進んでいく。本作で〝超人〟呼ばれるさまざまな特殊能力を持った存在は、昭和四〇年前後にマンガ・アニメ・特撮・スポーツ中継などの中で描かれてきたキャラクターたちを参照しつつ造型されている。

本作のユニークなのはそうしたメタフィクション的な視線だけではない。この世界では、〝超人〟の存在を報道することは法律によって禁じられており（戦中に軍事機密だった名残）、超人の存在というのはいわば〝公然の秘密〟というような扱いになっているのだ。ただし超人を題材にしたフィクションは許容されており、「そこにいるけれどいないことにされている」「一種の都市伝説的存在」という存在が〝超人〟なのだ。

この〝超人〟のあり方は、まさに「弱者の物語」の側に属している。そして「弱者の物語」が、表向き語られるニュース＝歴史である「強者の物語」といかに絡み合っていくかを描くのが、本作の趣向となっている。もちろんこの「弱者の物語」の視点には、大人の社会から無視されてきた「子供たちのヒーローの物語」という側面があることも無視できない。まさに「弱者の物語」＝稗史という構図からスタートするの作品なのだ。そして物語が進むにつれ、正史と稗史は複雑に入り乱れていく。

物語は最終的に、〝超人〟という「弱者の物語」が「不自然だ」という理由で、消し去ろうという人間が登場する。これは、超人という「弱者の物語」はなぜあるのか、という問いかけの裏返しである。これは作中のキャラクターたちが問いかけられているだけでない。視聴者への問いかけでもある。「弱者の物語」＝稗史の中にある真実（稗史には、民間に伝わる歴史物語という意味から転じて小説・つくり話という意味もある）が、聞こえているか、と。

「強者の物語」と「弱者の物語」は、『カバネリ』が描いたように表裏一体であり、『コンレボ』が描いたように相補的なものだ。だからこそ、どちらか片方の側だけを選ぶ（強制する）という行為は、極めて政治的な意味を持つ。二つの物語を安易に選ばず、常に胸の中に抱えていることこそ大事なことなのだ。

初出：「アニメの門V」、二〇一六年七月一日公開。

『甲鉄城のカバネリ』（TV放映作品）
監督：荒木哲郎　シリーズ構成：大河内一楼　アニメーションキャラクターデザイン：江原康之　制作：WIT STUDIO　TV放映：二〇一六年

『コンクリート・レボルティオ～超人幻想～』（TV放映作品）
監督：水島精二　原作・シリーズ構成：會川昇　キャラクターデザイン・総作画監督：伊藤嘉之　制作：ボンズ　TV放映：二〇一五年、二〇一六年

「人間ごっこ」が「人間らしさ」へ移り変わる瞬間――『けものフレンズ』

2017/04

一月期のTVアニメではダークホースの『けものフレンズ』が話題をさらっていった。放送と並走しつつ細部から作品の世界観を探り当てようとするファンも多く、ネットでもたいそう盛り上がっていたが、本作の魅力はつまるところ、「人間ごっこ」から「人間らしさ」へのシフトの部分に存在していたといえる。

本作の舞台はジャパリパーク。サファリパークのような施設で、そこにはフレンズと呼ばれる美少女キャラクター化された動物たちが暮らしている。そこに突然現われたのが、記憶を失った主人公。耳も尻尾もないかわりに、カバンを背負っていた彼女は〝かばん〟と名付けられる。かばんは、自分が何者なのかを知るために、知り合いになったサーバルキャットとともに、ジャパリ図書館を目指すことになる。かくしてかばんは、パーク内のさまざまな〝ちほー(地方)〟を巡り、さまざまなフレンズと出会っていくことになる。

フレンズは、美少女キャラクターという大枠の中に、動物の特徴的な要素を記号化して巧みに落とし込むことで出来上がっている。言動もモデルとなった動物の特性の範疇の中に設定されている。つまり「動物が人間ごっこをしている」状態なのだ。

そこに輪をかけているのが、セルルック3DCGという表現スタイルだ。セルルック3DCGは、手描きアニメの絵に似ているがゆえに、3DCGならではの量感や〝デッサン的な意味でのうそのつけなさ〟が際立つ瞬間がある。そのとき、視聴者には登場人物が〝人形〟のように感じられる。ここでも現実の人間に対する「模造＝ごっこ」であるという、アニメの持つ一側面が露わになっており、フレンズたちの「人間ごっこ」感はさらに際立つことになる。

シリーズ前半の数話に漂っていた不穏さとは、こうした表現上から漂う「人間ごっこ」感と、断片的に描かれる「ジャパリパークがサービスを停止しているらしい」「人間もいないらしい」という設定が呼応することで生まれていた。人間不在の世界で、人間ごっこに興じる動物たち。五指がありながらジャパリバスのハンドルを握れないサーバルの姿は、そんな「人間になりきれない人間ごっこ」の象徴だ。

そんな「人間ごっこ」の世界の中で、ひとりだけ正体不明な存在が、主人公であるかばんである（実はかばんの正体もこの「人間ごっこ」の範疇に含まれるが、ここでは深入りをしないでおく）。

かばんが自分の正体を知るためジャパリバスで移動していくというあらすじはちょっとした冒険ものの趣もあるが、本作はそこに力点があるわけではない。さらに言えばかばんは不在の記憶について思い悩むわけではないし、ストーリーの中でも彼女の正体や記憶の欠落がことさらエモーショナルに取り上げられることもない。本作のトーンはむしろ、主人公たちに強い葛藤を用意しないほのぼのとしたもので、いわゆる〝日常系〟と呼ばれる作品群に近い。

そしてそんなほのぼのとしたトーンの中から、かばんが何者であるかが次第に浮かび上がってくるのが、本作の前半の見どころであった。

　こういった〝謎〟をめぐる物語の場合、人はしばしば〝謎〟の回答がいかに精緻に考え抜かれているか、に注目が集まりがちだ。もちろん回答が精緻であるにこしたことはない。だが、もっと大事なのは、その〝謎〟が明かされる過程がちゃんとエンターテインメントになっているか、という点なのだ。その点で、本作は非常に巧みであった。

　一番のポイントは、かばんは「正体不明」と言われつつも、どう見てもフレンズではなくヒトである、という点にある。作中でサーバルが指摘している通り、かばんには耳や尻尾がない。そこをわざわざ指摘している点も含め、初登場の時点からかばんはヒトであろうということが衆目の一致するところなのである。

　視聴者は最初から「かばんはヒトではないか」という予想のもとに放送を見ている。その上でシリーズ前半は、さまざまな課題をかばんが中心となってクリアしていく展開が繰り返される。たとえば第一話「さばんなちほー」では、フレンズを襲うセルリアンを陽動するため、かばんは紙飛行機を折る。第二話「じゃんぐるちほー」では、浮橋を作る。ジャパリ図書館に到着した第七話「じゃぱりとしょかん」では、火を使ってカレーを調理する。

　これらの描写は、視聴者の「かばんはヒトであろう」という予想を裏付けるものだ。ここで「疑問と回答の連鎖」が生まれている。この連鎖が、視聴者にとってのエンターテインメントになっている。

　しかも、かばんがヒトであろうという確信を深めていくのは、視聴者その人しかいない。視聴者の中でのみ「疑問と回答の連鎖」が完成していて、作中の登場人物はまだ気がついていない。そのもどかしさもまたエンターテインメント感につながっている。

物語は第七話までがかばんの正体を知るための旅で、第十話「ろっじ」からは、かばんが生まれた背景とかばんのこれからに焦点があてられていく。ここで物語はぐっと、かばんとサーバルの心情に寄り添うことになる。

人間の感情を大雑把に喜怒哀楽と考えると、おもしろいもので「喜」「楽」をそのまま描いてもあまり〝人間性〟は際立たない。「怒」「哀」という葛藤の果に生まれた感情のほうが〝人間性〟が際立つ。本作の場合、サーバルが思わず涙を流したり、セルリアンを恐れながらもサーバルとかばんがお互いを救うために他利的行動をとる様子を通じて、二人がとても人間らしく感じられるようになる。それはかばんを助けるために集まってきたさまざまなフレンズについても同様だ。

シリーズ前半では「人間ごっこ」の中でかばんがヒトであろうという細部を積み上げてきたが、物語のクライマックスの行動でかばんも含めて各キャラクターの「人間らしさ」がドラマとして立ち上がってくるのだ。この転換がクライマックスの感動ポイントになっている。

これがもっと劇的な展開やテンション高めの演出で語られる作品だったら、クライマックスがシンプルな種族の枠を越える利他的行動だけでは物足りなく感じられただろう。本作は、ほのぼのとしたトーンの中で「人間ごっこ」に軸足を置いてきたからこそ、かばんとサーバルの利他的行動が十分、人間的＝ドラマチックに響くのだ。

企画・題材（この作品の場合、それはフレンズというキャラクターのあり方に集約される）と語り口のトーン、そしてお話の見せ方がうまく噛み合ったのが、視聴者人気という結果に結びついたのだ。

初出：「アニメの門V」、二〇一七年四月八日公開。

『けものフレンズ』（TV放映作品）
総監督：吉崎観音　原作：けものフレンズプロジェクト　監督・脚本：たつき　制作：ヤオヨロズ　TV放映：二〇一七年

〝自由をめぐる物語〟の再構築――『打ち上げ花火、下から見るか？横から見るか？』

2017/09

『打ち上げ花火、下から見るか？横から見るか？』は一九九三年の実写ドラマをアニメ化したという非常に特殊な成り立ちの作品だ。

ドラマ版は、『if もしも』というシリーズの中の一本として制作された。ある選択によって生じた人生の分岐を描くという趣向のシリーズだ。シリーズの中でも若干異色作として位置づけられるドラマ版『打ち上げ花火、下から見るか？横から見るか？』(以下、ドラマ版と呼ぶ)だが、これもまた選択によって生じた分岐を描く、という点は踏襲している。

ドラマ版のあらすじは次の通り。

1. 花火大会のある日、登校日で学校に行った小学校六年生の典道は、クラスメートの祐介とプールで競争をする。同じくクラスメートのなずなは、競争に勝った祐介を花火に誘う。
2. しかし、祐介はなずなとの約束を破り、なずなは追いかけてきた母親に連れ戻される。その姿を目撃した典道は、自分がもし勝っていたら、と思う。
3. ここから典道が競争に勝った分岐に入り、なずなが典道を迎えにくる。家庭の事情で転校しなくてはならないなずなは、このまま家出（駆け落ち）をしようとしていたのだ。二人はバスに乗り駅まで行き、電車を待つが、なずなはふいに帰るという。戻ってきた二人は夜のプールで泳ぐ。なずなは典道に、今度会えるのは二学期だね、と告げる。

4．なずなと別れた典道は、ひょんなことから花火師を紹介され、打ち上げ花火を真下から見ることになる。ストーリーの前半で祐介を含む友達たちと「打ち上げ花火は横から見たら平らなのではないか」という大議論が起きており、友達たちは花火大会を横から見るために入江を回り込んだ灯台まで歩いていっており、彼らは花火師の花火を横から見ることになる。

このストーリーの妙は、ドラマの主体はなずなにありながら、語り手は典道である、という構造にある。典道はなずなが何を考えているかわからないまま振り回され、それによって生まれる典道から見た〝なずなとの距離〟が絶妙の情感を生んでいる。

たとえば、終盤の夜のプールのシーン、典道が飛び込むのは、なずなのたゆたっているコースの〝隣のコース〟で、そこは〝隣〟ではあるけれど、真っ直ぐ泳いでもなずなには到着しない場所だ。その後、二人がプールで戯れるカットが出てはくるのだが、〝隣のコース〟を全力で泳ぐ典道に、このストーリーの立ち位置が現されているように思う。

ドラマの主体がなずなである、というところが見えると、この物語は「なずなの自由」をめぐる物語であるという部分が見えてくる。家庭の都合で望まぬ転校をしなくてはいけないなずなは、自分が自由ではないと感じており、だからこそ自由を求めて行動しているのである。駅まで行って電車に乗らないと決めたのも、そこまで行ったことで「自分は自由だ」ということが実感できたからだ。家出をしようと思えば、いつでもできる。だから、〝一見不自由〟に見える家に戻ることができる。夜のプールのシーンは、そんな開放感の現れと読める。

典道は、そういうなずなの隣にいながら、なずなのその心には触れることができなかった。そこにあったのは大人と子供の境界線なのか、男女の間の深い川なのか、そもそも他人というものが持っている〝壁〟なのかはわからないが、そういうディスコミュニケーションというものがこの世の中に存在することを目の当たりにして、少年の夏の日は終わっていくのである。これは、灯台に行って一方的に憧れの存在を叫んでいる友達たちにはなく、典道だけの感情で、この感情ゆえに典道は主人公であるといえる。

このようにドラマ版を読んだ上で、アニメ版を見ると、非常によく考えてドラマ版を換骨奪胎したことがわかる。

アニメ版の前半は、ほぼドラマ通りに展開する（主人公たちが中学一年生になっているのは大きな違いだが後述する）。ドラマ版では、電車にのらないなずなただが、アニメ版では、電車に乗る／乗らない、次の駅でなずなの両親たちにつかまる／つかまらないという分岐が用意され、都合三回、「もし」の世界へのリトライが行われている。

そして「もし」の世界へのリトライを可能にするアイテムとして、アニメ版にはガラスのようなものでできた小さな玉（設定では「もしも玉」と呼ばれている）が登場している。もしも玉を、思いを込めて投げると、分岐の地点まで遡ってやり直せる、というのだ。

アニメ版もなずなの自由をめぐる物語であることは変わらない。ただし、こちらは二段階で電車に乗ったなずなが『瑠璃色の地球』を歌うシーンで、シンデレラのイメージがまず登場し、再婚する母からの逃走が「期限付きの自由」であることが示される。ここでアニメはなずなの内面にぐっと踏み込んでいる。

そして三度めの分岐でたどり着いた夜の海（ここはドラマ版の夜のプールと韻を踏むように配置されている）で、なずなと典道は、粉々になった巨大なもしも玉の破片の中に、無数の「もしも」な可能性があることを見る。ここで、なずなも典道も、ようやく自分たちの未来はもっと自由である、ということを信じることができるのである。

このようにドラマ版の主題と思われる「自由」の問題を、アニメ版もちゃんと継承しているのである。そして、それをいかに表現にするかという点で、アニメ的にインパクトのある表現が選ばれているのである。

とはいえアニメ版でアレンジした結果、ドラマ版と大きく異なるところも二つ生まれた。ひとつは、もしも玉というギミックが登場したことで典道が主体的に行動する主人公になったこと。もうひとつは、なずなの心理にかなり踏み込んだこと。結果として、後半はラブストーリーの要素が濃くなった。

なずなの最後のセリフがドラマ版の「今度会えるのは二学期だね」というウソから、アニメ版の「次会えるのはどんな世界かな。楽しみだね」に変わっているのは、その違いを端的に表している。

これはこれでひとつの物語の整理の仕方ではあるが、なずなの気持ちが見えないことで成立していたドラマ版の、ディスコミュニケーションの前に立ち尽くすしかない少年がたたえていた情感はなくなってしまった。そう考えてみると、（賛否を呼んでいる）ラストのなずなと典道がいない教室のシーンは、ドラマ版で精神的に置き去りにされた典道のかわりに、置き去りにされた祐介を描いたシーンと考えることはできるだろう。

以上、ドラマ版で描かれていたことが、いかにアニメ版に受け継がれ、アレンジされているかを検討してみた。その上で、改めて考えたいのが、年齢設定も含めたキャラクターの描き方だ。

ドラマ版は小学六年生という設定で、背も低く、典道が声変わり中で、祐介が声変わり以前という「小学生っぽさ」を強調している。だからたとえば、祐介が甲高い声で「なずなに告白する」というと、背伸びをしているような、おもしろさが生まれていたわけだ。

これを仮にドラマ版の〝シズル感〟と呼んでみよう。奥菜恵が演じたなずなの魅力もまた、微妙な年頃の人間しか持ち得ない〝シズル感〟の産物といえる。そしてドラマ版の情感を支えていたのは、この子供と大人の間の肉体を撮影しているという〝シズル感〟なのである。ドラマ版が特別な作品として愛されているのは、この〝シズル感〟を捉えたことによってマジックが生まれたからだ。

一方、アニメ版はキャラクターを中学一年生にして、典道も祐介も声変わりした男声をあてている。さらにアニメではある程度整った顔は、年齢不詳になりやすく、典道も祐介もカットによっては高校生ぐらいに見えるときもあった。これはなずなも同様の状態なので、「十六歳に見える？」というセリフからマジックが消えてしまった。

当然ながらドラマ版の〝シズル感〟はアニメというメディアではなかなか獲得することが難しい。制作側も、それを承知の上で、アニメならではのキャラクターを造形したのだと思う。でもそれはストーリーの要請にしたがった造形であって、アニメならではの〝シズル感〟をそこにプラスするには至らなかった。それは作り手も十分予測の上でやっていたはずだ。

では、キャラクターで〝シズル感〟が獲得できないのなら、何をもって、アニメならではの〝シズル感〟を獲得するのか。その方法そのものはいくつかあるのだろうが、いずれにせよ、実写からアニメへのコンバートにおいては、役者によって成立している部分を、どう変えるのか、何で代替するのか、という点が大きな障壁であることを、本作は示してしまったといえる。

逆にいうと、〝シズル感〟の多くを役者に寄っているドラマ版は、アニメの原作とするにはべらぼうにハードルの高い企画だったのだ。アニメ版は「ドラマ版をこう解釈したか」という魅力と、作品を支える「シズル感の不在」に引き裂かれている。

初出：「アニメの門V」、二〇一七年九月一日公開。

『打ち上げ花火、下から見るか？横から見るか？』（劇場公開作品）
総監督：新房昭之　原作：岩井俊二　監督：武内宣之　脚本：大根仁　キャラクターデザイン：渡辺明夫　制作：シャフト　劇場公開：二〇一七年

〝母〟ではなく、〝娘〟の物語として――『さよならの朝に約束の花をかざろう』

2018/08

『さよならの朝に約束の花をかざろう』の中には複数の時間が流れている。まず、人間の時間。そしてその上にある国家の時間。そして、さらにその上に神話の時間が重ねられている。

いにしえの時代から存在する竜レナトや長命種イオルフは神話の時間に属する。彼らはしかし、滅びゆく運命にあり、長い歴史を終えて、静かにフェイドアウトしようとしている。これは、おそらく数百年から千年に届くようなスケールの時間である。

その下に流れる国家の時間を体現しているのが大国メザーテ。レナトを使役し、権勢を誇ったメザーテだが、最終的に諸国の攻撃を受けて滅びてしまう。こちらは数十年から数百年のスケールだろう。そして、そんな大きな時間と重なり合いながら、百年に満たないヒトの時間が流れている。神話と国家の時間という大河の中で、人々は生まれ、出会い、別れ、そして死んでいくのだ。本作は、ファンタジーというジャンルの特性を生かして、この三つの時間を重ね合わせ、その中で人間の人生を浮き上がらせようとした作品だ。そして、この作品のキーワードである「母親」は、三つの時間をブリッジする役割を果たしている。

主人公のマキアたちイオルフは、人里離れた里に暮らし、そこでヒビオルといわれる織物を織って暮らしている。イオルフは、このヒビオルに自分たちの日々の出来事もまた織り込んでおり、半透明に白く伸びていくヒビオルは、イオルフの生きている神話の時間そのものといってもよい。

この里に、メザーテが攻め入ってくる。メザーテは、レナトが絶滅しそうになったため、新たに国家を権威付ける存在としてイオルフの女を奪い、王子の妻に迎えようと考えたのである。このとき、マキアの友達レイリアが連れされ、やがて王子の子供を生むことになる。

一方、マキアは混乱の中、なんとか生き延びたものの、里から出て生きざるを得なくなる。そこで出会ったのが、山賊に襲われた流れ者の村で、ただひとり生き残った赤ん坊。マキアは、この赤ん坊を育てることを決意する。こうしてマキアは、赤ん坊エリアルとともに時間を過ごすことになる。

レイリアは国家の時間の中で王子の子を生み、国家を権威付ける「母」の役割を押し付けられる。だが産んだのは男ではなく娘で、しかもイオルフの特徴も持たなかった。レイリアはメザーテが期待した「母」の役割を果たせなかったのである。

一方、マキアはエリアルを育てるため、人間の時間の中で「母」であろうとする。だがエリアルが思春期になり、血が繋がらず若いままのマキアに思慕の念を抱くようになると二人の関係は変わらざるを得なくなる。エリアルはマキアのもとを離れていくことになる。神話の時間を生きていた二人が、国家の時間／ヒトの時間に囚われ、そこでヒト／国家に翻弄されるのである。

映画が始まって早々に、イオルフの長老であるラシーヌがマキアに語りかけるシーンがある。

「外の世界で出会いに触れたなら、誰かも愛してはいけない。愛すれば本当のひとりになってしまう」

その意味がにわかにはわかりかねるマキアに長老はさらに重ねる。

「それが私たち、別れの一族に課せられた運命なんだよ」

長命種である以上、ヒトの中で生きていこうと思ったら奇異の目で見られ、特別なものとして扱われることは避けられない。しかも、ヒトは自分たちより必ず先に死んでしまう。だからこそヒトと出会ってはいけないのだ、と。それは長く生きたラシーヌの、もう傷つきたくないという思いから生まれた言葉かもしれない。

ある意味、マキアとレイリアのたどった人生は、この長老が語った通りの〝不幸〟であるともいえる。だが、それは彼女たちがいにしえの時代から続く楽園から放り出された結果、自分の人生とは何かを摑もうとあがいた結果でもある。

この映画はマキアとレイリアが子供を持つことから、〝母〟をめぐる物語としてまず読まれるだろう。しかし、長老の言葉が映画のアヴァンタイトルに置かれたことを考えると、これは長老＝親のもとを離れてしまった〝娘〟の物語としても読むことができる。そして、長老の言葉を守ることができなかった二人の娘は、しかしその苦労の中で、〝親離れ〟を果たすのである。

たとえばマキアは、エリアルとの〝子離れ〟を体験する。そこでマキアは「今の私を織り上げてくれたのはエリアルなんだ」と口にする。それはつまり長老の言葉の通り生きていたら、私は私にならなかった、ということだ。マキアはこのようにして長老の言葉を超えて、〝親離れ〟したのである。だからこそ映画はマキアの「長老様、私はエリアルを愛してよかったと思っています。愛してよかったと……」というモノローグで締めくくられることになるのだ。

一方、レイリアはラスト間際、長い間合うことが許されなかった娘メドメルと、塔の上で偶然出会う。しかし、レイリアはメドメルを振り切るように塔から飛び降り、マキアを乗せて飛んできたレナトへと飛び移る。

レイリアはメドメルに向かって叫ぶ。「さようなら。私のことは忘れて。私も忘れるわ」。その後、マキアはレイリアに「大丈夫。絶対に忘れないから」という。レイリアはそれを受けて「苦しくて、痛くて、でもこんなに美しい世界。忘れるはずがない」と涙をこぼす。このレイリアの言葉もまた、長老の言葉を超えて彼女が生きた証になっている。

望むと望まざるとにかかわらず、親という結節点でもって人間の時間にコミットした結果、二人はこのように〝親離れ〟を果たした。しかし、二人の幼馴染であったクリムは、イオルフのあるべき姿に囚われすぎて、〝親離れ〟ができなかった。失われた時間を取り戻すことに固執するクリムの悲劇は、そういう種類のものと考えることができる。

一方、視点を変えて子供サイドから見てみると、子供たちもまた〝親離れ〟をしているのである。たとえばエリアルは「今の自分ではマキアを守れない」とマキアのもとを出てしまう。後にマキアと再会するが、そのとき、エリアルは既に結婚していて妻のディタは出産している。この構図そのものがエリアルが〝親離れ〟を果たしたことを雄弁に語っている。

またメドメルのほうも、飛び去ったレイリアを見送った後に「お母様ってとてもおきれいな方なのね」とつぶやく。メドメルにとっては、潔く宙へと舞うことができるレイリアの姿こそが、自分の心の中の空洞を埋めてくれるものだったのだろう。母から何かもらうものがあるとしたら、私はもうこれで十分だ、ということだ。

〝親離れ〟とは、子供の成長という時間経過の結果として起きることだ。つまりヒトの時間の象徴ともいえる。かくしてヒトと国家の時間とともに生きたマキアとレイリアは、そこで〝親離れ〟を果たし、再び神話の時間へと還っていく。そこからは、この映画で描かれた三つの時間の重なり合いとキャラクターの人生について考える、ヒト＝観客の時間が始まるのである。

初出：「アニメの門V」、二〇一八年三月三日公開。

『さよならの朝に約束の花をかざろう』（劇場公開作品）
監督・脚本：岡田麿里　キャラクターデザイン・総作画監督：石井百合子　制作：P.A.WORKS　劇場公開：二〇一八年

眼の前にいない友達について考えること──『宇宙よりも遠い場所』

2018/04

『宇宙よりも遠い場所』の最終回「きっとまた旅に出る」をドキドキしながら見た。

前回の第十二話は、メインキャラクターのひとり、小淵沢報瀬《しらせ》の物語のクライマックスだった。三年前に南極で行方不明となった報瀬の母。第十二話は「その母に会いに行く」と決めた彼女のドラマの着地点であり、母のノートパソコンという小道具を巧みに使うことで、報瀬が背負い込んだ大きな重荷がついに降ろされる様子をドラマチックに描ききっていた。ネットを見ると、ちらほら「最終回」と勘違いした人もいたようだけれど、それも頷ける内容だった。

だからこそ、最終回が気になった。

最終回で、主人公である玉木マリ（キマリ）には、どのような締めくくりが用意されるのか。キマリは、物語が始まった時点では、「『青春したい』と思っているが、なかなか一歩を踏み出せない高校二年生」だった。だから第一話で、地元・群馬を飛び出して、呉まで砕氷艦しらせを見に行った時点で、キマリの物語はある程度、完結しているのだ。その彼女にどんなラストシーンがありえるのか。

そこで大事な役割を果たすはずなのが、日本にいるキマリの幼馴染、高橋めぐみではないか。

キマリが南極へと旅立つ日の朝、絶交を告げた〝めぐっちゃん〟。彼女とキマリの関係は、本作の深いところをずっと流れ続けてきた。だから彼女は、最終回にどのようなタイミングで登場するのか。そもそも登場するのかどうか。めぐみというパズルの最後の1ピースが、どのようにはまるのか（はまらないのか）という一点において、最終回はドキドキと注視せざるを得なかった。

そもそも『宇宙よりも遠い場所』の物語は、「一歩を踏み出せない」キマリと、何が何でも南極に行きたい報瀬が出会うことから始まった。そこに、高校を中退しコンビニでバイトをしている三宅日向《ひなた》が加わる。さらに女子高生レポーターとして南極に行かされそうになっているタレントの白石結月《ゆづき》と縁ができる。こうして、キマリたちは四人で民間南極観測隊に参加することになった。

めぐみは、そんなキマリの側にいて、その行動をずっと側で見ているポジションのキャラクターだ。おっちょこちょいのキマリに対して、めぐみはしっかりもの。そんなめぐみが第五話「Dear my friend」で感情を爆発させる。

めぐみは気づいてしまったのだ。キマリがいつも自分を頼ってくれる優越感。でも、それは実は自分がキマリに依存していることにほかならない。キマリが自分の世界を手に入れ動き始めた結果、めぐみはそこに直面することになった。さらにそこに報瀬たちに、幼馴染のキマリを取られてしまったような嫉妬の気持ちも重なる。そんなめぐみの気持ちは、キマリたちの悪い噂を流すという形にまでなってしまった。

自分に何もないから、キマリにも何も持たせたくなかった。そんなことを思う自分がイヤになったからこそめぐみは、キマリに「絶交」を告げにきたのだ。キマリは、その告白を涙とともに受け入れ、でも

「絶交無効」といって駆け出していく。

　第五話だけでもめぐみの存在感は非常に大きいものがあったが、めぐみのエピソードはこれだけで終わらなかった。

　めぐみへの言及が出てくるのは第十話「パーシャル友情」。

　この話数では結月が物語のきっかけを作る。幼いころからタレントの仕事をしてきた結月はこれまで友達がひとりもいなかった。南極到着後、帰国後の仕事が決まり、ようやく仲良くなった三人とやがて疎遠になることを恐れた結月は、友情誓約書を書いてもらおうとさえする。

　友達というものをどうにも摑み損ねている結月に、キマリはめぐみとのSNSを見せる。キマリは結月に、めぐみを「一番の親友」「出発直前に絶交だっていわれたんだけど、私は友達だって思ってて」と紹介する。SNSでめぐみから返ってくる言葉は少ない。でも、キマリは言葉ではなく「既読」とつくタイミングの向こう側に、日本でのめぐみの姿や生活を想像する。

「わかるんだよ。どんな顔をしているのか。変だよね（笑）。私にとって友達って、多分そんな感じ」

　このキマリの言葉を聞いたとき、こんな言葉を思い出した。

「たとえば、きみが夕方の四時に来るなら、ぼくは三時からうれしくなってくる。そこから時間が進めば進むほど、どんどんうれしくなってくる」

これはサン＝テグジュペリの『星の王子さま』（河野万里子訳）に出てくるキツネの言葉。眼の前にいない友達を想像することで、自分の心の中に生まれ育っていく友情。そんな心のあり方がキマリの態度と響き合っている。

そう思って『星の王子さま』を読み返すと、そこ出てくる言葉が、どこか本作と通じ合うものが多いように感じられる。それは、どちらも「友情を育み合うこと」（これをフランス語でアプリヴォワゼ［apprivoiser］というそうだ）を扱っている作品だからだろう。

小さな星に、わがままなバラを一輪残して、地球へとやってきた王子さま。そんな王子さまに友情というものを教えるのがキツネだ。

「いちばんたいせつなことは、目に見えない」
「きみのバラをかけがえのないものにしたのは、きみが、バラのために費やした時間だったんだ」

前段のセリフはよく引用されるが、作品の文脈の中におくと「目に見えない」ものとは「時間」を指しているように読める。その人のことを考えたり思いやったりしている時間こそが、とても大事なものなのだと。王子さまはこうしたキツネとの対話を通じて、自分がバラを好きだったということを自覚していく。

キマリとめぐみは「幼馴染」という時間を過ごしてきた。そしてそれは二人にとって「目に見えない」ものだったのだ。そしてキマリは離れることで、その「見えないもの」を改めて噛みしめることになった。めぐみは決して、バラのようなわがままな性格ではないが、キマリにとっては、星に残してきたバラのような存在なのだ。

王子さまは最後、バラに会うために地上からいなくなる。では、キマリはめぐみと会うのかどうか……。「南極を目指す四人の女子高生の物語」といわれる本作において、五人目であるめぐみが、裏側でキマリの物語を牽引していたのである。だからこそ最終回にめぐみが出るのか出ないのかは大きな注目点たり得たのだ。

そしてめぐみは登場した。しかも、それは予想を覆すような登場の仕方だった。エンディングテーマが流れた最後の最後。帰宅を告げるキマリのSNSの投稿に対して、北極圏にいるめぐみの写真が返信されるのだ。この瞬間、これまでの日本にいるめぐみ＝星に残してきたバラという構図が、逆転する。今度はキマリがめぐみにとってのバラになったのだ。この鮮やかな転換で、この作品は締めくくられる。

最終回のサブタイトルは「きっとまた旅に出る」。最終回、日本に戻ってきたキマリたちは、空港で潔いほどあっさり別れ、それぞれの道で帰途につく。それは四人が〝旅の仲間〟だからだ。目的を同じとした〝旅の仲間〟は旅が終われば、それぞれの人生へと戻っていく。

でも旅で過ごした時間は永遠だし、その時間こそが互いの間の友情を養ったこともわかっている。だから別れることが怖くない。そういう別れ方だった。
ここで気づくのは第五話もまた、キマリとめぐみという幼馴染という〝旅の仲間〟の終わりを描いていたのだ、ということだ。そして〝幼馴染〟という旅を終えたキマリは南極へ旅立ち、キマリが帰国すると、めぐみが新しい旅に出ている。
こうして人は旅を繰り返して生きていく。そのとき、誰かもがあるときはバラであり、あるときは王子さまである。キマリとめぐみは、そんな人生の一端を真実を覗かせてくれた。

初出：「アニメの門V」、二〇一八年四月六日公開。

『宇宙よりも遠い場所』(TV放映作品)
監督：いしづかあつこ　シリーズ構成：花田十輝　キャラクターデザイン：吉松孝博　制作：マッドハウス　TV放映：二〇一八年

波打ち際から覗き込まれる〝祭り〟——『海獣の子供』

2019/07

映画『海獣の子供』は、原作に勝るとも劣らない壮大なイメージをスクリーンに展開した上で、原作ラストの「一番大切な約束は、言葉では交わさない」という大事なセリフを要石のように置いて映画を締めくくった。こうなると、この映画については「考えるより感じろ」としか言えなくなってしまうような気もするが、ここでは言葉を手放さず、もうちょっと粘って考えてみたいと思う。そのためには、原作の力を少し借りなくてはいけない。

全五巻の原作を二時間の映画に再構成するにあたって、当然ながらエピソードはさまざまに取捨選択されている。だが一番大きな違いは、映画は「主人公・琉花《るか》のひと夏の体験」という枠組みを採用したところにある。だから原作の第三巻、第四巻あたりで語られた、過去のいきさつを含む、琉花が絡まないエピソードなどもバッサリと落とされている。

だが、こうしたエピソードを刈り込んだことそのものはそれほど重要ではない。ここで大事なのは、「主人公・琉花のひと夏の体験」という枠組みを作ることで、、原作の中から「行きて帰りし物語」の構造を抽出することとつながっていた、という点だ。

「行きて帰りし物語」は、何か欠けている主人公が異世界へ足を踏み入れた後、無事にもとの世界へと帰還し、結果として自らの欠けていたものを獲得するという構造の物語だ。この構造は神話や昔話、その影響下に成立した伝統的ファンタジーなどに見ることができる。

ここで改めて本作のあらすじを確認しておこう。

自分の気持ちを言葉にするのが苦手な中学生の琉花は、夏休み初日に部活でチームメイトと問題を起こしてしまう。もう部活にこなくていいと言われてしまう琉花。母とも折り合いが悪い琉花は、別居中の父が働く水族館へと向かう。そこで琉花が出会ったのは、ジュゴンに育てられたという不思議な少年〝海〟だった。海と親しくなった琉花は、一緒に〝人魂〟が空から降ってくる様子を見る。〝人魂〟と呼ばれたその隕石こそ、これから始まる〝祭り〟の前触れだった。そして琉花は、海と海の兄〝空〟に導かれるように、この〝祭り〟へと巻き込まれていくことになる。

〝祭り〟とは何か。具体的に説明がされているわけではないが、およそ以下の通りであると考えられる。宇宙からやってきた〝隕石〟はいわば精子であり、海ある惑星はそれをきっかけとして〝生命〟そのものを生み出し、そしてその〝生命〟を放出するという、宇宙規模の〝出産〟であると考えられる。そしてその〝出産〟は、神話や伝説に伝えられる〝特別な人間〟の媒介によって成立してきた。「海は産み親 人は乳房 天は遊び場」という言葉は、そのことを指しており、今回の〝祭り〟は、海と空の媒介によって成立するのであった。

この〝祭り〟で琉花が果たすのは、（映像を見る限り）空と海を繋ぐ役割であり、同時に〝ただの人〟として、その軌跡を見届けることだった。〝ただの人〟が〝祭り〟を見届けなければ、〝祭り〟は未来へと語り継がれることはない。

こうして琉花は陸という〝此岸〟から海や〝祭り〟という〝彼岸〟へと足を踏み入れ、そして再び陸へとまた戻ってくる。

琉花が彼岸から帰還する結果、別居中だった両親の仲は元に戻り、冒頭でケンカ状態になったチームメイトとは友好的に視線を見交わすことができるようになる。琉花の両親がよりを戻す展開は原作にもあるが、映画は、二人がそろって〝祭り〟から戻ってきた琉花を助け出すシーンを作って、家族の再生を強調している。また映画ラストのチームメイトとの再会は、冒頭のトラブルと対応するように作られたオリジナルのシーンである。彼岸への旅は琉花自身とその環境にも変化をもたらしたのだ。このように映画は、琉花が戻ってきた〝陸〟の部分を丁寧に描いているのだ。

それはラストシーンでより明確になる。原作の最終回は、琉花らしい大人がヨットに乗りながら、さまざまなキャラクターのその後を語る様子を描いている。この琉花らしい大人は、海と空、そして〝祭り〟に惹かれていた、体の半分を海に預けているデデやジムといったキャラクターと同種の存在だ。だが、映画はその前のエピソード——一年後に琉花に弟が生まれる——を描いてそこで終わる。

映画で、琉花が最後に登場するカットは、波打ち際を歩くロングショットだ。画面の上半分は空であり、画面の奥には海が広がる。このときの琉花は、海と空に抱かれて、なおかつギリギリで陸地＝此岸であるところの波打ち際に立っている。それが、この映画がこのときの琉花に用意した彼女の立ち位置なのだ。

しかも琉花のそんな立ち位置を強調するのが、琉花が歌う歌だ。それは母が自分の子供時代に歌ってくれた子守唄。これも映画オリジナルの要素だ。子守唄は陸で紡がれてきた人間の営みの証（琉花の母が海女だったという原作の設定も、映画ではことさらに語られない）。海＝彼岸に半身を預けているデデが言葉のある「歌」ではなく口琴を奏でていること、クジラたちが言葉を使わずに〝ソング〟でコミュニケーションをとっていることと対照をなして、琉花があくまでも陸に立っている存在であることを強調している。

映画はこのように「琉花の生きて帰りし物語」という、あえて狭いフレームを用意し、その狭い枠組みの中から、壮大な〝祭り〟を覗くように制作された。その結果、映画は極小＝琉花と極大＝祭りを鮮やかに対比させる作品として完成した。彼岸へと遠く視線を送る原作と、あくまで陸から足を離さずそこへの帰還を目指す映画。その立脚点の違いが、原作と映画という二つの『海獣の子供』の本質的な違いになっている。

初出：「アニメの門V」、二〇一九年七月五日公開。

『海獣の子供』（劇場公開作品）
監督：渡辺歩　原作：五十嵐大介　キャラクターデザイン・総作画監督・演出：小西賢一　制作：STUDIO 4℃　劇場公開：二〇一九年

キャラクターの風景

あるキャストが言っていた。「アニメのキャラクターというものは、そのキャラクターに関わった人々たちが束になって出来上がっていて、自分はその中の一本である」と。確かにアニメのキャラクターは、アニメーターが演技をつけ、演出家が台詞のブレス位置を決め、そこに声優が声をあてて出来上がっている。役者の身体に多くを寄っている実写とはそこが大きく異なる。連載「アニメの門」では、折に触れて取り上げるテーマがいくつかあるが「アニメのキャラクターのあり方」はそのひとつである。

記号と肉体の産物としての「キャラクター」——『男子高校生の日常』

2012/02

作品のおもしろさとは別に、見ているとアニメについてつい考えてしまう作品というものがある。『男子高校生の日常』はそんな作品だ。『男子高校生の日常』を見ていると、いつも「アニメにおけるキャラクターとはどういう存在なのだろう」という疑問が浮かぶのだ。

『男子高校生の日常』は山内泰延の同名ギャグマンガのアニメ化。タダクニ、ヨシタケ、ヒデノリという三人の男子高校生が、「あるある」と頷きたくなるようなシチュエーションからもう半歩踏み込んで、男子高校生のアホさを象徴するようなくだらないやりとりを繰り広げる内容だ。そのノリは、ギャグアニメというよりコントといったほうがしっくりくる。このコントを盛り上げているのが、この三人を含め、演技巧者がそろったキャスティングなのはいうまでもない。

たとえば『男子高校生の日常』第五話のアバンタイトルでは背中からキャラクターを捉え、第六話ではロングショットでバレーボールをする三人を描いている。これはどちらも口パクが見えない絵のため、キャストは自分のタイミングでセリフをしゃべることができる。その分、セリフに生々しいノリが加わって、おかしみも増していた。

そして、キャストがある程度自由にしゃべったセリフがおもしろいこの瞬間に浮上するのが、先ほど記した「アニメのキャラクターとはどういう存在なのか」という疑問だ。

たとえば、タダクニ、ヨシタケ、ヒデノリたちキャラクターの図像がなかったとき、声の生々しさだけで視聴者の中にこれほどまでに明確な「キャラクター像」が結ばれるのだろうか?

マンガ原作も含めたアニメのキャラクターは、程度の差はあれ、ある種の記号の集積として描かれている。さらに言えば、その記号の集積は常に不変である必要はなく、ときに描き手が変わり、多少絵柄が変わっても、視聴者はキャラクターの一貫性を疑わない。このとき、一貫性を保証するために重要なのは、描き手が変わっても左右されない、キャラクターを特徴づける大きな記号——髪の毛の色や形、あるいは服など——が変わっていないということだ。

言ってしまえば、アニメのキャラクターはこのような極めて大雑把な記号で成立しているため、さまざまな状況でも同一のキャラクターとして認識してもらえるのだ。

キャラクターの声もまた、絵柄の記号ほどではないが、キャラクターの一貫性を保証する重要な要素だ。だが声は、絵柄の徹底した記号性とは反対のベクトルを向いている。声は役者の身体に依存する。固有の存在である役者の身体から生まれるからこそ声には生々しさがあり、それがキャラクターに生命を吹き込むことになる。

つまり、二次元の記号と三次元の肉体がそれぞれに一貫性を保証しつつ、その双方の合力の産物としてそこに存在しているのがアニメのキャラクターなのだ。

これは役者という視点で考えると、記号で形作られた外観によって、その声が役者の身体から切り離されているということでもある。

そうして考えてみると、バラエティ番組で顔出しをしたキャストが自分が演じた人気キャラクターのセリフをその場で演じることがある。それが極めてオリジナルに忠実であっても、どこか「物真似」のように聞こえてしまう理由も見えてはこないだろうか。あるいはキャストがしばしば「キャラクターの絵をみないと、その声が出てこない」ということの理由も。

セリフで見せるタイプのアニメ作品は「ドラマCDのようだ」とたとえられることも多い。しかし今考察した通り、アニメのキャラクターというのは、声だけ抜き出してもキャラクターとしては成立しないものなのだ。絵がなければ、役者の身体が前に出て、アニメ的な記号性は少なからず損なわれる。むしろ声だけで演じられるキャラクターは、（演技の方向性はさておき）役者の身体依存度が高いという点で実写に近いものと考えられる。

つまり『男子高校生の日常』のアバンタイトルがいかに役者の演技の巧みさにによって成立していようと、視聴者の中に「タダクニはあの姿にあの声」という認識を前提にしているからこそ視聴者におもしろさが伝わっている場面であるといえる。

キャラクターを成立させる二次元の記号性と三次元の声の合力だが、極めて早口なセリフ回しによってセリフにも人工的な記号性を帯びさせるとそこにいるのは、『化物語』の阿良々木暦になる、また逆に二次元の記号性をあえて軽んじ、役者に寄り添ってしまえば『ｇｄｇｄ妖精ｓ』の1コーナー「アフレ湖」（奇妙な３ＤＣＧ画像を見ながら、役者が勝手にアフレコをしてそのおもしろさを競う内容）になる。逆にいえば

『男子高校生の日常』の会話のやりとりのおもしろさは、『化物語』と『ｇｄｇｄ妖精ｓ』の中間に定位することができる。
　そう考えると『男子高校生の日常』の第五話に登場した、女子高生の行動に勝手にアフレコするエピソード（「高校生とアテレコ」）は原作以上に、キャラクターと声の関係について批評的な意味を帯びているということがいえそうだ。

初出：「帰ってきたアニメの門」、二〇一二年二月一五日公開。

『男子高校生の日常』（ＴＶ放映作品）
監督・脚本：高松信司　原作：山内泰延　キャラクターデザイン・総作画監督：湯本佳典　制作：サンライズ　ＴＶ放映：二〇一二年

ヒーローへの感染――『ガッチャマン クラウズ』『サムライフラメンコ』

2014/02

昨年(二〇一三年)七月からスタートした『ガッチャマン クラウズ』と、一〇月からスタートし現在放送中の『サムライフラメンコ』は、どちらもヒーローものという共通点がある。企画成立の背景には、ここ数年、アメコミ・ヒーローの映画が連続して公開されるという状況があるのだろう。実際、『ガッチャマン クラウズ』は昨年夏に公開された実写版『ガッチャマン』との連動企画として立ち上がったものだし、『サムライフラメンコ』の序盤は映画『キック・アス』を思わせるものだった。

興味深いのは、どちらも「ヒーローとは何か」を問う内容になっており、ストレートなヒーローものを選択していないという点だ。特に、今期のロボットアニメ『ガンダムビルドファイターズ』と『バディ・コンプレックス』が、ロボットアクションを軸にしたストレートな内容ということもあって、よけいに「ヒーローもの」二作の凝らったアプローチが意識されてしまう。

『サムライフラメンコ』は徹底的にヒーローという存在にこだわった作品だ。

子供のころに見た特撮ヒーローものへの憧れがこうじた雑誌モデルの羽佐間正義は、自作の変身スーツを身にまとい、町中のさまざまなトラブルを解決するヒーローとして活躍しようとする。「サムライフラメンコ」とは、正義の祖父が、自分の理想の大人像を託したオリジナル・ヒーロー。正義は、祖父からサムライフラメンコの物語を聞かされて育てられた。

この正義がひとりで始めた〝ヒーローごっこ〟が、予想外の方向に二転三転していくのが『サムライフラメンコ』のおもしろさだ。

ひとりで戦っていたサムライフラメンコの前に現れたのは、本物の悪の組織、キング・トーチャー一味。キング・トーチャーが倒された後は、その背後にいたフロム・ビヨンドが出現。正義は、今度はフラメンジャーレッドとなって仲間とともに、巨大ロボットも操りつつ戦いを繰り広げる。〝ヒーローごっこ〟が次第に本物のヒーローものにすり替わっていくのだ。

そしてフロム・ビヨンドとの決戦を終えた第十五話の時点では、政府の謀略によりヒーローたちは次々と逮捕され、正義は追われる身となっている。

一連の変転する状況の中、正義は「ヒーローとして振る舞うこと」を己の指針としている。状況に流されその志を忘れかけることはあっても、最後には「ヒーローである自分」を取り戻す。

にもかかわらず、周囲は特撮ヒーローもののように、ヒーローの存在を前提として受け入れているわけではない。この周囲の状況とヒーローであることのギャップ（つまり狭間＝羽佐間）で、正義が揺れ動く様が、本作のドラマとなっている。本作は「ヒーローというフィクション」に「感染」してしまった正義が、現実の中でヒーローたらんとする物語なのだ。

「ヒーローというフィクションへの感染」を軸にした物語であるということは、敵の存在からも浮き彫りにされる。

たとえばキング・トーチャーは、「特撮ヒーローの悪の組織を崇拝する」異常者だった。これはまさしくヒーローに感染した正義の裏返しの存在である。

続くフロム・ビヨンドの決戦で登場したビヨンドフラメンコは、正義とそっくりの顔で（概念的な意味での）〝弟〟を名乗った。

彼は、正義との因縁をほのめかした後、ビヨンドフラメンコはフロム・ビヨンド六万五千人の意志を反映したインターフェイスにすぎないと言う。これは、さまざまなヒーロー（のパロディ）という〝影〟を生きている正義の立ち位置と極めて似ている。

さらにビヨンドフラメンコは、自分たちも正義もそのほかのヒーローもやっていることには意味がない、同じようなものだと静かに告げる。それに対し、正義が、自分は自分がやりたいからみんなを守る、日本を守ると応じると、ビヨンドフラメンコは、俺たちが暴れた理由もそれさ、と答える。

ここでも敵は、正義の鏡像なのだ。

ヒーローと敵は限りなく同じ存在であること。「ヒーローに感染すること」から始まった物語である以上、この世とは「圧倒的な何かに感染した人間同士の争い」なのだ、という主題がそこから浮かび上がる。

この構図の中で、感染からもっとも遠いリアリスト、もうひとりの主人公・後藤がどう振る舞うのか。そこが今後の注目点だ。

一方、『ガッチャマン クラウズ』は、端的にいうと「ヒーロー否定の物語」である。

『ガッチャマン クラウズ』で、悪役を演じたベルクカッツェは、宇宙人という設定だがそこにはあまり意味はない。ベルクカッツェが象徴するのは、人の心の中にある「悪意」である。作中ではこの「人間の悪意」の具体例として、匿名掲示板などで書き散らかされる悪意あるものの考え方とそこで使われるネットスラングが、ベルクカッツェの言葉として採用されていた。

本作では、一方で人間の世の中をよくするための取り組みも描かれる。

物語前半で描かれるのは、総裁Xと呼ばれる人工知能が管理するSNS「GALAX」を使った社会実験だ。SNS「GALAX」の持つ高度なマッチング機能を使った社会の円滑化。さらに総裁Xを開発した累は、HUNDREDと呼ばれる、内発性の高い百人のユーザーにCROWDSという能力を与え、彼らを大規模事故などの緊急事態に対応できるボランティア的な存在とした。

しかし、この累の実験は失敗する。それは「内発性の高い人間を選ぶ」という一種のエリート主義から生まれ落ちる嫉妬を、ベルクカッツェが巧みに利用したからだ。

この失敗を経過した物語のクライマックスでは、CROWDSはあらゆる人に渡されることになる。そしてゲーミフィケーション（課題の解決や顧客ロイヤリティの向上に、ゲームデザインの技術やメカニズムを利用する活動全般）を活用することで、内発性の高くない普通の人の何気ない行動が、社会のためになる方向へと誘導されていく姿を描いた。

ゲーミフィケーションを落としどころとしたハッピーエンドは、ベルクカッツェが体現する悪意の生々しさに比べると、いささか理想論すぎるきらいはある。だが、物語の前半でコラージュを楽しむサークルを登場させ、「なんてことはない断片が集まると、ひとつの魅力的な絵ができ上がる」というコラージュのあり方をひとつの理想として描いていた本作からすると、極めて妥当な落着点といえる。

つまり本作では、世の中を住みやすくしようとわざわざ思わなくても、自然と世の中を住みやすくしてしまう仕組みそのものに理想が託されている。それはつまり、特定のヒーローによって守られる世界ではない。

では本作の中で、ヒーローであるガッチャマンはどう扱われているか。彼らは異星人であるJ・J・ロビンソンによって選ばれ、NOTEを抜き取られたことによってガッチャマンとなった。本来ならば特権的なヒーローであってもおかしくない成り行きだが、本作はむしろ彼らの普通さ、弱さにフォーカスする。ヒーローも、普通の人と大きく変わらない存在であることが強調されるのだ。「ヒーローに感染すること」が強い意味を持つ『サムライフラメンコ』とはそこが大きく違う。

その中で、特別に重要な存在が主人公の一ノ瀬はじめだ。はじめは、第一話でガッチャマンに選ばれるが、そこに大きな意味を求めない。はじめは、ガッチャマンであるかどうかに関わらず、はじめのまま、いいと思ったことをやるのだ。

はじめは「触媒」だ。

多くのキャラクターたちは、はじめに触れ、はじめの予想外の視点に驚かされ、そしてそこで少しだけ変化する。この変化が積み重なり、ひとつのコラージュのように住みやすい世の中が浮かび上がる。

はじめは人を前向きに動かすきっかけを与える「メタ・ヒーロー」であり触媒である。物語の最初から最後までその本質は変化しない。

『サムライフラメンコ』と『ガッチャマン クラウズ』を並べると、前者は「ヒーローなど圧倒的な何かへの感染」をめぐる物語であり、後者は「今の世の中におけるヒーローとは何か」を考える物語であることがはっきりする。

さらに言うとここでは、「世の中にふさわしいシステムがあれば、みんなちょっとずつヒーローになれる」という思想と、「圧倒的な存在に感染しなくてはヒーローになれない」という思想が対立的に示されている。

これはどちらが正しく、どちらが間違っているということではない。ヒーローという架空の存在を描くときのアプローチの違いが、それぞれフィクションの機能の異なった部分を際立てた結果なのだ。

優れたフィクションは、現実では決して出会うことのない他者への共感（エンパシー）を通じて、現実をどのように読み取るかという視点を読者に与える。

このとき「他者への共感」を中心に考えると、「ヒーローへの感染」が主題として浮かび上がる。一方、「現実をどのように読み取るか」を中心に考えると、「今の世の中をもっと住みやすくする可能性」を強調した物語が浮かび上がる。

この二作はその点でコインの裏表であり、比較しながら鑑賞すると、お互いの作品の理解がより深まるはずだ。

初出：「四代目アニメの門」、二〇一四年二月七日公開。

『ガッチャマン クラウズ』(TV放映作品)
監督:中村健治　シリーズ構成:大野敏哉　キャラクター原案:キナコ　キャラクターデザイン・総作画監督:高橋裕一　制作:タツノコプロ　TV放映:二〇一三年

『サムライフラメンコ』(TV放映作品)
監督:大森貴弘　シリーズ構成:倉田英之　キャラクター原案:倉花千夏　キャラクターデザイン:山下喜光　制作:manglobe　TV放映:二〇一三—二〇一四年

「アイドル」の〈あり方〉

――『アイカツ!』『THE IDOLM@STER』『Wake Up, Girls!』『ラブライブ!』

2014/07

昨年あたりから女性アイドルを題材にした作品に注目が集まっている。その流れの中で、今年（二〇一四年）一月には『Wake Up, Girls! 七人のアイドル』『THE IDOLM@STER MOVIE 輝きの向こう側へ！』と二本のアイドルアニメが劇場公開され、先日は『ラブライブ！』が完全新作劇場版を発表した。年末には『アイカツ！』の劇場版が控えている。この流れはまだしばらく続きそうだ。

近年の女性アイドルアニメの集中はいうまでもなく、現実に女性アイドルグループが人気を集めていることが大きな背景としてある。この市場に対してアニメ業界と近接する音楽業界からのアプローチが、こうした作品群となっているわけだ。

今回はこれら「アイドルアニメ」について考えたい。注目するのは、アイドルがどういう存在として描かれているかだ。

『アイカツ！』で描かれるアイドルは「憧れの対象」だ。同番組は未就学から小学校の女児をメインターゲットにしており、その視聴者たちが憧れるような存在として、アイドルを取り扱っている。

たとえば、主人公・星宮いちごの前には神崎美月という目標にすべき憧れの先輩が設定されている。これによって視聴者は、いちごに憧れを抱きつつ、同時にいちごに感情移入することができるのだ。いちごたちが披露するパフォーマンスも、この「憧れ」の線上にある。いちごたちがパフォーマンスを披露するライブやオーディションは、アイカツシステムを使った一種の〝変身〟を経て、表現される。

ここで〝変身〟のギミックが（このプロジェクトのメインのアイテムであるアーケードゲームの筐体を登場させる必然性以外に）意味があるのは、幼い視聴者にとって「お姉さんのようなかわいい服を着る」ことが変身にほかならないからだ。ここではその「憧れ」を魅力的に描くことが目的になるので、オーディションの結果やコンテストの成績は、ドラマ上の決定的な意味を与えられない。こうして『アイカツ！』は、女児の「憧れ」＝「かわいい服を着たかわいいお姉さんと一体化したい」という思いを受け止める形で、アイドル像を描き出す。

ちなみに、アイドルという名称ではないが『アイカツ！』に先行する『プリティーリズム』シリーズの初期二作では、プリズムショーという独自のショーが舞台となっている。そしてシリーズの大目標として、その頂点であるプリズムクイーンが設定されている。そのため『プリティーリズム』シリーズでは『アイカツ！』よりも、勝負の行く末に大きな意味が持たされており、この勝負の要素は設定を仕切り直したシリーズ第三作目にも受け継がれた。『プリティーリズム』シリーズは『アイカツ！』より少しターゲットが上に定められており、「憧れ」だけでは物足りなくなった視聴者に、「ドラマチックな盛り上がり」を入れることでアピールしようとしているのだろう。

これがハイターゲット作品のアイドルものになるとまた異なってくる。想定される視聴者は男性ファンがメインになり、描かれるアイドルもまた「憧れ」の対象ではなくなる。ここではアイドルは、主人公たちが選択した仕事＝生き方であると位置づけられる。だから必然的に物語は、各キャラクターの自己実現の物語になる。たとえば『THE IDOLM@STER』は７６５プロという弱小プロダクションに所属するアイドルたちの物語だが、物語と表現上の焦点は「彼女たちがいかに彼女たちらしくあるか」ということに集中している。

これは、ゲームで各キャラクターが既に人気を得ているから、キャラクター描写に気を遣っているということではない。ここでは「アイドルという仕事で十分に自己実現していること」こそがアイドルの魅力、いうなれば〝キラキラ感〟の源であるという価値観で世界が構成されているのである。

だから本作は、キャラクターたちに寄り添った視点で進行する。芸能界の様子が描かれてもそれは断片的だし、芸道ものの要素が前面に出ることもない。

そして「自己実現の物語」だからこそ、ファンはそのストーリーの見届け人として「応援／癒やし（元気をもらう）」という立ち位置で、その世界にコミットすることができるのである。

『Wake Up, Girls!』も、主人公たちの自己実現の物語である点は『THE IDOLM@STER』と共通だが、大きく違うのは、物語を追う視点が『THE IDOLM@STER』よりもずっと引いた位置にある点である。

そのため『Wake Up, Girls!』では、主人公たちのグループ「Wake Up, Girls!」を応援するファンの姿も具体的に入ってくるし、芸道ものの要素（たとえばメンバーが怪我をしたときに、振り付けをどう変えるかといった段取りが描かれる）も盛り込まれる。

そして『Wake Up, Girls!』の引いた視点で浮かび上がるのは「アイドルとは何か」という本作が抱えた大きな問いかけで、その大きな問いかけが前面に出た分、物語を牽引している「自己実現」の物語が後景に退いているのが本作の特徴だ。

こうして見てくると、先日第二期最終回を迎えた『ラブライブ！』が一番、アイドルものとして変則的であることがわかる。『ラブライブ！』の世界は、それぞれの学校にそこを代表するスクールアイドルが存在し、「ラブライブ！」というステージでその実力を競うという設定だ。つまり、はっきり部活とうたってはいないが、限りなく運動部の部活ものに近い要素で組み立てられているのである。

とするとドラマを駆動する大きな要素としては「仕事を通じた自己実現」ではなく、「なぜその部活を選んだか（動機）」と「部活を終えるとき（卒業）」が浮上するし、実際『ラブライブ！』はこの二つを物語のポイントに配置していた。

「アイドル」ものとして興味深いのは、スクールアイドルが「（メディアに出ている）アイドルのようなことをするからアイドルと名乗る」という循環的なロジックに基づいていることだ。

そもそも日本語の「アイドル」は、先行する「スター」という言葉に対して生まれた言葉だ。そのため、完成された魅力を誇る「スター」とは異なり、「アイドル」には未成熟なかわいらしさや、身近な親しみやすさといったニュアンスが含まれることになった。つまり「アイドル」は〝本人のあり方＝キャラクター〟に寄るところが大きいのだ。そしてアイドルのその未完成な個性が、ファンの盛り上がりや周囲の人間関係などさまざまな環境とインタラクションしつつ変化していくところに現実のアイドル存在の妙味がある。つまりアイドルというのは、本来、瞬間的な存在なのだ。
その点で『ラブライブ』は、やがては卒業してしまう高校生というギミックを取り込むことで、ほかのアイドルアニメでは難しい、「瞬間のキラメキ」を大衆的な形で取り出すことに成功していた。〝アイドルごっこ〟だからこそ、アイドルのあり方の一端に迫れたという逆説がおもしろい。
女性アイドルアニメとひとくくりに言っても、「アイドル」というものをどう描くか、その回答の出し方はそれぞれなのだ。

初出：「四代目アニメの門」、二〇一四年七月四日公開。

『アイカツ！』（TV放映作品）
監督：木村隆一　シリーズ構成：加藤陽一　キャラクターデザイン：やぐちひろこ　制作：サンライズ　TV放映：二〇一二－一四年

『THE IDOLM@STER』（TV放映作品）
監督・キャラクターデザイン：錦織敦史　原作：バンダイナムコゲームス　キャラクター原案：窪岡俊之　シリーズ構成：待田堂子、錦織敦史　制作：A-1 Pictures　TV放映：二〇一一年

『Wake Up, Girls!』(第一期／TV放映作品)
監督：山本寛　シリーズ構成・脚本：待田堂子　キャラクターデザイン：近岡直　制作：Ordet×タツノコプロ　TV放映：二〇一四年

『ラブライブ！』(TV放映作品)
監督：京極尚彦　原作：矢立肇、公野櫻子(原案)　シリーズ構成：花田十輝　キャラクターデザイン：西田亜沙子、室田雄平　制作：サンライズ　TV放映：二〇一三年、二〇一四年

ロボットバトルにおける説得力

――『アルドノア・ゼロ』『ガールズ&パンツァー　これが本当のアンツィオ戦です！』

2014/10

『ガールズ&パンツァー　これが本当のアンツィオ戦です！』に大洗女子でもっとも非力な八九式戦車とアンツィオ高校のCV44快速戦車が戦う場面が出てくる。このとき、八九式を操る大洗女子バレー部のメンバーは、普通に弾を当ててもすっころぶだけで復活するCV44を行動不能にするため、弱点である後部に飛び出す冷却部カバー部分を狙うように戦法を変化させる。

相手メカの弱点を狙うことで勝利する。

『ガルパン』のこのシーンを見て思い出したのは、『機動戦士Zガンダム』第二十五話「コロニーが落ちる日」だ。このエピソードで、可変モビルアーマー・ギャプランの全天周モニタは真下方向に死角があるという指摘がいささか唐突に登場する。脱走する敵捕虜からもたらされたこの情報は主人公カミーユに伝えられ、カミーユは第二十五話の戦闘で勝利する。

『ガルパン』は合理的な描写に見えるのに対し、『Zガンダム』のエピソードは、かなりご都合主義的に見える。この差にどういう意味があるのか。そこを考えてみたい。

『Zガンダム』の場合、作中でモビルスーツのさまざまな機能に不具合があったり、一長一短があったりする描写はほとんどない。そこに「ギャプランの死角」を唐突に感じさせる理由がある。『ガルパン』では実際の戦車をもとにしているため、不具合や一長一短の情報は豊富にあり、それがシリーズの中で盛り込まれてきているから、弱点の指摘も決して唐突には見えない。

そもそも架空のメカの不具合や長所短所というものにどこまでリアリティをもたせることができるのか。おそらく時間を割けば、架空のメカの長所短所や不具合についても一定のもっともらしさで描くことができるはずだ。だが、それはもとからメカの設定とドラマが一体なものとして用意されていないと、ドラマの進行とコンフリクトしかねない。特に「弱点」はバトルの勝敗の鍵を握る重要要素だけに、その情報の折り込み方は難しい。

一九七〇年代のいわゆる〝スーパーロボット〟のころは、敵ロボットの弱点を見抜いて勝利に持ち込むパターンは普通にあった。これは敵ロボットが、怪獣の延長線上にあり、バトルバリューとでもいうべき得意技が単一に絞られていることが大きい。そこを封じるなり、裏をかけば逆転のチャンスはやってくる。この戦いのルーツをたどれば、おそらく剣豪と他種の武芸者（鎖がまや槍など）との勝負にたどり着くのではないか。

この敵の弱点を見極める戦い方は他流試合でないと目で見てわかる形にしづらい。歩兵をベースにしている、敵味方ともに均質であることに価値を置いたいわゆる〝リアルロボット〟では、その均質さがネックになって、弱点を示しづらい。

こうして考えると「ギャプランの死角」問題は、「リアルロボットものが孕んでいる、弱点の取り扱いの難しさ」と「Zガンダムのロボ戦が、そのデザインや設定された機能ほどに他流試合になっていない」ことが重なり合ったところに生まれているのがわかる。またここから、ウルトラマン対怪獣という他流試合のおもしろさを蘇らせた『新世紀エヴァンゲリオン』の新鮮さが改めて浮かび上がる。

そして他流試合というコンセプトを延長していくとそれは『アルドノア・ゼロ』につながる。『アルドノア・ゼロ』の火星サイドと地球サイドで行われるロボットバトルは「スーパーロボット対リアルロボット」というふうに説明されている。だがこれまで見てきた通り、火星のロボット(作中ではカタクラフトと呼ばれる)はスーパーロボットというより、むしろスーパーロボットの敵=怪獣に近い。単一のバトルバリューで成立しているからだ。

『アルドノア・ゼロ』の特徴は、火星カタクラフトの必殺技が弱点へときれいに反転するように組み立てられていることだ。必殺技を避けたり単に封じて反撃するといったものではなく、なぜ敵が強いのかを見抜くことがそのまま弱点の発見になっている。だからピンチがチャンスに鮮やかに転換し、カタルシスが生まれる。

もちろんそういう単機能の超兵器がどうして成立したのか(火星カタクラフトは弱点を突かれると、なすすべがなくなるものが多い)、それは本当に強いのか(戦場で有効なのか)という疑問も浮かばないでもないが、「ギャプランの死角」問題の回答のひとつとしては十分成立している。

本欄では「弱点」の取り扱いを中心に、説得力あるロボットバトルの「勝ち方」を考えたが、バトルで勝つには別の要素もある。それはパイロットの技量だ。
目のよさ、反射神経の鋭さ、操縦技量の高さ……。そういったものは実は既にアニメの中でビジュアライズされている。ただ、これを実現するために求められる表現（手描き、3DCGに限らず）などのレベルはかなり高い。そのためその領域に到達した表現は決して多くない。
以上を踏まえると、「弱点」を自然に織り込むことが可能な設定の開発（他流試合でないパターンが発見されれば表現の幅が広がるのでなおよい）と、パイロットの技量を表現できるだけの技が重なり合ったところに、これからのロボットバトルの表現がありうるのではないか、と考えられる。

初出：「四代目アニメの門」、二〇一四年一〇月三日公開。

『アルドノア・ゼロ』（TV放映作品）
監督：あおきえい　シリーズ構成：高山カツヒコ　キャラクター原案：志村貴子　キャラクターデザイン・総作画監督：松本昌子　制作：A-1 Pictures + TROYCA　TV放映：二〇一四年、二〇一五年
『ガールズ&パンツァーこれが本当のアンツィオ戦です！』（OVA作品）
監督：水島努　キャラクター原案：島田フミカネ　シリーズ構成・脚本：吉田玲子　キャラクターデザイン・総作画監督：杉本功　制作：アクタス　OVA発売：二〇一四年七月二五日

内面のない厄介な男——『ルパン三世 PART Ⅳ』

2015/11

『ルパン三世』は厄介だ。

一九六七年からマンガ連載の始まった『ルパン三世』は、今や、国民的キャラクターのひとりである。最近もついに四回目のＴＶシリーズの放送が始まったばかりだ。

『ルパン三世』の何が厄介か。

第一に、ルパンというキャラクターが、（下手な物真似でもそれとわかるぐらい）明確な外面を持ちながら、ドラマを担うような複雑な内面を持っていないという点にある。どうしてルパンは内面を持たないのか。それは原作のモンキー・パンチの持ち味がそこにあるからだ。モンキー・パンチは、リアリズムに立脚するというよりは、ナンセンスやスラップスティックを好む作家だ。だから、原作の『ルパン三世』にはトリックのためのトリック（読者を驚かせるためだけに仕掛けられたトリック）が頻出する。そこでは、ルパンというキャラクターの内面は不要なのだ。ルパンが泥棒をする理由は存在せず、ただ、大胆な仕掛けの連続で読者を驚愕させていく。そうした徹底的な表層性こそが、マンガの『ルパン三世』の姿なのだ。

とはいえ、それでは映像作品にはならない。映像作品のキャラクターには、もうもう少しドラマを予感させる複雑な内面が必要だ。そこで一九七一年に初アニメ化された『ルパン三世』では、その内面を補われて描かれている。アダルトなタッチのシリーズ前半は「アンニュイ」という要素がプラスされた。そこでは、人生に退屈した男が、倦怠を吹き飛ばして、生きている実感を味わうためにギリギリのスリルに身を任せるという方向でキャラクターが造形されている。これが明朗な番組作りを求められ路線変更されると、演出家も交替し、ベースが「アンニュイ」から「ハングリー」に置き換わる。こちらは、おもしろそうなこと、刺激的なことに飢えていて、自らもそこに身を投じようとするキャラクター像だ。

その後のアニメが描くルパン三世像というのは、だいたいこの二つの要素のブレンドで出来上がっている。たとえばゲストの女性キャラに色目を使うことで事件に巻き込まれていく……という展開は、「おもしろがり」なルパン像だからこその導入といえる。とはいえこれも、幾度も繰り返されると新鮮味は失われ、形骸化した〝お約束〟にしか見えなくなってしまう。しかも、国民的キャラクターになって以降だと、「おもしろがり」の隠れ蓑の後ろに、お茶の間的なレベルでの義侠心や正義感が盛り込まれたりもするようになり、ルパンというキャラクターを新鮮に見せるのは難しくなっていった。

ちなみに『カリオストロの城』は、「おもしろいこと刺激的なこと」に飢えていたルパンが、今はもう枯れた中年になっているというキャラクター像を打ち出したところに特徴がある。キャラクターの加齢による変化を通じて、本来は表層的なはずのルパンを内面を持ったキャラクターとして描いたのだ。内面を持ったキャラクターは、ドラマを内包しているが、それを描くことでキャラクターは変化してしまう。そこでキャラクターは役目を終えてしまうのだ。だから『カリオストロの城』のアプローチは〝禁じ手〟であり、だからこそラストの「完」の文字はとても重たいものに感じられる。逆に映画第一作（いわゆる『ルパンVS複製人間』は、徹底的に表層的であることがルパンの本質であると描いた作品で、その点でも『カリオストロの城』と好対照をなしている。

第二に厄介なのは、既にTVシリーズで二百話以上、TVスペシャルも二十本以上が作られているため、何をどう盗んでも、新鮮な驚きに結びつきづらい点なのだ。しかも、変装も自由自在、逮捕されてもすぐに逃げ出せるという展開をこれまでに何度も繰り返しているので、作品に緊張感をもたらすことも難しい(もちろんこれはお茶の間的な安心感と裏腹なのではあるが)。TVスペシャルを一本ずつ追っていくと「新しい刺激を入れてなんとか新鮮味を出そう」という試みと「毎度お馴染みのルパン三世を楽しんでもらおう」というその間で揺れ動きながら続いてきたことがよくわかる。

では、現在放送中の『ルパン三世PART Ⅳ』は、こうした「厄介さ」とどう向き合っているか。放送された第五話まで見たところ『ルパン三世PART Ⅳ』のポイントのひとつは「キャラクターの魅力の再発見」にあり、それによって厄介なシリーズを、新鮮に見せようと挑んでいるようだ。

たとえば第四話「我が手に拳銃を」は、次元がメインのエピソード。この話のミソは、クライマックスで次元が銃を撃たない、ところにある。次元の強さはその早撃ちの腕前にあるわけだが、それを見せずに強さを見せることで新鮮な印象を出していた。惜しむらくはちょっと相手が間抜け(銃を持っているのに、次元を円陣で取り囲んでしまった)な感があったのだが、「相手の弾道を見切ってかわす次元」というのは「早撃ちの名手」からも連想可能なアクションで、新鮮な印象があった。

第五話「魔法使いの左手」は、若きサーカス団員の視線を通じて不二子を語らせることで、こちらは彼女の魅力を改めて見せる内容だった。サーカスで行われるマジックのシーンなどで、ひまわりの花びらが散る効果が印象的に用いられていたが、それがラスト間際の不二子のシーンでも登場することで、不二子こそ一番の〝マジシャン〟ではないか、というミステリアスな含みをもたせてエピソードが締めくくられている。

今後、五ェ門と銭形にもこうしたスポットがあたると思われるので、どういう切り口で見せるのか楽しみだ。特に五ェ門は、なかなか扱いが難しいはずなので、どうなるのか興味が高まる。

そしてもちろん、ルパン本人の魅力を再発見するための仕掛けも十分用意されている。新たなライバルキャラを準レギュラーとして投入したのはそのためだろう。今回ライバルキャラクターは二人いる。ひとりはレベッカ。イタリアを代表するスーパセレブでゴシップクィーン。個人主義で快楽主義の彼女は、いうなれば不二子の変奏だ。ルパンに比べて年下――小娘なポジションでかつ明確な緊張関係にあることで、不二子とは重ならない位置に置かれている。もうひとつはＭＩ６のスパイ、ニクス。こちらは組織人で任務としてルパンと関わることになる。こちらは銭形の変奏で、人情課の銭形に対して冷酷という別種の味付けがされている。

不二子も銭形もシリーズの初期では、ルパンに対して手強い存在感があった。だが長期化の中でそこは次第に薄れてしまった。そうして固定化した関係をゼロからリセットするのが難しいと考えたときに、似て非なるキャラクターを投入して、人間関係に緊張感を持たせるというのはなかなか考えられたアイデアだと思う。しかもライバルのキャラクターが立っていれば、視聴者の関心は、勝負の行方に向くので、盗みはあくまでも対決の舞台設定という範囲に留まることになる。
シリーズでこれから何回かレベッカとニクスはルパンと絡むだろう。もちろん勝負は最終的にルパンが勝つのだろうが、ポイントはその勝利の過程で、ルパンの価値観が提示され、それがレベッカやニクスの価値観を乗り越えていくかどうかだ。もし、そこの部分がちゃんと描かれれば、そのときこそ、ルパンというキャラクターの魅力が再生する瞬間になるからだ。
ライバルを鏡としてルパンという男の魅力を改めて描き出す。『ルパン三世 PART Ⅳ』はそういうシリーズになる予感を孕んでいる。

初出：「アニメの門V」、二〇一五年一一月六日公開。

『ルパン三世 PART Ⅳ』（TV放映作品）
総監督：友永和秀　監督：矢野雄一郎　原作：モンキー・パンチ　シリーズ構成：高橋悠也　キャラクターデザイン：横堀久雄　制作：テレコム・アニメーションフィルム　TV放映：二〇一五－一六年

アニメで演じられるコント――『おそ松さん』

2016/04

『おそ松さん』の放送が終わった。ここで改めて『おそ松さん』のおもしろさは、どこから生まれているかを考えてみようと思う。

筆者は東京新聞などの取材や雑誌「Febri」の連載「主人公の条件」などで、『おそ松さん』のポイントをおおむね次のように整理してきた。

1. 原作、過去のアニメと異なり、六つ子に個性を与えたことで六つ子が主役として立った。
2. 個性の違いは六つ子間の関係性を生み出し、関係性を前提にしてコントの組み立てが可能になった。
3. 『おそ松さん』はバラエティ番組（コント番組）の文脈に置いたほうがわかりやすい。

以上は番組を見ればわかる、言うなれば〝教科書通り〟の答えなのだが、この「アニメで演じられるコント」というのは、じっくり考える必要のあることのようにも思う。

そこで今回は、六つ子のキャラクターがどういうレイヤーで構成されているかを手がかりに、「アニメならではのコント」を考えたい。

『おそ松さん』の〝六つ子〟たちを構成する一番下にあるレイヤーAは、言うまでもなく『おそ松くん』である。

レイヤーAでは、「〜松」というネーミングで統一された、六つ子の主人公で互いに顔がそっくり、という内容が決まっている。

Aの上に、『おそ松さん』を成立させている「個性」のレイヤーBがのる。レイヤーBでのっけられた「個性」というのは非常に記号的で、いわゆる「フラットキャラクター」(類型的な存在)である。公式サイトのキャラクター紹介はこのレイヤーBについてと考えていい。たとえばおそ松ならば「小学校六年生メンタルのまま成長してしまった奇跡のバカ。パチンコと競馬が生きがい」ということになる。

ところがシリーズが放送開始されると、このレイヤーBの上にレイヤーB'がのることになる。このレイヤーB'は、キャラクターの個性の「B面」に相当する。第五話「エスパーニャンコ」の一松、第九話「恋する十四松」の十四松などで描かれた彼らの〝人間的〟側面だ。

レイヤーBとレイヤーB'が重なることで、六つ子は、ドラマを担うラウンドキャラクターとなる。ラウンドキャラクターとは、類型的なフラットキャラクターと対になる概念で、ドラマを通じてそのあり方が変わっていく立体的なキャラクターのことを指す。

フラットキャラクターはその類型ゆえに、視聴者・読者の感情移入を誘う力は弱い。むしろマスコット的な距離感で愛されがちだ。でもラウンドキャラクターは、その心のあり方が実際の人間に近づくから、視聴者・読者はぐっと共感的にキャラクターの言動を見守ることになる。第二十四話『手紙』は、シリーズを通じてポイントポイントで描かれてきた、ラウンドキャラクターとしての六つ子の〝最終回〟であった。

一方で、第八話「なごみのおそ松」、第十三話などの「じょし松さん」、第十四話「チョロ松先生」、第十五話「面接」といった、レイヤーBで示された類型を、六つ子ではない別設定に落とし込んでいるレイヤーCがある。このレイヤーCは、レイヤーBで決定付けられた六つ子を「演者」として扱う階層で、ここが一番、コントらしい。

レイヤーDは、パロディの階層。六つ子という設定をギリギリ残してはいるが、むしろパロディのネタ元のほうに寄り添っているもの。第一話「復活！おそ松くん」や第十一話「クリスマスおそ松さん」、第十六話「松野松楠」に登場するF6ネタが代表選手だろう。ここまで来ると、レイヤーA、レイヤーBからかなり遠くなっている。

そしてレイヤーEが、「六つ子のいる世界」の〝外側〟を感じさせる、メタな視点で六つ子という存在を捉える階層。第十三話「実松さん」がこれに相当する。第七話「ダヨーン相談室」もここに含め手もいいかもしれない。

このようにAからEまで（B'を含む）六つのレイヤーが重なって出来上がっているのが『おそ松さん』に登場する六つ子像なのだ。視聴者は、エピソードが始まるまで、どのレイヤーが示されるかわからない。この緊張感が作品の魅力を増していたことは間違いない。

ここまで複雑にキャラクターを構成するレイヤーを重ねられた理由こそ、『おそ松さん』がアニメだからだ。

たとえば生身の人間が演じるコントで、「演者」の存在は絶対だ。だから、『おそ松さん』でいうと、演者をラウンドキャラクターとして立てるレイヤーB'は存在しないし。パロディを演じても自らの存在を消せないからレイヤーDのようにもならない。全体をメタ視するレイヤーEも、やってやれないことはないが、それもまた「作りもの」であるという意味で、コントの外側に出ているとは言いづらい。『おそ松さん』ほど多層のレイヤーを重ね合わせることができないのだ(このあたりのレイヤー構造の複雑化に挑戦したのがテレビ東京のコントドラマ『SICKS～みんながみんな、何かの病気～』や、映画『大日本人』のラストのコントであろうと思うのだが、それは別の話題になるので触れない)。

アニメには「所詮描かれた絵であること」と「その絵を本物だと信じさせて成立していること」の二面性がある。レイヤーの多層化が可能になったのは、そのアニメならではの二面性をうまく利用して、さまざまな階層の六つ子をどれも「本当の存在」「同一のキャラクター」と視聴者に思わせたからだ。「アニメによるコント」がおもしろいことの本質＝手品の種はここにある。

ちなみにレイヤーというならば、キャストのレイヤーも当然ながら存在する。だが、『おそ松さん』では、たとえば『男子高校生の日常』(本書269頁)のようにキャラクターのレイヤーの上にわざとキャストのレイヤーを重ねることで、生っぽい笑いを生もうとするアプローチはなかった(これはキャストと熱演が招く笑いとはまた別の問題なので誤解しないでほしい)。昨年末にはキャストによるコメンタリー放送が行われているが、これも、作品に重ねられたレイヤーではあるが、決してキャラクターの上に重ねられ、キャラクターの幅を広げたわけではない。自由そうに見えて、この声とキャラクターのきっちりと一線を守っている関係もまた『おそ松さん』のポイントと思われる。
以上のように『おそ松さん』のキャラクターを構成するレイヤー構造を考えて見ると、最終回「おそまつでした」の極めて普通(?)のギャグアニメぶりというものがとても妥当なものだったことがわかる。つまり、シリーズを通じてさまざまなレイヤーを行ったりきたりして視聴者を翻弄した本作だったが、「でもまあ、この作品のよって立ってるところは結局レイヤーBだよね」と、作品のホームポジションへと戻ってきたというわけなのだ。
そういう意味で、酔い覚ましの水のような味わいの最終回だった。

初出:「アニメの門V」、二〇一六年四月一日公開。

『おそ松さん』(TV放映作品)
監督:藤田陽一　原作:赤塚不二夫　シリーズ構成:松原秀　キャラクターデザイン:浅野直之　制作:studioぴえろ　TV放映:二〇一五ー一六年、二〇一七ー一八年

未熟なアッコを主人公たらしめたもの ――『リトルウィッチアカデミア』

2017/07

『リトルウィッチアカデミア』のアッコはとてもおもしろいキャラクターだった。

アイドル的人気を博していた魔女シャイニィシャリオに憧れ、魔女家系でないにもかかわらず、ルーナノヴァ魔法学園へと入学したアッコ。明るくて元気はよいものの、成績は低空飛行の劣等生。おまけにおっちょこちょいで根気がなく、ズルをしてしまうときだってある。とはいえ、そういうキャラクターだからこそ持てる〝突破力〟がある。それがストーリーを駆動していく力となり、アッコが主人公として振る舞える重要な要素となっている。

こういう主人公の場合、「未熟さ」はストーリーがクライマックスに近づくにつれ、少しずつ改められていくものだ。それがつまり成長であり「大人」への階段であるというわけだ。

ところがアッコの場合、そういう変化は最小限に留められていた。

作中で体験したさまざまな出来事は間違いなくアッコの中に残っているのだが、それらの出来事が起こしたのは「アッコの内面の変化」ではなく「アッコと周囲の関係の変化」なのだ（いくつかのエピソードが、その回のメインとなったキャラクターだけのドラマに留まらず、アッコとの関係を描くストーリーになっていることに注目）。

だからアッコ自身は、ほとんど変わることはない。わずかな変化の象徴として、最終回に「ちょっとだけ飛べるようになった姿」が描かれる程度だ。

実はこの「変わらなさ」こそがアッコのアイデンティティであり、そこにはある種の〝感動〟がある。

ここで思い出すのは、『耳をすませば』のこんなやりとりだ。

作家に憧れる主人公・雫は、偶然親しくなった西老人が持っていた人形を主人公に小説を書こうと決意する。そんな雫に西老人は雲母片岩という石を見せる。

その岩の割れ目の奥にはエメラルドの原石が見える。創作をするということは、そんなふうに自分の中にある原石を磨く作業だという。しかし西老人曰く、雫に見せた石に覗く原石は磨くとかえってつまらないものになってしまうものだという。そして、岩の中の見えないところには、もっとよい原石があるかもしれないし、ないかもしれない。

西老人はここで、広い意味で創作にまつわる〝才能〟をめぐる話をしている。そしてそこには才能論の延長線上に、〝大人論〟が含まれている。

この〝大人論〟をひとことでいうなら、子供というのは可能性〝しか〟持っていない。だから素晴らしい、というものだ。そして、大人は、その可能性を失ったから大人なのである。

子供が自分を見つめ、その長所でもって社会に生きていくようになること（原石を磨いていくこと）が「成長」であることは間違いない。ただ特別な人間以外は、それは「平凡」（これは否定的な意味ではない）への道でもある。人間というのはそれほど個性的な天分や個性など持っていない。磨いて形にした分だけ、誰かにも受け入れてもらえるかわりに、〝よくあるもの〟になってしまうことも多い。そうなったときに、子供時代にあった可能性は失われてしまう。

自分が本気で何もやっていないと感じ、自分を限界まで追い込んでいこうという雫。会話の中で、西老人が、自分は原石のままも好きだが、とコメントを添えるのは、老人ゆえに「原石のままでいられる幸福」というものが人生のある一瞬において存在することを知っているからだ。

実はアッコの魅力というのは、西老人がここで指摘しているような、原石のまま「可能性しかない」というところに尽きる。

今のアッコは何もできないからこそ未来への可能性がある。その一点においてアッコはとても〝自由〟なのである。だからアッコは眩しく見えるし魅力的な主人公なのだ。

逆にいうとアッコが自分の可能性を見つけ出し、それを〝磨き〟始めたとき、アッコというキャラクターは変わって（終わって）しまう。もしアッコが成長をしてしまうと、この可能性は消えてしまう。アッコはアッコではなくなり、やがては「普通の元気な魔女」がいるだけ――になってしまう。

このアッコを中心にキャラクター配置を見ると、この「子供時代の無限の可能性」をどう扱うかポイントになっている。

アッコと対になるキャラクター、ダイアナは「大人にならなくては」と自分に言い聞かせて、自分の中にあった「子供時代ゆえの可能性」に蓋をしてしまった。

シャイニィシャリオ（アーシュラ）は、子供っぽい夢を抱いてステージに立ち、それが観客にとって「凡庸」になっていくことに焦りを感じて、大きな失敗をしてしまう。それまでは自分を騙して続けてきたが、「やりたいこと」「できること」「求められるもの」の三つがバラバラなことがその瞬間に明らかになったのだ。いわば「原石をうまく磨きそこねた人」といえる。

そして、そのシャリオの「磨きそこねた姿」を見ながら複雑な心境を抱いていたのがクロワ。クロワは、自分の中の可能性を磨いて特別な存在になりたかったのだろう。だが、その運命に恵まれたのはシャリオのほうだった。はたから見れば十分実力があるクロワだが、彼女にとってはそれはむしろ自分が凡庸であることの証でもあるのだ。

こうして考えると「飛べない魔女」というアッコのマイナスの個性付けは、シリーズを通じて非常にうまく機能していた。

もし、飛べるようになってしまえばアッコは「成績の悪い普通の魔女」にすぎないのである。だからこそ、最終回の「ほんのちょっとだけ飛べている」という落としどころのわかりやすさは絶妙で、「2クールかけて描いたアレコレは無駄じゃなかった」という感じは出しつつも、アッコというキャラクターの可能性はしっかりキープされている。

そして、むしろアッコのまわりにダイアナを含め同級生たちが集まっていることのほうが、アッコの物語としては意味合いとしては大きいことも伝わってくる。

きっとアッコは、いつかは普通の大人になるのだろう。たぶん世界を変えてしまうような天才魔女にはならないのではないか。シャリオにロッドを返したときにアッコは、「シャリオになりたいわけではない」と明言しているのもそういう意味があるように思う。
ただ、そんな未来を想像するのはまだ早い。アッコはまだ「可能性しか持っていない」。そんなかけがえのない時代を（ときにバカとポカを重ねながら）一生懸命生きてるアッコの姿を、まだちょっと見たいと思っているファンはかなり多いのではないだろうか。
そんな期待が高まる最終回ラストシーンでもあった。

初出：「アニメの門V」、二〇一七年七月一三日公開。

『リトルウィッチアカデミア』（TV放映作品）
監督：吉成曜　シリーズ構成：島田満　キャラクターデザイン：吉成曜（原案）、半田修平　制作：TRIGGER　TV放映：二〇一七年

ルパン・イズ・フォーエヴァー──『ルパン三世 PART5』

2018/10

『ルパン三世 PART5』が終了した。

二〇一五年から二〇一六年にかけて放送された『PART Ⅳ』から二年後の登場となった『PART5』。各話のバラエティに富んだ幅広さと「ルパンという存在」に切り込む終盤が印象に残るシリーズだった。

『PART Ⅳ』は『PART Ⅲ』以来、約三十年ぶりのTVシリーズだった。

長らく年一回のTVスペシャルを主軸に継続してきた『ルパン三世』だったが、スピンオフ第一弾となる『LUPIN the Third -峰不二子という女-』(二〇一二)を挟んで、『PART Ⅳ』で久しぶりにナンバリングされたTVシリーズをスタートさせるに至った。

ジャケットの色も、(第二期というより)TVスペシャルの定番だった赤から新たに青へと改められ、「新しいシリーズが始まった」という強い印象を与えるシリーズだった。

だからだろうか『PART Ⅳ』の前半は、各キャラクターの魅力を再確認するエピソードが多かった。『ルパン三世』をリスタートするにあたって、〝おなじみ〟になりすぎてしまったメインキャラクターたちが「なぜ魅力的なのか」をちゃんと描こうとしていた。

一番わかりやすいのが第四話「我が手に拳銃を」で、早撃ちの名手である次元に、あえて銃を持たせないことで、次元の強さを改めて印象づけるエピソードになっていた。

またシリーズを通して登場する準レギュラーが初めて設定された。

ひとりがセレブで現代っ子で、第一話でルパンと結婚式を挙げるレベッカ。もうひとりがMI6の冷徹なエージェント、ニクス。

この二人は、それぞれが不二子、銭形警部と対照になることで立ち位置を明確にしつつ、レギュラーキャラクターの要にいるルパンをまた違う角度から照らし出す役割を担っていた。キャラクターというのは、絡む相手が同じだと新しい顔を見せにくいのである。

こうして改めてキャラクターの定着を行った『PART Ⅳ』は後半、ダ・ヴィンチという「形而上の世界に生きるキャラクター」を出してルパンと対峙させる。〝夢〟というキーワードが共通することなどもあり、ダ・ヴィンチは、映画第一作『ルパン三世 ルパンVS複製人間』のマモーにも通じる要素を持つキャラクターであった。

と長々と『PART Ⅳ』の説明をしてきたが、というのも『PART5』は直前の『PART Ⅳ』を踏まえたシリーズであると考えたほうが、『PART5』の立ち位置が明確になるからだ。

『PART5』で行われたことは三つ。

ひとつは、ネットが当たり前になった時代のルパンの行動ルーティンを確立したこと。具体的にいうと、モノクル型のウェラブルデバイスを身につけて、カジュアルなレベルのハッキングなら難なくこなせるようになった。

ルパンというキャラクターとコンピュータやネットワークという要素をどう組み合わせるかは、TVスペシャル『バイバイ・リバティー危機一発！』などでも試みられていた要素ではある。だが、キーボードをパチパチやる姿はありきたりだし、ルパンというキャラクターをかっこよく見せるほうにも寄与はしない。

『PART5』では、天才的ハッカー・アミという準レギュラーの存在を補助線にしつつ、ルパン一世も着用していたモノクルに機能をもたせることで、ルパンというキャラクターの一部に自然にハッキング能力を織り込んでいた。今後、このモノクルさえしていれば、たいがいのところに侵入できる説明がつく。

もうひとつはシリーズの全肯定。

『PART5』のシリーズ構成は独特で、数話にまたがる中編エピソード四つと、各話完結の単発エピソードを組み合わせたものになっていた。

この単発エピソードは、アニメを中心に活動する脚本家ではなく、他ジャンルの作家陣が脚本を担当する場合がほとんどだった。中編エピソードが、シリーズの求心力を高める内容であるのに対し、単発エピソードは『ルパン三世』という世界を多彩な切り口で見せていく役割を担っていた。

その点で単発エピソードのトップバッターが、そのナンセンスさと昭和ノリで多くの人の度肝を抜いた「ルパン対天才金庫」（脚本は副監督の酒向大輔）が〝幅〟を示した意味は大きかった。そしてポイントは、このときのルパンのジャケットが『PART Ⅲ』のピンク色だったということである。今回の単発エピソードでは、エピソードの雰囲気や時期に合わせて、ルパンは（青を含めた）過去のシリーズのジャケットを着用する。つまり単発エピソードは、単なるシリーズの中のバラエティというだけに留まらず、過去のシリーズが描いてきた〝幅〟をも肯定するという意味合いを帯びているのである。

そして三番目は、本作がクライマックスに描いたのは、レギュラーキャラクターとルパンの関係とはどういうものか、ということだった。

これは『PART Ⅳ』がキャラクターの再確認から始まったこととちょうど呼応しているといえる。もともとレギュラーメンバーは、第二期（いわゆる「新ルパン」）のときから、意図的にセット（いわゆる〝ルパン一家〟）で行動するようになっている。この結果、ルパンと五ェ門、不二子の間の緊張感は弱まっていた。

これを「安心感」と呼ぶか、第一期（いわゆる「旧ルパン」）と比べて「なれ合い」と呼ぶかは、見る人に大きく異なるところだが、キャラクターの再確認が行われたのなら、キャラクター相互の関係に踏み込むのは必然であった。

かくして、五ェ門と次元は、自らとルパンの関係を問い、自らの行動を選ぶ。不二子も、ルパンに「ルパンにとって自分はどんな存在か」と問いかける。そしてそのひとつひとつにルパンは正面から応えていくのである。

ルパンは、ストーリー上の〝悪役〟であるＩＴ起業家エンゾ以上に、古馴染みの各キャラクターと正面から対峙し、そこが本作のクライマックスなのであった（なおルパンとの対峙こそなかったが銭形も、ルパンの逮捕の先にある〝夢〟を語っているところも忘れてはいけない）。

以上、『ＰＡＲＴ５』で行われたことを振り返ってみると、これは一種のリブートであったことに気づかされる。前のシリーズとの継続性もキープしつつ、シリーズの長期化でパターンに陥ってしまいがちな、レギュラーキャラクターのリフレッシュをはかる。また作中の道具立ても、現代に馴染むようにアップデートすることで、現代性を作品に取り込みやすくする。

前作の準レギュラー、レベッカとニクスに加え、『ＰＡＲＴ５』の準レギュラー、アミとルパンの旧友にしてライバル、アルベールもまだまだ〝使いで〟がありそうなキャラクターだ。

レギュラーの周囲を、準レギュラーが四人取り囲む構図が可能になったことで、『ルパン三世』の世界はまだまだフレッシュに広げてくれそうな気配もある。『ＰＡＲＴ Ⅳ』から『ＰＡＲＴ５』で出来上がったこの世界を、しばらくは『ルパン三世』のベースとして展開してもよいのではないか。

ここまで書いて、資料に引っ張り出してきた一九九八年（！）のムック『ＴＨＥルパン三世ＦＩＬＥＳ ルパン三世全記録～増補改訂版～』をめくってみると、アニメ・特撮系のライターである中島紳介が「『ルパン三世』論　ルパンはどこから来て、どこへ行くのか」という一文を記していた。その文章の締めくくりはこうだ。

できれば、常に新しい時代のルパン、さらに変わり続ける顔を持ったルパンを見たいと思う。ルパン・イズ・フォーエヴァー!

（中島紳介『『ルパン三世』論　ルパンはどこから来て、どこへ行くのか』、『THEルパン三世FILES　ルパン三世全記録～増補改訂版～』、キネマ旬報社）

奇しくも『PART5』の最終回のサブタイトルは「ルパン三世は永遠に」。そこには中島が約二十年前に記したものと同じ思いが込められているはずだ。

初出：「アニメの門V」、二〇一八年一〇月一二日公開。

『ルパン三世 PART5』（TV放映作品）
監督：矢野雄一郎　原作：モンキー・パンチ　シリーズ構成：大河内一楼　キャラクターデザイン：横堀久雄　制作：テレコム・アニメーションフィルム　TV放映：二〇一八年

アニメの表現と周辺

アニメ作品は単体で存在しているわけではない。まずその土台には、作品を支える制作技術があり、ビジネス的な仕組みがある。制作技術がデジタル化された結果、アニメの表現が変化したように、ビジネス環境の変化もアニメを変える。そして、完成した作品はTV放送などを通じ、世の中に届けられさまざまに受容される。ここ十年ほどの間で、世間におけるアニメの受容は大きく広がった。それは〝アニメ〟というイメージが独り歩きするということでもある。

アニメにとってのハルヒ、ハルヒにとってのアニメ ──『涼宮ハルヒの憂鬱』

2011/07

『涼宮ハルヒの憂鬱』は二〇〇六年四月から全十四話が放送された。もとより人気の原作であったが、アニメ化されたことでその人気はさらに盛り上がることになった。たとえばグーグルトレンドで『涼宮ハルヒ』を検索すると、二〇〇六年の放送期間中だけ特に高い値が出ている。これは、アニメ化を通じて『涼宮ハルヒ』がバズワードになっていたことがわかる。

本稿はアニメ『涼宮ハルヒの憂鬱』がどのようなポジションをにいるかを概観するのが主題だが、そのためにはまず一九九〇年代半ばから二〇〇六年に至るまでの簡単なアニメの歩みを振り返る必要がある。

一九八五年にアニメブームが終わった後、TVアニメはファミリーものと「少年ジャンプ」原作ものが中心となり、中高生以上をターゲットとしたマニアックな企画の主戦場はOVAに動いていた。

しかし一九九三年ころから、TVアニメにまたハイターゲットを狙った作品が増えてくる。その流れの中で、それまでであればOVAでリリースされたであろう企画がTVアニメとして放送されるようになる。このときに原作として採用されたのが、従来の少年マンガではなくマニア系マンガ誌掲載作品や、ライトノベルだった。『無責任艦長タイラー』(一九九三)や『BLUESEED』(一九九四)がそれに当たる。これらは従来の玩具、文具メーカーなどがスポンサーになるのではなく、ビデオメーカーが主導となって企画を推進、パッケージメディアの販売で投資をリクープする新しいビジネスモデルで制作された。

余談だが、現在のアニメが独特のマニアックさを身にまとっている源流を探すと、この一九九三年・一九九四年をその分水嶺と考えることができる。

この流れの中でメガヒットが出る。『新世紀エヴァンゲリオン』（一九九五）である。実態はなかったとはいえ、ビデオメーカーを中心とする製作委員会方式を採用した極初期の作品である本作は、エンターテインメント性十分の前半と登場人物の自意識に切り込む後半のテンションの高さで人気を集め、社会現象にまでなった。

以上の流れを受けて一九九六年から本格的に深夜枠でのアニメ放送が始まる。パッケージでのリクープが中心であれば、放送料の安い深夜枠、テレビ東京系でも十分効果があることから、二〇〇〇年までの五年間はテレビ東京が深夜アニメをリードしていく。

深夜枠の定着の中で、一九九八年には地方UHF局発の深夜アニメとして『LEGEND OF BASARA』が初めて放送されたり、あるいは『Night Walker - 真夜中の探偵 -』のように「年齢制限のあるエロゲームを原作に、全年齢向けのアニメが制作される」ケースなども登場し、深夜アニメの裾野はどんどん広がっていく。

アニメ『涼宮ハルヒの憂鬱』の企画が成立するには以上のようなアニメビジネス上の背景があった。

以前、二〇〇六年のアニメシーンを総覧する原稿を依頼された際、筆者はその中で『涼宮ハルヒの憂鬱』に触れて、そのポイントを三つ上げた。

1．ライトノベル原作であること。
2．UHF局放送であること。
3．ネットで話題が大きく広がったこと。

この三つの要素は現在となっては当たり前だが、二〇〇六年当時は注目すべきトピックだったのだ。一つひとつ確認していこう。黎明期である一九八三年の『クラッシャージョウ』まで遡らなくとも、いわゆるライトノベルを原作としたアニメは、それまでも作られてきた。九〇年代半ばには、ある世代にとってはラノベの代名詞ともいえる『スレイヤーズ』がアニメ化されているし、その後も量こそ多くはないがコンスタントに制作されていた。

二〇〇〇年代に入ってからのライトノベルかそれに準じる小説原作アニメの変遷は以下の通り。

二〇〇〇年／二本　二〇〇一年／三本　二〇〇二年／三本　二〇〇三年／六本
二〇〇四年／三本　二〇〇五年／七本　二〇〇六年／十四本　二〇〇七年／八本
二〇〇八年／十五本　二〇〇九年／十六本　二〇一〇年／十二本

ここで注目したいのは二〇〇三年から二〇〇四年にかけて、ライトノベルが注目を浴びて、ちょっとしたブームになったことだ。特に二〇〇四年にはライトノベルを解説する本が複数出版され、雑誌でもライトノベル特集が組まれた。ライトノベル本体の売上げが、というよりも、ライトノベルという媒体が外部から〝発見〟されたり、ライトノベルというジャンルについて語らえることが増えたという状況だった。いずれにせよライトノベルはここで一旦、ホットなキーワードになったのは間違いない。

『涼宮ハルヒ』の原作一巻のリリースは二〇〇三年。アニメ化企画は放送の一年から一年半ほど前から動いていたということだから、二〇〇四年ころには企画がじわじわと進行していたようだ。

だから流れを追うと、ライトノベルへの注目度が上がったところに、ちょうどその盛り上がりの最中に登場し、人気を集めた『ハルヒ』が二〇〇六年にアニメ化された、というタイミングになる。これは二〇〇一〜〇三年よりも注目を集めやすい状況ではあった。

そして『ハルヒ』の大ヒットを見てライトノベルアニメ化の企画が動き出し、それが実現するのが約二年後と考えると、二〇〇六年にアニメ化本数が多いのも納得ができる。

続いて地方UHF放送局について。

『涼宮ハルヒ』は地方UHF局十一局で放送された。二〇〇〇年代に入り、UHF局で放送されるアニメの本数はどんどん増加していたが、いまひとつマイナーな感じは否めなかった。たとえばキー局の場合でも、深夜枠はローカル枠なので、全国をカバーしようとすると、系列の地方局ごとに放送枠を確保する必要がある。ここについては、UHF局と大きな差はない。

ただしキー局は関東であれば関東全域をカバーしているように、一局で放送できる範囲が広い。県域で区切られているUHF局とは、情報を〝ばらまく力〟が違う。もちろんその分だけキー局は電波料が高く、逆にUHF局は電波料が安い。このような状況からUHF局発のアニメには、いまひとつマイナーな雰囲気があった。人気は高くとも、その熱気が広がりにくかったのだ。

アニメ誌などが制作会社である京都アニメーションの実力を知りながらも、放送前から『涼宮ハルヒ』を積極的にマークしなかった理由もおそらくここにある。全国で販売しているアニメ誌は、そのころは、それだけに地方ごとに見られる／見られないが出やすいUHF局アニメを取り扱うことに慎重だったのだ。

ところが『涼宮ハルヒ』は大ムーブメントを起こした。UHF局アニメとしては異例の大ヒットは、UHF局で放送することにも可能性があるということを関係者に知らしめることになった。もちろんこれはUHF局が急に見られるようになった、というわけではない。『涼宮ハルヒ』の場合、ネットがUHF局を補完し、その盛り上げを大いに手助けしたのである。

『涼宮ハルヒ』が放送前にさほど注目されなかった理由はUHF局放送以外にもある。それは放送期間が1クール（放送本数は全十四話）と短いことだった。

TVアニメは人気が出るまで時間がかかる。一年4クールの作品などでは、半年たってから人気がでることもある。1クールではファンが十分盛り上がる前に終わってしまうことが多いから、大きなムーブメントになりづらい。……それが『涼宮ハルヒ』以前の一般的な認識だった。

『涼宮ハルヒ』はその常識を覆した。そこで大きな役割を果たしたのが、YouTubeなどのネットだった。

たとえば「ニューズウィーク」二〇〇六年九月四日号は日本でもYouTubeが人気を集めているという記事を掲載。その中で『ハルヒ』に触れて「地方局で放送されたアニメ『涼宮ハルヒの憂鬱』が社会的な現象になったのは、YouTubeに載せられた、パロディを含む二千を超えるビデオ・クリップによるところが大きい」と紹介している。

ネットは情報がリアルタイムで伝播していく。『エヴァ』のときはパソコン通信というクローズドな世界がエヴァ談義の主戦場となったが、『涼宮ハルヒ』ではオープンなインターネットがその舞台となったため、あっという間に話題が話題を呼んだのだ。

話題となった大きな理由のひとつはED『ハレ晴レユカイ』につけられたダンス（いわゆるハルヒダンス）が大人気になったことが大きいが、それ以外にもネットで話題になるような燃料が十分用意されていたのも『涼宮ハルヒ』の特徴だった。

ひとつは公式サイト。劇中に登場するSOS団のサイトという体で作られたこのサイトは、ストーリーの進捗にあわせてその通りに変化し、またソースを見るとメッセージが書いてあったりと、わかる人にだけはわかる〝サイン〟をあちこちに仕込んであった。

またTV本編も、通常の時間軸通りに放送せず、話数をシャッフルして放映し、視聴者に「これは何なのか？」と考えさせるような仕掛けが施されていた。このほか原作の細部を拾ったディテールを本編のあちこちに散りばめてもあった。

謎を読み解きブログに感想を書く。ハルヒダンスを自分で踊り、動画をYouTubeにアップする。『涼宮ハルヒ』が気になるファンは、検索をかけ作品の情報を集める。これらがグーグルトレンドの数字に表れているのだ。こうしたファンの行動が短期間での急激な盛り上がりを可能にした。

このネットを媒介にした草の根のファンの盛り上がりは、原作の版元であり、製作委員会の中心であった角川書店にも大きな影響を与えた。角川書店は『涼宮ハルヒ』以降、ぐっとネットに接近し、YouTubeに角川チャンネルを開設（そこで『涼宮ハルヒ』のスピンオフ作品を配信した）。また最近（二〇一一年）では、角川グループホールディングスがニコニコ動画を運営するドワンゴと資本提携を行うというニュースも報道されている。

以上三点を振り返ると『涼宮ハルヒ』がアニメ産業に与えた影響は、次のようにまとめることができる。

1．『涼宮ハルヒ』のヒットにより、ライトノベルのアニメ化にはずみがつき、アニメ化作品数が増えた。

2．UHF局でもヒット作が生まれることが証明され、深夜アニメのUHF局へのシフトを後押しした。

3．放送範囲の狭さ、放送期間の短さは、ネットによる盛り上がりでカバー可能であることを証明した。

こうした変化は時代の要請もあるが、具体的なヒット作が登場したことで、時代の変化に棹さす効果があったのは間違いない。『涼宮ハルヒ』のヒットにはこのような意味が潜んでいたことも、作品の存在感をエポックなものにしている。

最後に作品としての『涼宮ハルヒ』に目を転じて、どのような場所に立っているかを確認しておこう。『涼宮ハルヒ』は「学園もの」に分類することができる。「学園もの」には定義はないが、学園を主要な舞台として展開する作品といっていいだろう。そしてヤングアダルト向けの作品が多い日本のマンガ、アニメ（そしてライトノベル）にとって「学園」は特別な場所として登場することが多い。そこは若者にとっては時に初めて接する社会であり、同時にモラトリアムにたゆたう揺りかごのような場所だ。

アニメの場合、学園生活そのものを描く作品は、二〇〇〇年代に入って、美少女ゲーム原作のアニメが増えるまでは決して多くない。しかしその中でも、いくつかのエポックメイキングな作品がある。

ひとつは高橋留美子の同名マンガをアニメ化した『うる星やつら』。もうひとつは『新世紀エヴァンゲリオン』だ。

『うる星やつら』は友引高校を舞台に、奇人変人やさまざまな宇宙人が集うギャグマンガ。中心には、押しかけ女房の宇宙人ラムと、ラムに束縛されるのが嫌いな女好きの主人公諸星あたるがいて、二人の終わらない追いかけっこが作品の柱になっている。

終わらない追いかけっこ、と書いたように『うる星やつら』（一九八二）は、何でもありの自由な世界で終わりのない戯れを繰り返すところが作品の魅力だった。だからこそ劇場版第二作の『うる星やつら2 ビューティフル・ドリーマー』（一九八四）では、その世界が人工的な世界であることを指摘せざるをえなかったし、第四作の『うる星やつら4　ラム・ザ・フォーエバー』（一九八六）では「同心円のように同じように回っていながら別の地平を目指す」と語ることによって、「アニメの完結」と「原作世界の維持」をともに肯定する両面作戦をとらなくてはならなかった。

非情に魅力的な世界を作り上げた原作と、それを批評的に消化しようと試みたアニメによって『うる星やつら』は学園ものの側面を代表する作品となった。

そして『新世紀エヴァンゲリオン』（一九九五）では、学園生活とロボットアクションを一体化した設定が採用された。『エヴァ』以前にも、学園ものとロボットものを合体させた作品は存在するが、『エヴァ』は思春期の少年少女を主人公にしているため、設定を組み合わせた以上の意味を持った内容となっている。

学園／ロボットアクションという分類でいうなら、『エヴァ』はロボットアクションの世界の中に、ある種の安らぎの場所としてあった学園ものの世界が侵食されていくという構図で出来上がっている。

だからこそＴＶ版最終話「世界の中心でアイを叫んだけもの」では、「安らぎ」の象徴として、「ありえたかもしれないもうひとつの世界」として、「転校生がパンを加えて走りながら登校する、よくある学園マンガのような世界」が登場するのだ。

『エヴァ』の時点ではこうした「安らぎの場所」を作中に確保することが、どれほどまでにファンに訴求するかはまだ確かではなかった。だがその後のさまざまな作品を経て、どのような設定であれ、ファンは作中の「安らぎの場所」に魅力を感じることが確認されている。このあたりを意識的に取り入れ、学園ものの要素を取り入れたのが『コードギアス　反逆のルルーシュ』（二〇〇六）であり、『マクロスF』（二〇〇八）といえる。

この系譜の上に『涼宮ハルヒ』を置くとどうなるか。

評論家の大塚英志は、『少女民俗学』（光文社）の中で、少女マンガに登場する学校の在り方を、歴史学者の網野善彦のいう「無縁の場」になぞらえる。「無縁の場」とは縁切り寺のような、「その場にいる限り権力などから自由でいられる場所」を指す言葉だ。

少女マンガではないが、確かに『うる星やつら』の友引高校は権力などの「外部」をもたない自由な場所だし、『エヴァ』の学校もシンジにとっては戦いから遠ざけられている（はずの）「自由な場所」だった。『涼宮ハルヒ』の学園もまた、この「無縁の場」としての学校の系譜にのっている。アニメでは、基本的に語り手であるキョンにカメラは寄り添っており、それ以外にカメラが振られることはない。さらに地理的に坂の上にあることもあって、学園は「外部から隔絶した」印象を与えられている。

では『涼宮ハルヒ』は『うる星やつら』のように外部を持たないのか、それとも『エヴァ』のような外部を持つのか。

実はその両方なのである。

ご存じの通り、『涼宮ハルヒ』には、ハルヒが無自覚に持っている〝力〟ゆえに、世界は彼女の望んだ通りに姿を変えてしまうという設定がある。つまりハルヒは「学園」の中だけで自由なのではなく、実は「学園」の外に広がる世界の中でも自由なのである。ただし本人だけはその力に気づいていないのだが。

一方でハルヒは「学園」の「外側」を強く求めてもいるのだ。彼女は退屈な日常がある「学園」を外部から来た何者か（宇宙人、未来人、異世界人、超能力者）が一変させてくれることを望んでいる。つまりハルヒは「無縁の場」の外を望みながら、知らぬ間に自分の力で「無縁の場」に閉じこめられている存在であるといえる。

ＴＶ放送版は、放送第九話「サムデイ イン ザ レイン」でキョンたちのごく普通の一日を描いた後、『ハルヒ』を支える複雑な入れ子構造が崩れそうになる第一巻のクライマックスをラストにもってきた。そして（放送第九話のような）日常へと回帰する。

ここでは世界が入れ子構造であるということが明らかになるところで止まっていて、その先の外部の存在は描かれていない。ただ放送第九話で描かれた「いつもの日常」が仮初めの外部として召還されているだけだ。

その点で、劇場版『涼宮ハルヒの消失』は、ＴＶでは描かれなかったハルヒの作り出す「無縁の場」の外が主題となった内容だった。手短にいうと、ハルヒの「無縁の場」の〝外〟に出てしまったキョンが、自らの意志でハルヒの作り出す「無縁の場」を選択し、帰還するのが映画のあらすじである。

この映画の重要な点は、キョンが、ハルヒの望んだ世界＝「無縁の場」の外に出たというだけでなく、彼が元の世界を選んだという点だ。これによってキョンは、「無縁の場の中の語り部」ではなく、ハルヒにとっての外部そのものになったといえる。

「無縁の場」としての「学園もの」という観点で見たとき『涼宮ハルヒ』は、一見『うる星やつら』のように外部を持たないように見えながら、実は『エヴァ』のように外部がある世界を求めている作品ということができる。

こうして考えてみると『涼宮ハルヒ』は、その複雑な入れ子構造ゆえに、究極の「学園アニメ」であるということはいえるだろう。

となると、ハルヒがいつか「無縁の場」から外へ出てしまうのかどうか、つまり成熟するかどうか、が今後の鍵のようにも思うが、それは原作の領域であって、アニメの話ではないので、ここで本稿は締めくくることにする。

初出：「ユリイカ」二〇一一年七月臨時増刊号、青土社。

『涼宮ハルヒの憂鬱』（TV放映作品）
監督：石原立也　原作・構成協力：谷川流　原作イラスト・キャラクター原案：いとうのいぢ　シリーズ演出：山本寛　キャラクターデザイン・総作画監督：池田晶子　制作：京都アニメーション　TV放映：二〇〇六年

『涼宮ハルヒの消失』（劇場公開作品）
総監督：石原立也　監督：武本康弘　原作・脚本協力：谷川流　原作イラスト・キャラクター原案：いとうのいぢ　脚本：志茂文彦　キャラクターデザイン・超総作画監督：池田晶子　制作：京都アニメーション　劇場公開：二〇一〇年

帰ってきた「日常」――『日常 - nichijou -』

2012/01

『日常 - nichijou -』がNHK Eテレで始まった。

ご存じの通り『日常』は、あらゐけいいちの同名マンガを京都アニメーションがアニメ化した作品で、二〇一一年四月から独立UHF局を中心に放送された全二十四話の同作を、今回は全十二話に再編集して放送するという。

NHKは他局で放送されたアニメをBSで放送してきたことはあったが、地上波、しかもEテレ（教育テレビ）で放送するのは非常に珍しい。

ここに現在のTVアニメを取り囲む状況が集約されているといっていい。

ひとつは番組編成と番組制作の関係。

TV局主導のもとで製作されるアニメを俗に「局製」という。一九八〇年代の一九時台に放送されていたアニメなどを想像してもらうとわかりやすいかもしれない。局や広告代理店が、どの時間帯に放送するかを想定し、そのために企画を決めて（原作を選んで）、スポンサーを募り放送する。このときはまだ「どんな時間に番組を流すか」（番組編成）と「どんな内容の番組を作るか」（番組制作）は一体だった。

番組編成の目的は、その時間帯にTVの前にいる視聴者が望む番組を編成し、視聴率を上げること。

視聴率が上がれば、CMの枠が高く売れることになり利益があがる。

しかし、アニメが視聴率がとれなくなり、プライムタイムから少しずつ番組が減っていく。その一方で、アニメ業界はビデオメーカーなどが主導で製作委員会を組織するやりかたが主流になっていく。こうした製作委員会方式で制作されたアニメの放送枠として発見されたのが、視聴率を（比較的）求められない深夜枠だった。深夜枠を委員会で枠ごと買い、番組と委員会参加企業のCMを流す。そしてパッケージソフトの販売でリクープする。

番組編成のいわば〝レギュラー〟からじわじわとすべり落ちつつあったTVアニメにとって、このビジネスモデルは、大きな延命策となった。

以前、ある人気深夜アニメの関係者にインタビューで「これだけ番組がヒットして話題になると局内に『アニメいけるんじゃないか』という機運が生まれませんか？」と尋ねたら、「いやいや、編成は視聴率が第一ですからね。パッケージのヒットなどは全然関係ないです」といった趣旨の返事をもらったことがある。これもまた「番組編成」と「番組制作」の分離の一例だ。

今回の独立UHF局で放送された『日常』がEテレで放送される事態は、番組が放送枠に紐付いていた時代では絶対起きなかった。一九九〇年代半ばからどんどん進行した「番組編成」と「番組制作」の遊離があればこそ起きた事態なのである。

もうひとつ、今回の事態で注目したいのは、独立UHF局深夜とEテレ夕方のリーチの差である。

独立UHF局は基本県域を単位としており、限られた人しか観られないという印象を持っている人も多いと思う。一方、NHK Eテレはいうまでもなく「日本ならどこでも見られるチャンネル」の代表だ。

『日常』のEテレ放送がインパクトをもって受け入れられたのは、〝マイナー〟から〝どメジャー〟へのシフトという落差にもあったのは間違いない（落差にはEテレのステーションイメージと、奇妙な笑いのセンスがポイントの『日常』の作品性の落差もあるが、ここではそこには触れない）。

ここで強調したいのは、実はUHF局というのはもはや思われているほどマイナーな局でなくなりつつある、ということだ。東京（関東）・名古屋・大阪・北海道・福岡の五地域のUHF局がカバーしている人口は、六割を超えてかなりの数にのぼる。もちろん局自体の視聴率は低いが、「新番組を事前に探して見る（録画する）アニメファン」にリーチするには、そこはさほどの障害ではない。しかもUHF局は、電波料がそのほかの局と比べて安いというメリットがある。

このUHF局連合のリーチの長さは、アニメビジネスのコストパフォーマンスを考えれば十分である。

しかし、もちろんそこにも限界がある。一二月に封切られた映画『けいおん！』が興行収入一五億円に達するヒットとなったが、このヒットの地盤を固めたのは、『けいおん!!』（第二期）が深夜アニメであるにもかかわらず異例のJNN系列二十八局で放送されたという事実だ。『けいおん！』ファンには、いわゆるライトなファンが多いといわれているが、地方在住者も含め、従来想定されているコア層以外にリーチできたのは、この「全国でくまなく見られる」体制にあったのは間違いない。

だからここで注目したいのは、『日常』のコミックスの売上げの変化だ。コミックスは単価が安いので、中高生のファンが反応すると、ダイレクトに売上げに反映する。

UHF局での放送でも売上げは伸びたが、Eテレの放送の影響でさらに売上げが伸びれば、それは地方のライトな中高生にまでしっかりリーチしたことになり、「全国で見られること」がコア層にしっかりリーチをするの手段であることが改めて確認されるはずだ。

UHF局からEテレ（他局でもいいが、おそらく電波料の問題で難しいだろう）といった流れができれば、それは「コアな層以外にも楽しんでほしいアニメ」の延命にもつながる。

『日常』の放送が終わったその後も含め、この枠がどう成長していくのか、その可能性に注目したい。

初出：「帰ってきたアニメの門」、二〇一二年一月一七日公開。

『日常 - nichijou -』（TV放映作品）
監督：石原立也　原作・構成協力：あらゐけいいち　シリーズ構成：花田十輝　キャラクターデザイン・総作画監督：西屋太志　制作：京都アニメーション　TV放映：二〇一一年（テレビ愛知ほか独立UHF局版オリジナル）／二〇一二年（NHKEテレ再編集版）

「呪い」を解いた新たなテーマ ――『宇宙戦艦ヤマト2199』

2013/11

「テーマ」とは何か。

テーマというと「作り手の訴えたいこと」という意味で理解されることが多いが、それは決してイコールで結ばれるわけではない。テーマと呼べる〝もの〟は三つ考えることができる。

ひとつ目は「作り手が、作品がぶれないために設定した基準点」。

たとえば『ポケモン』(『ポケットモンスター』)でシリーズ構成を担当していた首藤剛志は、ゲームのある部分に注目して『ポケモン』にテーマを設定した。テーマが具体的にどういうものだったかは、それについて語っているWEBコラム「シナリオえーだば創作術」を参照してほしいが、ここでのテーマはまさに、作品全体がひとつの価値観の枠内に収まるようにするための基準点、古代の船乗りにおける北極星のようなものだった。

二つ目は「受け手が、心を動かされた部分から想像した作品の核」。

作品を見た受け手が「これが作り手の訴えたいことだったのだろう」と思ったり、あるいは「ヒロインの魅力がこの作品のすべて」と結論づけたりする場合がこの二つ目のケースだ。これは受け手の心の中で生じていることなので、何をテーマと捉えようと自由だ。

三つ目は「作中に繰り返し登場する描写を手がかりに見いだされた、作品全体を律するルール」。

これは二つ目の場合に似ているが、描写という作品そのものを手がかりにすることにより、受け手よりもむしろ作品に寄り添っている。自分の感動が第一に来る二つ目の場合と異なり、三つ目はまず作品があり、その後にそこに意味を見いだす自分がいるという順番にポイントがある。これがつまり「読解」ということである。

こうした三つの位相の「テーマ」を考えるときに、先頃完結した『宇宙戦艦ヤマト2199』とそのオリジナルシリーズ『宇宙戦艦ヤマト』はなかなかおもしろい題材といえる。

オリジナルシリーズ『宇宙戦艦ヤマト』は、テーマが「愛」だったと言われる。事実、西崎義展プロデューサーもそのように発言していた。

これは第二十四話で敵ガミラスを滅ぼした後の、古代進の「我々は、戦うべきではなかった。愛し合うべきだった！　勝利か。……糞でも喰らえ！」というセリフが根底にある。敵ガミラスを滅ぼしたものの、高揚感はなく、ただ空しさだけが残る。名シーンといえるだけの魅力あるシーンであり、このシーンに心打たれたファンは、『ヤマト』のテーマは「愛」であるという話も素直に受け入れられただろう。

ただ一方で、この「愛」が、シリーズを通じて『ヤマト』をぶれさせない軸として描かれていたかというと、いささかあやしくなる。古代進は好戦的なヒーロータイプのキャラクターで、廃墟を前に語るようなセンシティブさを持ち合わせているようには描かれていなかった。さらには第二十六話で、第二十四話で死んだかと思われたデスラー総統が再襲撃してきたときに、先述の「愛」はすっかり忘れられているのである。この「感動的なセリフによってのみ導かれてしまったテーマ」は、オリジナルの『ヤマト』の抱え込んでしまった「呪い」であった。

リメイクである『2199』はこの「呪い」から『ヤマト』をいかに解き放つか、という挑戦でもあった。メカデザイン、効果音、音楽といった「オリジナルの踏襲」に注目が集まる『2199』だが、実は「テーマ」に関してはかなり大胆にアレンジを施している。

第一の意味での『2199』のテーマはおそらく「『ヤマト』の設定が持っていたポテンシャル（可能性）を十分に引き出す」というものであっただろう。従来から指摘されていたオリジナル『ヤマト』の設定の謎（波動エンジンの設計図は送れるのに、なぜ放射能除去装置は取りに行かなくてはならないのか等）に整合性を与えるだけに留まらない。ガミラスとの開戦から現在に至るまでに地球には何が起きたのか。ガミラス帝国とはどういう国家なのか。オリジナルファンへのくすぐりを忍ばせつつも、二〇一〇年代のアニメにふさわしい解像度で世界の広がりを設定した。これはちょうど『スタートレック』が続編『新スタートレック（原題：Star Trek: The Next Generation）』で、設定の再整備を行ったことと似ている。

第二の意味でのテーマについては、視聴者の感想次第だが、オリジナル『ヤマト』に「呪い」をかけた〝感動ポイント〟であった、古代進のセリフをまったく省略してしまったところは重要だ。『2199』では、ヤマトはガミラス帝国を滅ぼさず、デスラー総統に裏切られた市民を救うために波動砲を撃つ（しかも、それをするのは古代進ではない）。

では「愛」という言葉は出てこないかというとそんなことはない。かつての古代進の言葉は、形を変え

『2199』の森雪から語られるのである。

ここで第三の意味でのテーマの定義に則って『2199』を読解すると、『2199』はまず「森雪が境界線を行き来する物語」と読むことができる。イスカンダル人にそっくりであり、ガミラスに囚われた雪。雪は、これらの境界線を往還することで世界が「自分たちの側」だけではないことを体現する存在だ。

第二十五話の「地球もガミラスも戦う必要なんてなかったのに。お互いに相手を思い合って、愛し合うことだって出来た……はずなのに……」という雪の言葉は、境界線を越えた人間の言葉として血肉を与えられている。さらにこの後、デスラーの凶弾に倒れ一旦死んだ雪は、コスモリバースシステムの中で生きていた古代守の〝魂〟の力で蘇る。ここで雪は、死と生の境界線もまたぐのである。

人類の歴史は、同じ人類の殺し合いの歴史であり、その意味で生者は望むと望まざるとにかかわらず死者の山の上に立っているのである。雪は一度死に、既に死んでいた守によって生かされることで、自分の命の足下に膨大な死者が横たわっているという事実を体現する。第二十五話のセリフと生者の影に死者がいるその事実を見せられてなお、〝あなた〟は死体の山を築く未来を選ぶのかどうかと、雪の存在は静かに問いかけてくるのである。

そして主人公・古代進は第二十三話で悟った通り、そんな雪を守ることを自分のなすべきことと決めたキャラクターだ。それは恋する相手を守るというだけでなく、そこに雪が体現した「理想」を守ろうとする思いが重ねられている。

人と人との融和の可能性を問いかける雪とそれを守ろうとする進。そこに理想を断言する勇ましさはないが、理想に向かって一歩でも歩み出そうとする意志。それがオリジナル『ヤマト』の「呪い」を解こうとした『2199』で描かれた「テーマ」なのである。

もちろんこれは筆者の読解である。読解する人がいればそれだけ読解の可能性はあり、それが作品を豊かにすることにつながる。シェイクスピアは『ベニスの証人』でシャイロックを描くとき、守銭奴のユダヤ人としか思っていなかったであろう。しかし、あまりに人間的ニュアンスに富んだセリフを書いたため、シャイロックを、そうした世間の偏見の中で屈折した立体的な人物として解釈することが可能になった。それにより『ベニスの証人』は時代を超える作品となった。劇作家の木下順二は、このような例をあげて、作者は作品に裏切られることがあると書いていた。

第三の意味での「テーマ」は、このような「裏切り」の中で発見され続けるものであるべきだろう。決して「テーマ」とは試験問題の正解のことではないはずだ。

初出：「四代目アニメの門」、二〇一三年一一月一日公開。

『宇宙戦艦ヤマト2199』（TV放映作品）
総監督・シリーズ構成：出渕裕　原作：西崎義展　キャラクターデザイン：結城信輝　制作：XEBEC、AIC　TV放映：二〇一三年

アニメーションの事件――『花とアリス殺人事件』

2015/03

二〇〇四年に公開された実写映画『花とアリス』は中学時代から仲のよい花とアリスの二人が高校に入学し、ひとりの先輩をめぐって奇妙な三角関係になるという内容の映画だ。そして今回公開された『花とアリス殺人事件』は中学時代の二人がどうやって出会い、友達になったかを描いた前日談、いわばエピソード・ゼロだ。

この二作で大きく異なるのは『花とアリス殺人事件』は『花とアリス』のような実写ではなく、アニメーションで制作されたという点だ。

『花とアリス殺人事件』の脚本第一稿は『花とアリス』公開時の二〇〇四年に既に書き上げていたという。その時点では小学生時代のストーリーで、このときからアニメーションとして制作することが考えられていたそうだ。

どうしてアニメーションでなくてはいけなかったのか。

それは「花役は鈴木杏、アリス役は蒼井優しか考えられない」という大前提と、物語が要請する年齢をどう一致させるかということから導き出された答えだった。第一稿の段階では「十代半ばの役者に小学生を演じさせる」ためだったこのアイデアが、十一年後に制作された前日談では「大人になった役者が中学生を演じるため」に活用されている。そしてここには「アニメーションにおけるキャラクターとは何か」という大きな問いが潜んでいる。

この発端からしてわかる通り、『花とアリス殺人事件』は、そのかわいらしい青春映画としての佇まい（この点でこの映画は非常に魅力的なので未見の方は見たほうがよい）とは別に、「アニメーションとは何か」を問いかける非常に挑発的な映画でもある。

ここで本作がどうやって制作されたかを確認しておこう。

本作はメインキャラクターが主にセルルック3DCGで、モブキャラクターがロトスコープで描かれている。

岩井監督はまず、自ら書いた脚本を絵コンテに起こした。この絵コンテを参考にしつつ、ロケとセットでガイド用の実写映像が撮影された。このときはそのための役者やエキストラが演じている。

出来上がった実写ガイド映像は、編集され一本の〝映画〟としてまとめられる。この映像に蒼井優、鈴木杏らキャストが声を当てる。そしてこの「実写ガイド映像」と「声」をベースにして、3DCGキャラの動きをつけ、ロトスコープのアニメーションが作られる。なので、キャストが実写映像に当てた音声は「プレスコ」という扱いになる。

そして各素材がコンポジット（撮影）された後、出来上がった映像を岩井監督は1カットずつ確認して、さまざまな修正を加えて完成カットとしたという。

『表象07』（月曜社）に掲載されたポール・ワードの論考「ロトショップの文脈　コンピュータによるロト

スコーピングとアニメーション美学」（翻訳：土居伸彰）には、ロトスコープを活用して長編アニメーションを制作したラルフ・バクシのエピソードが引用されている。それによるとバクシは、学生たちのロトスコープへの批判に対して「もし君たちがディズニーのお金を私にくれるなら、使うのをやめようじゃないか。でも、くれないだろう？　ロトスコープは私が映画を作れる唯一の方法なんだよ」と答えたという。

『花とアリス殺人事件』のロトスコープはバクシの作品よりもはるかに洗練されたものだ。だが、人的リソースが足りない状況で、〝リアリスティックなよい動き〟を手に入れる方法として、実写ガイド映像をベースにする方法が選ばれているという点で共通点はある。また、作画の段階で芝居を完成させるのではなく、役者をディレクションすることで芝居を作り上げることができるという点で、アニメーションのディレクションに不慣れな実写監督にも芝居をコントロールできるメリットも無視できない。

この特殊な制作工程を反映して、本作には「アニメ的な記号性（あるいは情報の引き算）の美意識」と「ノイズすれすれのリアリティある動き」が同居している。

具体的にいうと本作は基本的に「影なし作画」だ。そのかわり画面全体が逆光気味に設計され、キャラクターの色は基本的に影色で塗られている。特定の光が当たるときに、そこが明るい色になる。だから実写と比較しても、最近のアニメと比べても、画面情報的には意図的に少ないスタイルが選ばれている。

これに対し、動きは実写ベースなので非常にリアル、というか、〝アニメ的な所作〟からはずれて生々しい（とはいえおそらく完全に実写の動きを絵に移しているわけではなく、おそらく動きをいくらか間引いた上でアニメーション化していると思われるが）。ともあれ通常のアニメが「止めの中の動き」に意味を持たせているとするなら、こちらは「動きの中の止め」に意味が込められている。

しかもロングショットが中心でアップが少なく、かつキャラクターが常に動いているから、動きだけでなく、演出や編集の感覚そのものも実写に近い。アニメではそのままやってもらしく見えないスローモーションを（愚直にも）要所で何度か入れてくる感覚も非常に実写的だ（さらにいうと反響を拾って同時録音のような音を作り出している音響設計も実写的だ）。

二〇一三年に放送された『惡の華』もロトスコープを使って話題になった。『惡の華』と比べると、本作のほうが実写的な肌触りになっている。それはおそらく「カットをどう割るか」という部分の違いに起因している。

つまり本作では、アニメ的な引き算のセンスと実写のようなノイズのあるリアリスティックな動きという、二つの美意識が画面上で不思議な共存を見せているのだ。

しかしどうしてここまでリアリスティックな動きが必要だったのか。ここで思い出すのは、この映画の前提である「花役は鈴木杏、アリス役は蒼井優しか考えられない」という点だ。

実写映画における「キャラクター」の存在感は役者の肉体に多くを負っている。特に『花とアリス』は、カメラが二人の少女に寄り添い、その一挙手一投足を見届けていくタイプの映画のため、その傾向は強い。だからこその「花役は鈴木杏、アリス役は蒼井優しか考えられない」のだ。

本作はそういう種類のキャラクターの存在感をアニメでも成立させようとしていた。そうでないと花なりアリスなりのキャラクターが成り立たない。凄腕のアニメーターが大挙して参加すれば、ロトスコープに頼らずともそういう表現は可能だったかもしれない。だがそれはあまりに現実的ではない。時間もかかりすぎる。だからこそ、３ＤＣＧも手描きも実写ガイドをベースにする必要があったのだ。

通常の〝アニメ〟のキャラクターは、「記号的な図像」と「役者の肉体に依存する声」が相補的に働いて出来上がっている。声によって記号的な図像に存在感が付加されるが、その存在感は役者の肉体に根拠を持ちつつ、図像の介入によってそこから切り離されている(役者の声でなく、キャラクターの声になっている)。だが本作のキャラクターはそういう成り立ちをしていない。すべてのベクトルは、前作『花とアリス』で描かれた二人の存在感の方向を向いている。実写ガイド映像も音声も、実写の役者が持っている存在感を表現するために使われているのだ。

このキャラクター表現を前提にすると、アニメーション的な引き算は、アニメとして見やすくするための〝インターフェイス〟として取り入れられていることがわかる。たとえばキャラクターを見分けやすくするためと、表情演技をわかりやすく伝えるために顔はアニメキャラクターらしく整理された情報でまとめられている。また画面のルックに統一感をもたらすため、影なし作画が選択されている。

逆に言えば、こうしたインターフェイスがあるにもかかわらず、本作が実写的に感じられるということは、「アニメーションらしさ」は動きの設計とそれをいかに見せるかというカット割りに多くを依っているのではないかという仮説も立てられる。これはキャラクターをセルルック３ＤＣＧで描いた『楽園追放 -Expelled from Paradise-』をどう考えるかとも共通する論点だ。

アニメーションはいかにしてアニメーションたり得ているのか。本作はそれを意外な方向から照らし出したという意味で、非常に大きな事件といえる。

初出：「四代目アニメの門」、二〇一五年三月六日公開。

『花とアリス殺人事件』(劇場公開作品)
監督・原作・脚本：岩井俊二　3DCGアニメーションパートディレクター：櫻木優平　ロトスコープアニメーションディレクター：久野遥子　制作：ロックウェルアイズ、スティーブンスティーブン　劇場公開：二〇一五年

画面に「うつるもの」と「出せないもの」の境界
――『監獄学園』『下ネタという概念が存在しない退屈な世界』

2015/09

『監獄学園』と『下ネタという概念が存在しない退屈な世界』に共通するのは、「体液」へのこだわりである。

『監獄学園』は元女子校・私立八光学園に入学した五人の男子生徒が、のぞきの罪で懲罰棟＝プリズンへと送り込まれたという設定だ。プリズンを管理する裏生徒会は厳しい懲罰に加えるだけでなく、彼らを退学にするためさまざまな罠を仕掛けてくる。

その裏生徒会副会長である白木芽衣子は汗かきという設定で、ことあるたびに効果音（年配の読者は作家・宇能鴻一郎の「じゅん」という擬音の使い方を思い出されたい）とともに全身を汗で塗らす。また、同書記である花はある行きがかりから、主人公キヨシに尿をかけて〝仕返し〟することにこだわり続ける。

一方、『下ネタ～』は性的な表現が完全に禁止された世界を舞台にした一種のディストピアSFだ。主人公の奥間狸吉は、ひょんなことから下ネタテロ組織「S〇X」の構成員」となり、リーダーの華城綾女と下ネタテロを展開することになる。ここではS〇Xと対立関係にあり、品行方正であるはずの生徒会長、アンナ・錦ノ宮がしばしば、性の暴れ馬となって見境なく暴走し、その挙げ句に体液を迸らせる描写を重ねる。

何か別の液体をそれらしく演出することでしか表現できない実写と違い、アニメの場合は、すべてそれが本物ということになるから、この二作の「体液」の存在感は並々ならぬものを獲得している。

よくWEBなどで「その下ネタはOKか」などといった記事を見かけるが、大半は言葉遣いとTPOの問題に終始している。それは単なるマナーの問題であって本質的な問題ではない。本当は「下ネタがOKかどうか」を決定しているのは、直截な言葉を使ってまでしなくてはならないその話がおもしろいかどうかにかかっているのだ。そして、おもしろいかどうかは人によって基準が違うから、「下ネタは難しい」のだ。

そこからいえば『監獄学園』と『下ネタという概念が存在しない退屈な世界』はアプローチが違いながらも、ちゃんとアニメとしておもしろい出来映えで、「体液」にフェティッシュを持たない視聴者にも、ギリギリのところで笑って見られるところに着地している。

このギリギリ感は、深夜アニメにおけるセクシー表現の多く見られる「見せすぎの裸身は放送に適さないので、やむなく規制を加えます」といった思想的に穏当なものとは似て非なる。

そもそもTVというのは、放送メディアの特性上、プッシュ型の常として（電源を切らない限り）日常に一方的に入り込んでくるものであり、番組が想定していない人間を偶然視聴者にしてしまう可能性が高い。そのためTVでは一定の表現に制限がかかる。「そういう表現を見たいと思っていない人が見てしまう」ことが起こりうるからこその対策だ。

このあたりが「見たい人が見る」メディアである映画や出版とは事情が異なるところといえる。だから「見せすぎの裸身」を隠すことそのものは至極当たり前な官僚的な振る舞いだし、それがはずれて美しい裸身が見えても、うれしくはあっても、さほどの驚きはない。

『監獄学園』と『下ネタという概念が存在しない退屈な世界』の「体液」はこうした〝規制〟の対象ではないからこそ直接的に画面に出ることが許されている。

ディテールもたいしてない線の囲みが、色使いとシチュエーションだけで「体液」に見えてしまうこと。そしてそこに「TVで見てはいけないものを見てしまった」感覚が宿ること。つまりその「体液」を下品と感じることそのものが、アニメーションならではの巧みな記号操作の産物なのだ。そして、そこには「見せてよいもの」と「見せていけないもの」の境界線を揺るがす体験がある。

そう考えて『監獄学園』と『下ネタという概念が存在しない退屈な世界』を見ると、二作とも「画面にうつるもの」と「画面に出せないもの」の境界をわざと行ったり来たりしていることがわかる。

たとえば『監獄学園』の白木芽衣子。バルーンのような胸を露わに誇示し、その中が丸見えになるレベルで短いスカートをはいた芽衣子は、ストーリーとはまったく無関係に、バストや股間を意識せざるを得ないようなアングルから狙われる。当然、その画面上には規制が入る。ただその「白い光」なり「黒い影」は、ストーリーに関係ないセクシーなアングルがわざわざ選ばれたことの結果として入ったもののため、「わざわざ選ばれたアングル」に対してツッコミのような効果を持ってくる。

「見せてはいけないものを隠す」という作品の外部にあったはずのものがここでは「ツッコミのサイン」として作品の内部に取り込まれてしまっている。

『下ネタ～』のほうはもっとわかりやすい。同作の画面に規制が入るとき、性的表現のすべてが規制されているという作中の設定が否応なく思い出される。そして、わざわざ規制が必要な絵を描いて画面に出しているという倒錯的なスタッフを想像してつい笑ってしまう。ここでも規制は、一種のツッコミとして演出の一部を担っているのである。規制をはずしてしまうと、この作品の根底にある「（規制されるのに）よくやるなー」という種類の笑いは減じてしまうはずだ。

このように二作とも「画面にうつるもの」と「画面に出せないもの」の関係が微妙に揺らぐシチュエーションがあり、それが笑いに繋がっている。

思えば二〇〇五年の『ガン×ソード』第十七話「座標Xを追え」の水上運動会シーンで、ロバのアイコンが女性キャラのあちこちをマスクするために乱舞したのが、現在の規制のスタイルにつながる嚆矢であった。このロバは、確かに演出の意図をもって画面の一部を構成していた。その後、こういう演出は減ってしまったが『監獄学園』『下ネタ～』はギャグ作品であるがゆえに、そのスタイルが全面的に採用されているのである。

初出：「アニメの門V」、二〇一五年九月四日公開。

『監獄学園』（ＴＶ放映作品）
監督：水島努　原作：平本アキラ　シリーズ構成：横手美智子　キャラクターデザイン・総作画監督：谷口淳一郎
制作：J.C.STAFF　ＴＶ放映：二〇一五年

『下ネタという概念が存在しない退屈な世界』（ＴＶ放映作品）
監督：鈴木洋平　原作：赤城大空　キャラクター原案：霜月えいと　シリーズ構成：横谷昌宏　キャラクターデザイン・総作画監督：藤井昌宏　制作：J.C.STAFF　ＴＶ放映：二〇一五年

キャラクターの情報量をいかに制御するのか――『甲鉄城のカバネリ』『ゴッドイーター』

2016/05

凝った仕上がりを施された『甲鉄城のカバネリ』のキャラクターが話題だ。

メイクアップアニメーターとクレジットされたスタッフの仕事ということで、そこに注目した新聞記事（参考：産経新聞「アニメキャラもついにお化粧する時代が来た！　手書きで一枚一枚アイシャドーやチーク施し…『甲鉄城のカバネリ』」／http://www.sankei.com/premium/news/160504/prm1605040024-n1.html）も登場した。メイクアップアニメーターは、髪の毛のハイライトや、瞼のアイシャドウなどを加えて、キャラクターの顔の最終的なディテールアップを担当しているという。

『カバネリ』のこのアプローチを見て、思い出したのは『ゴッドイーター』だ。表面的には二作のアプローチは決して似ているわけではない。だが、作り手の意識はさておき、視聴者として見ると、この二つは「キャラクターの情報量のコントロール」という深いところで共通点があるように思う。

そもそもアニメのキャラクターとは、基本的に実線で区切られ、色面で塗り分けられた存在だ。それは制作工程がデジタル化されても大きくは変わっていない。そのため、アップになるとどうしても情報量が減る。そこはアップになればなっただけ情報量が増える実写と大きく異なる点だ。

従来の作品でもアップが寂しければ、影のつけ方、まつげや瞳の描き込みなどで、必要に応じて顔の情報量を増やすことはないわけではなかった。だが、それはあくまでスペシャルな描き方であった（先行するスペシャルな描き方を後半の話数で模倣することは当然ある）し、作画監督などアニメーターがエンピツで描き込んだり、指定できる範囲だった。

こうした顔の情報量の少なさに対して、ここ二十年の間に背景の写実性は向上し、情報密度もかなりの高さまで上げられるようになっている。つまりアニメだと、ロングより、キャラクターの顔だけになったアップのときのほうが情報量が減ってしまうのだ。

もともとアニメやマンガでは、キャラクターよりも背景のほうが写実度が高い。特に現状、アニメがいわゆる〝劇画の系譜を継ぐキャラクター〟を選択することがないことを勘案すると、作品世界をリアリティをもって実感してもらうとき、背景とキャラクターの情報量には差が生まれがちなのだ。だから、それをどうコントロールし、マッチさせるかは、画面作りの際の大きなポイントとなる。

もちろん『かぐや姫の物語』のように引き算で画面を作る方法はある。そして、そこではまず「描かれているものは絵である」という点が共有され、絵の描線の持つニュアンスがリアリティを喚起し、作品を支える。だがこれは現状のアニメビジネスにおいては非常に特殊な例だ。

多くの作品は「描かれているものがおおむね実在のもの」というフォトリアルな表現を前提としてリアリティをコントロールしなくてはいけない。そこではキャラクターの情報量は大きな意味を持つ。

『カバネリ』のメイクアップアニメーターの仕事は、そこだけ取り上げると、ビジュアルを、キャラクター原案である美樹本晴彦のイラストに近づけるための作業に見える。もちろんそれはそれとしてそういう目的もあるのだろう。

だがむしろ大事なのは、アップという重要で同時に情報量が一番減りがちなカットのときに、背景に負けないだけの情報量を盛り込む点にあるのではないか。当然ながら情報量の多いキャラクターのアップは、アイキャッチ能力が格段に高くなる。

そんな『カバネリ』の戦略に対し、『ゴッドイーター』のアプローチはまた少し違う。

『ゴッドイーター』は、キャラクターにあたる照明を三方向と想定して影をつけている。まずひとつはメインの照明による影。次が、そのメインの光が環境光として回った逆方向からの照り返し。それからシルエットを際立たせる頭部のやや後方よりのトップライト。

このような照明の設計を反映して、通常なら影だけで終わるサイドの輪郭に、メインの光がわずかに回り込んでいるところを描き込むのが本作の特徴だ。頭のあたりの輪郭線も、極めて細いが、後方からくる光による白い線がシルエットを際立たせている。

『ゴッドイーター』はその影付けが、環境光を反映しているため、背景とうまくマッチし、キャラクターがその空間に存在している印象が強くなっていることで、実在感が増している（放送時に3DCGと誤解した視聴者が少なからずいたのは、細い輪郭線とこの色が生む実在感のせいだったと思われる）。

つまり『ゴッドイーター』は、キャラクターに光（と影）の情報量をこれまで以上に載せることで、リアリスティックな背景との融合を目指すアプローチだったと考えることができる。

背景の情報量に対し、キャラクター・サイドの情報量をどうコントロールすればよいか。そこに対してそれぞれのアプローチを示しているのが『甲鉄城のカバネリ』と『ゴッドイーター』と見ることができるのだ。
これを考えたとき、一九八〇年代後半のアニメに見られる、細かな描き込みやこってりとした影付けなども、単なる絵柄の流行というだけでない意味合いをもって再検討できるのではないかと思う。

初出：「アニメの門V」、二〇一六年五月六日公開。

『甲鉄城のカバネリ』(TV放映作品)
監督：荒木哲郎　シリーズ構成：大河内一楼　キャラクター原案：美樹本晴彦　アニメーションキャラクターデザイン：江原康之　アニメーション制作：WIT STUDIO　TV放映：二〇一六年

『ゴッドイーター』(TV放映作品)
監督：平尾隆之　キャラクター原案：板倉耕一　キャラクターデザイン：清水慶太　制作：ufotable　TV放映：二〇一五-一六

〝ベストテン〟とはどうあるべきか？――「映画芸術」アニメ除外問題が浮き彫りにしたもの

2018/02

老舗の映画雑誌「映画芸術」が、同誌の「日本映画ベスト＆ワースト」の対象からアニメ映画を除外したことが話題を呼んでいる。

当該の同誌では「討議」として「ベスト＆ワースト選出方法を探る」という座談会を掲載した。この座談会は、映画評論家の稲川方人の進行で、映画監督の河村雄太郎、映画プロデューサーの寺脇研、同誌の発行人で脚本家の荒井晴彦によって行われている。これを読むと、単純に「アニメ映画を対象外にした」ということが奇妙なだけでなく、その背後には「ベストテンはどうあるべきか」をめぐる問題があったことがわかる。

最初に筆者の「ベストテン」に関するスタンスを記しておこう。

筆者は、「ベストテン」を雑誌などの〝お祭り〟として大事だと思っているが、個人としては積極的に参加する意志はない。依頼があって引き受ける場合は、順位を付けず、選評が許されるなら「単純な良し悪しではなく、何かのコンセプトに沿った一〇作」として紹介するようにしている。順不同なのは、煎じ詰めれば、たとえば一〇位と九位の差を合理的にかつ普遍的に説明するのが不可能だと思っているからだ。つまり「ベストテン」の仕組みを利用して、なるべく多くのアニメを紹介しようという心づもりで参加している。だから、年間回顧的な記事でも、媒体によって取り上げる作品が異なることがままある。

さてアニメを対象外にしたのみならず、「映画芸術」のベスト&ワーストの選考方法は前年から大きく変更が加えられている。それが以下のポイントだ。

・選者が選ぶ作品がベスト・ワーストそれぞれ一〇本から五本に。
・選んだ一位から五位にはそれぞれ一〇点、七点、五点、三点、一点が割り振られ、それを集計してベスト・ワーストが決まる。
・「映画芸術」が長らく採用してきた、ベストとして投じられた点数からワーストとして投じられた点数を引いて、最終的なベスト作品の順位を決めるという方法を止めたこと。

どうしてこんな変更があったのか。座談会では、その理由として、長らく「ベストからワーストを引く」という方法に違和感を唱える声があったことがまずあげられた後、一番は「大きなマス媒体を通して選ぶ評価と『映芸』がある種の固有性で選ぶ評価が、どうしても似てしまうということが、このところ目立ってきたのが、今回の改変の大きな理由です」(稲川)と語られている。

ただし一方で、稲川は、その後に「それは、『映芸』の問題ではなくて、日本映画の状況だろうと思いますが」と続けている。つまり、雑誌(ベストテン)の価値観を打ち出すためにレギュレーションを変更したというわけだ。

雑誌が固有の価値観を持つことは大変結構だが、レギュレーションの変更でベストテンの価値観というものは打ち出せるものなのだろうか。そもそも、雑誌の価値観と選者の価値観がそれぞれある中で、普通に考えれば、その雑誌ならではのベストテンというものは、選者の選択が示す価値観の積み重ねによって出て来るものなのではないだろうか。でなければ多くの選者に頼む理由がない。編集部が総括を書けば済む話である。

「日本映画の状況」の反映としてベストが似てしまうのなら、それを肯定するにせよ、否定するにせよ、まず雑誌の価値観を示すところが始まりになるべきだろう。そして、その価値観にこそ共感する人を広く選者として選べば、自然とその雑誌なりのベストテンの価値観が示されるだろう。このあたりの状況の整理に疑問が残るからこそ河村も、選者を七人ぐらいまで減らして、その後に荒井・寺脇・稲川の座談会で決めればよい、という意見を言うことになる。

つまり、複数の選者の価値観を積み上げて雑誌の価値観を形作るための投票方式なのに、選者の価値観に先立って、編集部が「アニメを対象外とする」とかなり独特な価値観を（その理念も説明しないままに）押し付ける形で先行したことこそが、今回の出来事の座りの悪さに繋がっているのである。

その背後にあるのは、「映芸的なるもの」という幽霊なのではないか。座談会を読むとそういう感触がする。

たとえば座談会前半で、稲川は、昨年のベストテン一位がアニメの『この世界の片隅に』であり、「映芸」としては何かしっくりこない、どう考えていいのかわからなかった、と明かしている。続けて「だったら『映芸』として態度をきちんと表明したほうがいいのではないかと思った次第です」と述べる。

ここでは、選者の意見の集合ではなく、「映芸的なるもの」が優先されている。だから、ルールの修正についても「編集部が全員一致で決めたわけではない」と言いつつ、アニメの扱いについては「『映画芸術』全体として」意思を表明した、という言い回しになっている（ルールの修正には全員一致でないが、アニメを対象外にすることについては全員一致という状況も考えられるが、この後の座談会を見てもそういう話は出てこない）。

これは稲川が「荒井の中に世間で評価されていてもダメなものはダメと言いたい気持ちがあるのでしょう？」（要旨）と質問したときの、荒井の答えにもよく現れている。


そうなんだけれども、アライがダメというのと『映芸』がダメというのでは、反響が違う。でも、最近は俺がダメと思っても、『映芸』はイイになってしまう。


ここでもやはり選者の価値観の積み重ねがベストテンであり、最終的には雑誌の個性にもつながるというところが忘れられ、編集長とベストテンの価値観に距離があることが問題になってしまっている。これもまた現状現実ではなく「映芸的なるもの」を忖度している結果ではないか。

選者のひとりだった、映画評論家の吉田広明が、「現在の日本映画においてアニメの重要性は無視し難い」「ワーストに選んで批判すればいいではないか」（要旨）と指摘したのも、本来なら選者が担うべき価値判断を勝手にレギュレーションで行ってしまう奇妙さに違和感を感じたからだろう。

そして、ふわふわとした「映芸的なるもの」に振り回されているからこそ、改めて「何故アニメを対象外としたのか」と問われたときに出て来る意見もまた支離滅裂なものになる。

稲川、河村、荒井はそれぞれの言葉でその意見を語るが、共通しているのは「アニメは役者を撮影していない」という点である。

それは、たとえば「(投票の)ルール以前に重要なのは『スジ』『ヌケ』『ドウサ』が三位一体となったパワーです。『アニメは映画ではない』などと言ってはいけません。立派な映画です。ただし『ドウサ』を欠いている映画です」(河村)という発言に象徴される。

スジはストーリーのこと、ヌケは映像美、ドウサは演技のこと。この言葉以外にも、アニメが演技というものをどのように捉え、どのように表現してきたかを知っていれば、出てくるはずのない発言がある。特に、役者がカメラの前で演技が〝ホンモノ〟であり、だから観客の胸を打つという河村の発言は、虚構と現実を甚だしく混同しているといわざるを得ない。

とはいえ問題は無知にあるのではない。鰯の頭(「映芸」的なるもの)も信心からともいう。問題はベスト・ワーストの投票に先立って、「鰯の頭が信心に足る」という理念を示さないまま、突然にアニメを対象外にしたことこそが、運営上の一番の問題だろう。先に雑誌の理念が示されて、賛成にしろ反対にしろ選者と編集部の価値観が「ベスト・ワーストはどうあるべきか」という点をめぐって、ちゃんとぶつかったほうが生産的だったのではないか。

編集部側の理念の提示を欠いたまま「映画芸術らしいベスト・ワースト」を求めてルール変更を行い、

かつその理由のひとつが（国産アニメは百年前からあるにもかかわらず、ことここに至って）「役者を撮影していないから」というから、それは「映芸的なるもの」の実現こそが優先されている姿勢にしか見えないのだ。

なお、個人的には、この「アニメはドウサを欠く」という意見には異論がある。

高畑勲監督の、アニメのよい演技とは、単に現実模倣的な動きではなく、印象を際立たせた落語の所作のようなもので、観客の中に実感を湧き上がらせるものであるという指摘。あるいは「ある動作を思い浮かべたとき、筋肉はそれに反応している」という研究報告をベースに永井一郎が表明した「体を使った演技も声だけの演技も本質的に変わりない」という意見。そういったものを考えるに、アニメにもまたドウサはある。そう思わないのは個人の自由だが、そういう作品の成り立ちに目をつぶる自由を行使している姿勢は、リテラシーが高いといえるものではない。

河村は「『映芸』は個人経営の専門商社です。取り扱い商品の選択と集中をしたに過ぎない」と語っている。確かに、どの範囲をベスト・ワーストの対象にするかは、その雑誌の自由である。ただ範囲を広げるのではなく、「選択と集中」をしたのであれば、そのベストテンは「一部の映画」をめぐる議論であって、映画全体から見たら、サブジャンルの中の議論であるということになると思う。

初出：「アニメの門V」、二〇一八年二月四日公開。

これはアニメなのか――『バーチャルさんはみている』

2019/02

二〇一九年はまだ始まったばかりだが、いろいろな意味で「二〇一九年ならではの一作」を挙げるなら、それはもう『バーチャルさんはみている』で決まりなのではないだろうか。これは、人気のあるバーチャルYouTuber（VTuber）を絡ませてコントをやらせようというコンセプト番組だ。

まず、このコンセプトからして二〇一九年でしかありえない。各VTuberの人気頼みの徒花企画としても（だからこそ？）極めて〝二〇一九年的〟だし、逆に、今後こうしたVTuberをタレント的に起用する番組が定着したとしても、この番組がスタート地点であるのは間違いない。

これまでに3DCGキャラクターを使って、コントっぽかったり、フリートークっぽかったりする笑いを繰り広げる作品はあった。『gdgd妖精s』から『ひもてはうす』に続く作品群がそれに相当する。けれど『バーチャルさんはみている』は、それらの作品とも似ているようで決定的に違っている。

ひとつはカメラと使い方。

『バーチャルさんはみている』はポイントポイントで手持ちカメラ風のカメラワークが挿入される。

たとえばメインの六人がそれぞれネタを披露するシーンでは、各人を捉えるときにほぼ手持ちカメラが採用されている。VTuberが実にバタバタと上半身を動かすので、それを追いかけるためなのかもしれない。このカメラワークは、VTuberが「そこにいる」感覚を強調することになる。もちろんVTuberはバーチャル空間内には実在しているわけだから、手持ちカメラが採用されるのは極めて自然なことではある。

ただ一方で、こうしたフレームの揺れは、笑いを楽しもうとすると案外ノイズになってくる。キャラクターの会話のやりとりの中で、どうメリハリをつけて、流れを作るのか。そういう発想とはコンフリクトしている。過去の3DCGキャラクターによるコントは、コントを伝えるためのカメラワークに軸足があったことと比べると大きく違う。

この点は会話をどう見せているかに注目するとさらに差ははっきりする。『バーチャルさんはみている』は、VTuber同士の会話のときにカット割りを工夫することで会話のリズムを整え、伝えたいところを強調するということをしていないのだ。『バーチャルさんはみている』のカットつなぎは、ステージ上にいるキャラクターを生中継感覚で捉えて、キャラクターをなるべく均等になるようにスイッチングしている感覚に近い。つまり本作は、コントよりも「VTuberがそこにいること」を強調した作りになっているのだ。

この「ノイズの多さ」という特徴は、手持ちカメラの多用だけではない。VTuberの演技についても言うことができる。『バーチャルさんはみている』を見ているとわかる通り、VTuberは腕を顔の近くに持ち上げつつ、上半身全体を使って動きながらしゃべることが多い。これはVTuberがVTuberとして振舞っているときの動きを引き継いでいるがゆえの特性なのかもしれない。だが、そのときと番組ではフレームも目的も異なっている。だから、演技としてみるとかなり不思議なものになっている。

当然ながらこうした動きの「ノイズ」も笑いを伝えることにはあまり貢献していない。お笑いのための動きになっていないからだ。だがこれもVTuberというキャラクターを見せるための動きだと考えれば理解ができる。

つまり『バーチャルさんはみている』という番組は、笑いは入り口、番組らしくするためのギミックにすぎず、ゴールは「VTuberをTVで(実況映像風に)活躍させる」というところに設定して作られているのだ。そう考えると、VTuberの3DCGモデルが、動くたびにパーツが食い込んでも、物を持ったり扉を開けたりする様子がぎこちないことをまったく気にしていないことも納得がいく。それがVTuberなのだから、別に3DCGアニメキャラクターのような作りである必要はないのである。

そういう意味で『バーチャルさんはみている』は「アニメ」に分類されているけれど、アニメとは決定的に違う。これは『バーチャルさんはみている』を見ていると、「アニメとは何なのか?」を考えさせられるということでもある。

アニメというメディアが担う役割はいくつかあるが、ビジネス的には「TV放送を通じて、多くの人にキャラクターを共有させる」というのはその中でも大きなものだ。ここでポイントなのは、キャラクターの共有には、劇中の物語を通じて視聴者とキャラクターの間にある種の関係性を築くということに大きな意味があるのだ。

ところが最近はソーシャルゲームや今回のVTuberのように、アニメ化以前に、ある種の関係性がしっかりできているメディアが登場してきた（マンガなどの原作ものは、ケースバイケースなのでここではちょっと置いておく）。そうなるとアニメは、その関係性を再確認するメディアという意味合いが強くなる。もちろんアニメを入り口にしてVTuberに関心を持つ人もいるだろうけれど、そこはおそらくメインのターゲットではない。楽しそうにしていたら興味を持ってもらえるだろうというぐらいのさじ加減ではないだろうか。

アニメを楽しむということの何割かはキャラクターを楽しむ（それはときに消費の様相を呈するわけだが）ことである以上、他のメディアで既に出来上がっているキャラクターを楽しむだけのアニメが出てくるのは必然といえる。二年ほど前から垣間見えてきたこの傾向が、VTuberという異質なものを取り扱った結果、『バーチャルさんはみている』ではそれが特に際立って見えているのだ。

これからこういう傾向は広がっていくだろう。そういう意味でも二〇一九年に『バーチャルさんはみている』があったことを覚えておくことに意味があると思う。

初出：「アニメの門V」、二〇一九年二月一五日公開。

『バーチャルさんはみている』（TV放映・ネット配信作品）
監督：阿部大護　製作：ドワンゴ　TV放映・ネット配信：二〇一九年

圧倒的熱量を支える〝ルックの説得力〟――『プロメア』

2019/06

アニメーターがキャラクターを描き、美術が描いた背景と重ね合わされ、カメラで撮影される。そんなシンプルな作り方にもかかわらず、確固たるアニメが自然と出来上がっていたのは一九七〇年代までのこと。カンブリア爆発のような八〇年代、洗練への道筋が見えた九〇年代、デジタル化の二〇〇〇年代を経て、今や「どのような絵で語るのか」という点に自覚が求められるような時代となった。これは「アニメに対する自意識」が当たり前に求められる時代になった、と言い換えてもいいだろう。

四十年余の歴史の中で培われた「道具類の進化」と「絵柄の多様性」。逆にいえば作り手は、そうしたさまざまな選択肢を考慮に入れつつ、作品ごとのルックを決定しなくてはいけない。もちろん多数の作品はそこに対して、もっとも保守的な回答を出すだろう。だが、すべてがそういう作品であっては困る。

その点で『プロメア』は「今作るならば、こういうルックにこそ意味があるはずだ」という強い意思が感じられる作品だった。本作のスタッフが手がけた作品は常に〝熱い〟〝ケレン味〟という常套句で語られがちだが、本作はそのルックの説得力からするとむしろクレバーな作品でもあった。

まず本作の背景はカートゥーンを思わせるような彩度の高い色調で塗られており、さらに輪郭線がない。共通するスタッフが多く参加した『パンティ&ストッキングwithガーターベルト』のカートゥーン調の世界観にも通じるスタイルで描かれている。かなり細かく描き込んだり、質感表現に凝らった背景も多い中、本作は「本物らしく見える」ことよりも「シンプルなわかやすさ」のほうを採用している。

このスタイルのメリットとして、3DCG化しても、手描きの背景と違いが出にくい、ということがある。本作ではそれを生かして、アクションシーンでは3DCG化された空間の中をカメラが縦横に動き回っている。

そして背景の上に乗るキャラクターもまた、背景に準じた色彩で塗られている。服の皺もシンプルだし、ハイライトをつけて質感を強調したり、影を何段にも塗り分けるような表現は採用されていない。影の境界線も、シンプルに一直線に引かれることが多い。

こうしたシンプルな表現を土台の上に、独特のフォルムと塗り分けで表現されるエフェクト（炎や煙や氷。これは手描きと3DCGが入り混じっている）、キャラクターやメカなどに加えられるグラデーションの効果、その空間の空気感を伝える環境光などの情報がガッツリとトッピングされている。単にシンプルを目指すだけではなく、このトッピングの部分で、ルックが現代的にリッチなものになっている。

そしてトータルとして、「その空間をあたかも実在するように感じさせる」のではなく「すべてが〝絵〟として魅力的に見える」という方向が目指されている。こういう姿勢でルックが作られているから、3DCGと手描きが混在しても違和感が生じない。これは現代にアニメを作るにおいて非常に重要なポイントでもある。

本作は、この「すべてが絵であり、それを魅力的に見せる」という前提が土台となって出来上がっている。それは、あえていうと「マンガ（的なるもの）の復権」とでもいうべき姿勢だ。大事なのはここで追求されているのは、マンガゆえの奇想天外さではなく、「マンガだから」と許容されてしまう（ある種の）安直さとそれから生まれるスピード感だ。そしてそのスピードこそが観客を想像もしなかった遠い場所へと連れていくことになる。

人類の突然変異体バーニッシュは、バーニッシュフレアと呼ばれる炎を操ることができる存在だ。三十年ほど前にバーニッシュが現れた直後は人類との間に激しい対立も起きたが、大惨事「世界大炎上」を経て、その多くが鎮圧・収容されており、さらに一部のバーニッシュは能力を暴走させることなく市民生活を送っていた。今なお人類と対立するのはリオ・フォーティア率いるマッドバーニッシュのみ。主人公ガロ・ティモスが所属する高速救命消防隊〈バーニングレスキュー〉は、バーニッシュによる火災などから人々を守るためのチームだ。

本作が見事なのは、このバーニングレスキューとバーニッシュの対比を、四角と三角の対立という形でビジュアルに落とし込んでいるところだ。バーニングレスキューのメカは四角いし、消火のための凍結系射撃装備で発生する氷も四角い。一方でバーニッシュが操る炎やそれから生まれる炎の竜、火の粉などはあえてローポリゴンで表現したような三角のモチーフの塊で表現されている。こういう見た目の形で示されたわかりやすい対比がドラマと直結している様もまた〝マンガ的〟である。そもそも映画の冒頭のモーショングラフィックの段階で、この映画が四角と三角の闘争であることが示されており、そこにはやがて丸が登場することも示されているのだ。だから観客は「いつ丸が登場するのだろうか」と丸の存在を緊張しながら待つことになる。

そして物語が進んでいくとガロがこれまで信じてきた〝常識〟が覆されてしまう。脅威に思われていたものが弱く、信頼は裏切られる。そして正しく思えた解決は、間違った結論であることが明かされる。それが一二〇分を切る映画の中でズバズバと明かされていく。

価値観の転倒は、劇的なストーリーにはしばしば登場する、ある意味では古典的な仕掛けだ。だが幸か不幸か、現代は、本作が描いたような、弱者への想像力を得て価値観を変えることが求められている時代でもある（これもまた半世紀ほど前のリフレインのようである）。そういう一回転した現代性を、エンターテインメントの中で描くという点においても、マンガだからこそのスピード感は大いに寄与している。

表現がリアリズムに寄ればよるほど、感情の変化を描くのに時間がかかってしまう。それは見ている側が、「これだけの時間・過程があれば人間が変化する」と納得するだけの時間を必要とするからだ。

しかし、マンガ的な〝見たまま＝表層的〟なキャラクターであれば、そこまで時間はかからない。泣いていたものがすぐ笑い、憎しみ合っていたものがある瞬間から心をひとつにすることができる。その瞬間、観客の「マンガだから」という認識は、「マンガなのに」という認識へと変化する。この落差は心に深く刺さるし、七〇年代のアニメはそういう形で心に残る作品を作ってきた。

ただシンプルなアニメに回帰しただけでは、それは未来には繋がらない。かつてのアニメが持っていた「〝マンガだから〟から〝マンガなのに〟というダイナミズム」をいかに現代のアニメとして再生するか。本作がクレバーと感じられたのは、そうした表現と物語の関係をうまく調和させているその手つきにある。かくして『プロメア』は「こういうテもあるよ」と、未来の可能性を拡張したのである。

初出：「アニメの門V」、二〇一九年六月七日公開。

『プロメア』（劇場公開作品）
監督：今石洋之　脚本：中島かずき　キャラクターデザイン：コヤマシゲト　制作：TRIGGER　劇場公開：二〇一九年

2010年代海外アニメーション

日本は世界の中で見ても、長編アニメーションを多作してきた歴史を持つ国である。しかし日本や北米以外にも長編アニメーションを制作する国は多くあるし、近年はさらに増えている。ここで取り上げることができたのは香港（『マクダル パイナップルパン王子』）、ブラジル（『父を探して』）だけだが、今はさらに多様な長編アニメーションが世界各地で生まれている。その一方で、3DCGアニメを牽引してきた北米の長編アニメーションも次のステップを見据えての変化が始まっている。世界にもまだおもしろいアニメーションはたくさんある。

マクダルの冷や汗――『マクダル パイナップルパン王子』

2006/03

額に浮かぶ冷や汗。

それは『マクダル　パイナップルパン王子』の主役のひとり、マクダルの特徴だ。冷や汗を浮かべたマクダルは「ドウシテコンナコトニナッチャッタンダロウ？」と疑問を静かにたたえた表情をしている。マクダルは現実の理解できないほどの複雑さを前に途方に暮れているのである。

どうしてマクダルは途方に暮れるのだろう。

まず第一に、マクダルが優等生ではない、ということはあるだろう。何をやるにしても、小さな段差に律儀にも躓かずにいられないのがマクダルのマクダルたるところ。原作やＴＶアニメでも一貫してそのように描かれている（もちろん、その躓きが小さな幸せを生むこともあるのだが）。

だが『マクダル パイナップルパン王子』に関して言うと、もうひとつ別の理由があるように思う。それはこの映画ならではの重要な要素と深い関係がある。

『マクダル パイナップルパン王子』で印象的なシーンのひとつとして、街中にあるビルが次々と取り壊されていく場面が挙げられる。スローモーションで優雅に崩れ落ちていくビルは音楽の効果とともに、非常に美しい印象を残す。

自分の住んでいる街の風景がどんどん変化していく中で成長していくということ。それは、かつての風景に郷愁を覚えることも、そして完成した新しい街に愛着を覚えることも難しいということでもある。マクダルたちは、自分の中に故郷と呼べる風景をちゃんと定着することのできないデラシネの世代なのだ。

マクダルはモノローグで語る。

「パパは〝過去〟にいた。ママは〝未来〟にいた。僕だけが〝現在〟にいる」

パパもママも、過去あるいは未来に寄るべき風景を持っている。でも、自分には果たしてそれがあるのか。自分の中には、変容していく〝現在〟しかない。そのよるべなさに立ちすくむとき、マクダルはときに冷や汗を流し、ときに貧乏揺すりに身を委ねることになるのだ。この寄る辺なさこそ、本作の非常に重要なテーマといえる。

この感情は、おそらく一九九七年の中国返還以降、香港人が持っている皮膚感覚から生まれたものなのだろう。だが、この感覚は決して香港人特有のものというわけでもない。むしろ日本人には馴染みが深い感覚のはずだ。

思い起こしてみれば、『東京オリンピック』（市川崑監督）の冒頭は、オリンピックに向けて古い建物を壊すシーンから始まっていた。もしかすると当時の観客は、あの映像の意味がわからなかったかもしれない。でも、今ならばわかる。あれは日本人が一九六四年以降、変容し続ける〝現在〟にしか生きることのできないデラシネとなってしまうことを告げる映像だったのだ。その点で『東京オリンピック』の冒頭と本作の間には時を超えたある種の共通点がある。

あるいは変容する風景と、それゆえの寄る辺なさという点では、『平成狸合戦ぽんぽこ』(高畑勲監督)のラスト、多摩丘陵の宅地開発で追い出されたタヌキの一部が、人間に化け、サラリーマンとして〝普通〟に生きているという結末にも通じる要素がある。『東京オリンピック』と『平成狸合戦ぽんぽこ』という補助線から浮かび上がってくるのは、冷や汗を流すマクダルは、香港人に留まらず、工業化・都市化に支えられた高度発達資本主義社会で生きる現代人全体の似顔絵にほかならない、ということだ。

優れたアニメーション作品はしばしば「〝世界〟の似顔絵」として観客の前に立ち現れる。というのも、アニメーションは「フレームで現実(リアル)を切り取る」のではなく、「フレームの中に現実味(リアリティ)を構築する」メディアだからである。ラフな描線の似顔絵がしばしば写真以上にその人らしいことがあるが、アニメーションの力の本質はそういう部分にこそあるのである。

たとえば、ミセス・マクとマクダルが町中を歩くとき、背後でビルが次々と解体されていく。道路を走る車は目も止まらぬ速さで行き交っていく。開巻すぐに始まるそんなわずかのシークエンスで本作は現代人を取り囲むせわしなさと風景の変容をずばりと指し示す。また、シンプルな絵柄のキャラクターたちはそのシンプルさゆえに、「観客の誰かでもありえる」アノニマス性を獲得しており、そこにもリアリティが立ち上ってくる。具体的に内面を語る場面がほとんどないにもかかわらず、マクビン＝パイナップルパン王子の感情がよく伝わってくるのは、本作が以上のような積み重ねの結果「〝世界〟の似顔絵」

として説得力のあるリアリティを獲得しており、そこからマクビンというキャラクターが立ち上がってくるからだ。
その点で本作はまさにアニメーション映画ならではの手法で、独特の情感を描き出すことに成功しているといえる。
本作のラストには、成長したマクダルが登場する。寄る辺なき現代人たるマクダルはどのような大人になっているのか。そこで本作は、マクダルが寄る辺なき人間であることを肯定も否定もせずに、改めて静かに差し出すだけだ。だが、その場面は非常に優しさにあふれている。それもまた本作の美質だと思う。

初出：『マクダル パイナップルパン王子』劇場公開用パンフレット、二〇〇六年三月。

『マクダル パイナップルパン王子』（劇場公開作品）
監督：トー・ユエン（袁建滔）　脚本・原作：ブライアン・ツェー（謝立文）　原作・美術：アリス・マク（麥家碧）　劇場公開（日本）：二〇〇六年

対照的なエンターテインメント──『シュガー・ラッシュ』『パラノーマン ブライス・ホローの謎』

2013/07

『シュガー・ラッシュ』と『パラノーマン』はどちらも二〇一三年三月に公開された。『シュガー・ラッシュ』はディズニーによる3DCG映画、『パラノーマン』は『コララインとボタンの魔女』で注目を集めたライカ／エンターテインメントによる人形アニメーション。手法も対照的だが、実は描いている内容も対照的。しかも、どちらもエンターテインメントとして非常に練り上げられている。

『シュガー・ラッシュ』を見てうならされるのは、徹して洗練されたそのスタイルだ。

物語の舞台は、ゲームセンターのアーケードゲームの世界。主人公は、8ビットゲームの悪役を三十年間も演じ続けているラルフだ。ラルフはほかのキャラクターに冷たくされたことをきっかけに、ほかのゲームの世界に入り込み、ヒーローのメダルを手に入れようとする。その過程でラルフが出会ったのが少女ヴァネロペ。ヴァネロペは、ラルフがまぎれ込んだお菓子の国のレースゲーム「シュガー・ラッシュ」のキャラクターだが、時折体にノイズが入るため、バグキャラ扱いされていた。ラルフの「悪役だってヒーローになりたい」という葛藤が、ヴァネロペと交流し、彼女を苦境から救い出すことで昇華される。

冒頭から随所に出てくる既存ゲームのキャラクターを使ったくすぐり、8ビットゲームのキャラが中割ナシでキビキビと動くアニメーションとしてのおもしろさ、中盤以降の舞台となる「シュガー・ラッシュ」の美術・キャラクターのキュートなデザイン。映画を構成するさまざまな要素が、「ゲーム世界の住人の物語」という——設定的には少々苦しげな——アイデアを、無駄なく支えている。説得力があるだけでなく、説得力的にあやうい部分も作品世界が魅力的だから「まあ、うまくのせられてもいいかな」と思えるように仕上がっている。

『シュガー・ラッシュ』が洗練だとすると、『パラノーマン』はもっと生々しい映画だ。

主人公はゾンビ映画が好きな少年ノーマン。実はノーマンは死者の姿を見ることができ、それが原因で家族とも折り合いが悪く、学校でもいじめられている。そしてある日、同じ能力を持ったおじさんから、無理矢理、三百年前に封印されてきた魔女を封印し続ける役割を半ば強引に託される。だが、魔女の墓地といわれる場所に出向いたノーマンの前に現れたのは、七人のゾンビだった。ノーマンを追って町に出てきてしまうゾンビ。

あらすじだけ紹介すると重苦しそうだが、要所要所でユーモアを織り交ぜることを忘れないのも『パラノーマン』の美質だ。

そういうユーモアを支えているのが、3Dプリンターを駆使して作られた人形の持つ存在感だ。人形には、3DCGとは異なる独特の存在感がある。『パラノーマン』の持つ生々しさは、そこにある実物を撮影していることから生まれるもので、現実の人間に近く感じられるかといったこととはまた異なる。

人形アニメと観客の間には「生々しく感じられるが、同時に、人間そのものではないということも常に意識させられる」という独特の距離感がある。そしてその距離感をうまく生かすことで、本作のゾンビたちを恐ろしくもユーモラスな存在に見せている。

このように手法も対照的な二作品だが、なにより「敵」の描き方にこそ、その違いが明確に現れている。

『シュガー・ラッシュ』の敵は「シュガー・ラッシュ」を治めるキャンディ大王だ。彼はヴァネロペのレース参加を阻もうと、さまざまに画策する。実は彼の正体は、一九八〇年代のレースゲーム『ターボタイム』の主人公ターボ。ターボは、ゲームが廃れて廃棄されるときにほかのゲームに逃げ込み、姿を変えてシュガーラッシュに君臨していたのだ。

キャンディ大王にはヴァネロペがレースに参加してはまずい理由があり、それによってヴァネロペを助けたいラルフの「障害」になっている。「障害」をキャンディ大王というキャラクターとして描き出すことによって、ラルフがヒーローたりえる行為が具体的でわかりやすいものになる。

悪役を演じているラルフに苦悩があったことを踏まえれば、廃れていくゲームの主人公としてターボにも苦悩がありうるのかもしれないが『シュガー・ラッシュ』はそこには触れない。あえて表層的な悪役として描き、本筋であるラルフがヒーローになるという部分を浮き上がらせることが、キャンディ大王の役割だからだ。

つまり悪役を意図的に「役割」の範囲に留めることで、エンターテインメントとしてすっきりとまとめているのが『シュガー・ラッシュ』なのだ。

では『パラノーマン』が描く「敵」とは何か。それは「内なる恐怖に支配された私」である。復活した七人のゾンビはノーマンを追いかけているうちに町へ出てきてしまい、何をしているわけではないのに、人を襲ったことになってしまう。そして恐怖に駆られた住民はパニックとなって暴徒化。ゾンビが逃げたと思しき市役所に詰めかけ、さらに焼き討ちまでしようとする。

内なる恐怖に駆られた人間がどこまで残酷になれるのか、『パラノーマン』は容赦なく描く。だが、映画はそこだけで終わらない。

では、なぜゾンビがいるのか。

実は彼ら七人は三百年前、恐怖に駆られて魔女裁判を行い、ひとりの少女を殺したことがあった。彼らがゾンビとなったのはその報いだったのだ。つまり住民の「内なる恐怖」の対象となった被害者である彼らも、そもそも住民たちと変わらない「内なる恐怖」に駆られた加害者だったのである。

そして、魔女として裁かれた少女は、被害者であるゆえに強い怒りでもって、世界を呪っている。彼女もまた加害者でもあるのだった。

被害者が被害者ゆえに加害者となる負の連鎖。その連鎖反応を起こしていくエネルギーとしての「内なる恐怖」。それこそが『パラノーマン』が描きだし、ノーマンが立ち向かわなくてはならない「敵」なのだった。

もちろんこの「敵」は簡単に倒したりはできない。最後に暴徒となった市民が、あっさり反省することの皮肉っぽさも含めて、単純なハッピーエンドにはなっていない。先述した「生々しく感じられるが、同時に、人間そのものではないということも常に意識させられる」という人形アニメ独特の距離感が、ここではそのまま「人間という存在」の客観視へとつながっている。

このようなビターな内容を含みつつも、オタクっぽいノーマンが自分の居場所を見つけるという縦軸がぶれないことで、間口の広いエンターテインメントとして出来上がっているのが『パラノーマン』の凄味なのだ。

フィクションには大きく分けて二つの作り方がある。

ひとつはきれいに枠組みを作り、その中で観客の感情を巧みに解放・昇華するエンターテインメントにすること。これはつまりテーマパークのようなものだ。この場合シンプルで力強いストーリー展開がまずあり、舞台設定やキャラクター設定を駆使して、魅力的なデコレーションを施すことができるかが鍵になる。たとえばディズニー・クラシックなどはこうしたアプローチで作られている。

もうひとつは、エンターテインメントとして楽しませながらも、現実の姿を照らし返す、一種の鏡のような作り方だ。こちらは現実の何を映し出すべきなのか、それをエンターテインメントにどうやって落とし込んでいくのか、そこに難しさがある。そのためこうしたフィクションは前者よりも少ない。

いうまでもなく『シュガー・ラッシュ』はテーマパーク型で、『パラノーマン』は鏡型だ。そしてどちらも、それぞれのスタイルとして容易に忘れられない出来映えを達成している。

フィクションというものを考えるのなら、どちらかではなく、この二作品を両方見てほしい。

初出：「帰ってきたアニメの門」、二〇一三年七月三〇日公開。

『シュガー・ラッシュ』（劇場公開作品）
監督：リッチ・ムーア　脚本：フィル・ジョンストン、ジェニファー・リー　制作：ウォルト・ディズニー・アニメーション・スタジオ　劇場公開（日本）：二〇一三年

『パラノーマン ブライス・ホローの謎』（劇場公開作品）
監督：サム・フェル、クリス・バトラー　脚本：クリス・バトラー　制作：Laika Entertainment　劇場公開（日本）：二〇一三年

「大人の趣味」と「子供の遊び」の葛藤 ――『LEGO® ムービー』

2014/04

『LEGO® ムービー』がおもしろいと聞いて、あわてて劇場に足を運んだ。LEGO®（レゴ）は、いうまでもなくデンマークの玩具メーカーの名前。同社が製造するブロック玩具「レゴブロック」の通称でもある。公開前の、レゴのミニフィギュアをフィーチャーしたポスターを見ると、メインユーザーであろう子供に向けた作品に見えた。だが実際に映画を見てみると、子供に楽しいだけでなく、大人にはいろいろな点で深く味わえる作品に仕上がっていた。こういう映画がポッと出来上がってくる（ように見える）あたりに、アメリカ映画の懐の深さを感じずにはいられない。

この作品がまずユニークなのは、レゴで組み立てられ、ミニフィギュアが暮らす世界を舞台にした点だ。登場する建物やミニフィギュアなどすべてはレゴブロックで作られた……かのように描かれた３ＤＣＧである。３ＤＣＧだからといって単に「レゴ風」に描かれたというわけではない。劇中に登場するアイテムはすべてブロックで再現できるかどうかレゴ本社で実際に検証されたという。本作はそうしてレゴの世界観が徹底されているのだ。驚かされるのは、水しぶきや爆発などのエフェクト関係もすべてレゴブロックで表現されている点。そこまでレゴブロックで表現されることで、レゴの世界とはこういうものか、という独特の説得力が生まれている。

物語の構図はこうだ。

レゴワールドに大きな影響力を持つおしごと社長。実は彼はおしごと大王という裏の顔を持っていた。かつてレゴワールドの住民たちは、いくつもの王国（ブロックシティ以外に西部の町、中つ国などレゴの商品ラインナップを反映した国がある）を自由に行き来し、好きなものを組み立てることができた。それを禁止したのがおしごと大王なのだ。

そしておしごと大王は、スパボンというおそろしい力を手に入れ、レゴワールドを自分の理想の状態で固めてしまおうと考えていた。

これに対抗するのが、マスタービルダーたち。彼らは、イマジネーション豊富で自由にレゴブロックを組み立てることができる人々だ。彼らは、リンカーンやスーパーマンなど歴史上の有名人や有名な映画のキャラクターなどのミニフィギュアである。

ちなみに、彼らマスタービルダーのやりとりは、アメコミや映画を元ネタにしたパロディが多く、元ネタを知っているとクスリと笑わせられるものが多くて、本作はそのあたりのマニアックなくすぐりも実に巧みだ。

そんなおしごと大王とマスタービルダーの戦いに巻き込まれたのが主人公エメットだ。レゴワールドのブロックシティで暮らすエメットはおしごと社長が用意したマニュアルを愛読して、普通に生きることだけを考えている平凡な作業員だ。実際、アノニマスな作業員のミニフィギュアがエメット役をあてがわれている。

ところがエメットは偶然、おしごと大王の野望にストップをかけられるという「奇跡のパーツ」を手に入れてしまう。「選ばれし者」となったエメットはおしごと大王の手下バッド・コップから追われることになる。

自分の住んでいた平和な世界が実は管理されたディストピアで、選ばれし者として目覚めた者がその欺瞞を暴く——という展開は決して珍しいものではない。本作がユニークなのは、エメットが「選ばれし者」である、という前提がクライマックスの前にひっくり返されるところだ。「選ばれし者」が現れるといったのは、おしごと大王に対峙した長老のウィトルウィウスの口から出任せだったのだ。

だがエメットはマスタービルダーのような個性的な存在でないからこそできるアイデアを提案してピンチを切り抜ける。クライマックスのおしごと大王との対決も、何者でもないことがキーワードとなって展開する。そして、何者でもないエメットの物語は、同時に映画の観客の物語にもなっているので、エメットにだけ注目して見ても、非常にカタルシスのあるエンターテインメントとして楽しむことができる。

本作が巧みなのは、このエメットの物語が同時にレゴの哲学をめぐる物語になっている点だ。

レゴブロックは、単純なパーツをどんどん組み替えていろいろなものを作れるところに魅力がある。同じブロックを使ったとしても組み方でまったく違うものになる、ダイナミックな変化こそレゴブロックの神髄といえる。おしごと大王は、そのダイナミズムを否定する存在であり、マスタービルダーは逆に、レゴブロックの持つ創造性を体現している。マスタービルダーの戦いは、レゴのダイナミックさを守るための戦いといえる。

ここで注目したいのは、レゴブロックのダイナミックさは、(最近は専用パーツを使うキットも多いとはいえ)無個性なブロックが使われる場所が変わることで、ときにビルの壁、ときに飛行機のエンジン、ときに花壇に変化するところだ。

個性がないからこそ、ダイナミックな変化が可能になる。このレゴの思想がそのままエメットが主人公である理由の後ろ盾になっている。マスタービルダーたちは有名な歴史上の人物やキャラクターだが、それゆえに彼らは彼らという「枠」を越えられない。だがエメットは、何者でもないから、何かになろうと思えばなることができる。「選ばれし者」ではないからこそレゴの世界を救えるというパラドックスは、実はレゴの精神に照らし合わせて実に正しいものだ。

つまり本作はエメットを通じて、レゴの哲学(そしてそれはつまり、世界中で愛されている理由)を描いた映画でもあったのである。タイトルが『LEGO® ムービー』であるゆえんもそこにあるのだろう。このドラマの二段重ねでも十分、たいしたものだと思わざるを得ないのだが、本作はその上にもうドラマを重ねてくる。それは「大人の趣味」と「子供の遊び」の葛藤だ。

きれいに組み上げたレゴの世界をそのままそっとディスプレイしたいというおしごと大王の思想は、そのまま大人が趣味でレゴブロックを組み立てたときの発想だ。そもそもレゴの商品ラインナップの中には、映画などの世界をレゴで精緻に再現することを魅力にしているものもある。

一方、どんなブロックも自由に使って思うままに作っていくレゴブロックの遊び方は、童心に寄り添うものといえる。

レゴ・ワールドの中では悪事として描かれていた「きれいに組み上げたレゴの世界をそのまま保とうとする」ことは、我々の現実の世界では否定されるほどの悪ではない。ただそれは同時に、自分の中の「子供のような自由な遊び」に蓋をしてしまう行為でもある。大人になってレゴブロックで遊ぶ人は、この「大人の趣味」と「子供の遊び」の葛藤が心の中にあるはずだ。これはレゴだけに限らず、「子供っぽい」といわれるジャンルを趣味にした人ならば必ず抱える葛藤だろう。

遊びのままだけでは、趣味の奥深さを知るには足りない。趣味にこだわりすぎれば、初期衝動である遊びの楽しさを忘れてしまう。

この二つの調和こそ、実は人生には必要なことなのだ。レゴの世界の闘争を描いてきた本作は最後にそのような大きな視点を導入して物語を締めくくる。

「レゴとは何か」という自己言及的な内容が説得力を持って展開される本作を見て、レゴはひとつの文化と呼ぶことができる奥行きを獲得しているのだなという思いを強くした。

初出：「四代目アニメの門」、二〇一四年四月一一日公開。

『LEGO® ムービー』(劇場公開作品)
監督・脚本：フィル・ロード、クリストファー・ミラー　原案：フィル・ロード、クリストファー・ミラー、ケヴィン・ハーゲマン、ダン・ハーゲマン　制作：アニマルロジック　劇場公開(日本)：二〇一四年

せめぎ合いこそが人生――『父を探して』

2016/03

『父を探して』はとても感動的な映画だった。本作はブラジル・インディペンデント・アニメーション界で注目を集めるアレ・アブレウ監督による長編アニメーション。二〇一四年のアヌシー国際アニメーション映画祭でクリスタル(最高賞)と観客賞を同時受賞し、アカデミー賞長編アニメーション部門でもノミネートされた。

映画のあらすじはとてもシンプルだ。田舎で両親と幸せな生活を送っていた少年。だが、ある日、父親は列車に乗って、出稼ぎへと出かけてしまう。父親がいなくなり寂しい日々を過ごす少年。ある日彼は、父を探すための旅に出る。

旅の中で少年は、まず綿花を摘む仕事をしている老人と出会う。老人と働くうちに少年はまた誘われるように旅に出る。次に少年が出会うのは、工場で働く孤独な青年。だが、やがて工場はオートメーション化されてしまう。青年が住む大都会には、どうやら独裁者がいるらしく、軍隊が大通りを進んでいく様子も描かれる。

鮮やかな色使で描かれる自然、動物になぞらえた独特のシルエットの機械や乗り物たちが画面を賑やかに彩り、映像を見ているだけでも目に楽しい。その中で、観客の目をとらえて離さないのは、非常にシンプルに描かれたキャラクターだ。

予告を確認してもらえればすぐわかる。主人公の少年の顔はまん丸に描かれ、口はなく、頭には毛が三本。目は細長い楕円で描かれ、手脚は棒だ。そのほかのキャラクターもそれに準じた描き方をされている。

いわゆる「絵本が動き出したような」アニメーションであるのは間違いない。しかし、この「絵本のような」表現は、その中にかなり直接的な具体性も孕んでいる。

たとえば老人が従事する、綿花の摘み取り。綿花はブラジルの主要な農産物のひとつ。調べてみると、十年ほど前でも、綿花の摘み取りは季節労働者が担っていたことがわかる。あるいは少年が街で見ることになる軍隊。音楽を楽しもうとする人々を抑えつけようとする風景は、一九八五年まで二十一年にわたって続いた軍事独裁政権の記憶が反映されている。

日本人には、こうしたディテールに、リアリティがあることには気づきづらいかもしれない。しかし、これらはブラジルの人たちにしてみればおそらく「ああ！」と思えるようなリアリティのある描写なのだ。

しかし、ここで大事なのはではこういう具体的なディテールが、この映画では「ブラジルを知らなければわからない」という固有性を越えていることだ。

たとえば貧しい農業（一次産業）から工業化による都市化と、それによる疎外（孤独）の顕在化という、ストーリーの流れに沿って出てくる要素を見れば、これは日本でも起きていた出来事だ。たとえば、こうしたテーマを扱った日本映画は多い。アニメについて言うなら『太陽の王子ホルスの大冒険』も、一九六〇年代に「農家の子供が工場労働者になる」という大変動があったことの中におくと、どうしてホルスが外来者で仲間を求めなくてはいけないのか、その意味合いがよりクリアになる。また筆者が知っている範囲では『マクダル　パイナップルパン王子』（これも不在の父をめぐる物語でもあった）で描かれた、どんどん作り替えられていく街の風景と、幼稚園で踊る子供たちという風景で描かれていたこととも通じる部分がある。つまり、この映画は「誰か」の物語であり、同時に「私たち」の物語であるのだ。

もちろん、そういった読み解きを排して、主人公の少年のめくるめく旅の体験だけに寄り添ってもこの映画は十分おもしろい。

このように本作はそのように、具体性が弱いようにみえる絵柄でありながら、具体性を孕み、同時に抽象的でもある。その具体性と抽象性の往還が、この映画の中心にあるのだ。

具体性と抽象性の往還以外にも、本作には矛盾に見える二極を行き来している要素がある。だが、それを詳述すると、本作の大事なエンディングに触れることになる。以下に婉曲には描くが、これまでの記述でおもしろそうだと思ったらここで原稿を読むのをやめて、実際に作品を見てほしい。

この映画は「人生の円環」を扱っている。それは一定の年齢以上になった人間なら感じることであろうし、ストーリーテリングとしても極めて見事に映画を締めくくっている。映画を見終わると、こうした「時間の円環」の中を生きているのが人間だということが実感できる。

では、人間はこの「人生の円環」の中にしかいないのか。行き先は決まっているのか。そう思ったときに、観客は気がつくはずだ。この映画そのものが、「真っ直ぐに伸びていく線路」に導かれるように少年が旅に出るところから始まっていたことを。

人生は円環かもしれない。でも、それはその瞬間には〝直線〟にしか見えない、極めて大きな円環なのだ。戻ってきてみて始めてわかる「円環」。本作はそれを極めて映画らしく描き出してみせたのだ。

そして子供とはその「直線性」を信じて、親の人生の円環から飛び出していく存在なのだ。もちろんその子供も、やがては「人生の円環」に気づくだろう。つまり、この直線と円環のせめぎ合いこそが人生であると本作は語っているのである。

そこでは、この映画に登場する人物たちは、「大きな円環上の立っている位置が違う存在」でありながら「誰かとも交わらない固有の直線」であるということになり、それはつまり原稿の前半で書いたように「私であり、同時に誰かでもある物語」ということになる。

固有性から発して普遍性に至る語り口こそ、本作を傑作たらしめているのである。

初出：「アニメの門V」、二〇一六年三月四日公開。

『父を探して』（劇場公開作品）
監督・脚本：アレ・アブレウ　音楽：ナナ・バスコンセロス　制作：Filme de Papel　劇場公開（日本）：二〇一六年

トーキング・アニマルの仕掛け――『ズートピア』

2016/06

『ズートピア』はタイトルの通り、進化したさまざまな動物が共存する都市ズートピアを舞台に展開する一種の警察ものだ。同作ではズートピアで暮らす動物たちを、動物本来の習性を踏まえつつ、擬人化した存在として描いている。

だから作中でズボンは「文明化した動物の証し」だし、逆にズボンをはかない動物本来の姿はギャグとして織り込まれている。また、デザイン的には、主人公ジュディ（ウサギ）とニック（キツネ）をはじめほとんどのキャラクターに眉毛が与えられていることも、彼らをより人間的に見せている。

擬人化された（言葉を喋ることも多い）動物キャラクターは、トーキング・アニマルあるいはファニー・アニマルと呼ばれ、アメリカのアニメーションの特徴のひとつである。日本にもそういうタイプの作品は存在するが、アメリカほどは多くない。

細馬宏通の『ミッキーはなぜ口笛を吹くのか――アニメーションの表現史――』（新潮選書）は終章「アニメーション界と現実界」の中で、「動物問題」という項をたてて、どうしてアメリカのアニメーションは動物が数多く登場するのか、という問題について考えている。

同書は「動物は万人受けするから」「人間界と隔絶したファンタジーを作りたいから」という発想を検

討した後、ワーナー作品でさまざまな傑作をものにしたチャック・ジョーンズの以下の言葉を引用する。

動物を人間らしく描くほうが人間を人間らしく描くよりもずっと簡単なんだ。わたしたちにとって人間はあまりにも近しい。わたしたちは人間にいつも囲まれてるから、バカはバカに、マヌケはマヌケにしか見えない。アニメーターにとってこうしたステレオタイプを避けることが重要だったんだ。ちょうどイソップやキップリングやラ・フォンテーヌといった擬人化を用いた幾多の作家がそうだったように。

(Chuck Jones, *Chuck Amuck: The Life and Times of an Animated Cartoonist*, Farrar Straus & Giroux)

マヌケをマヌケとして描くと、マヌケ以外の要素が抜け落ちて記号的になる。だが、たとえばマヌケをロバに仮託して描くと、ロバの諸要素(外観や仕草などの特徴)が、記号的でないニュアンスを加えて「リアリティをもったマヌケ」が出来上がる、というのがチャック・ジョーンズの主張というわけだ。

この「リアリティをもった記号性」はアニメの本質でもある。アニメの観客は記号を見ながらも、リアリティをよすがにして、記号の向こう側に〝本物〟を見ているのだ。だからこそ、単純な線の集まりで描かれたキャラクターも、自分と同じ〝人間〟だと感じることができるのである。

『ズートピア』のおもしろさは、このトーキング・アニマルという題材を、キャラクターのレベルとストーリーのレベルで、それぞれに使いこなしているところにある。しかもキャラクターのレベルとストーリーのレベルでは、トーキング・アニマルというスタイルに対する姿勢は、極論をいえば正反対といってもいいほど違うのだ。

まずキャラクターのレベルを見てみよう。ここで行われているのは、伝統的トーキング・アニマルの批評的な描き直しだ。見方によっては、伝統的なトーキング・アニマルのあり方に否定的ともいえるだろう。

たとえばズートピア初のウサギの警察官となったジュディ、ここでは「ウサギ＝かわいいあるいは弱い」という一般的なイメージが、ジュディのキャラクターと結びつけられている。一方、オスギツネのニックは詐欺師だ。これはイソップ物語などに出てくるキツネのずるがしこいイメージ、肉食動物ゆえの暴力的なイメージを踏襲している。しかし二人はそうしたカリカチュアされたイメージ通りのキャラクターではなく、むしろそうした周囲のイメージによって抑圧されてきた存在なのだ。

本作の監督のひとりであるジャレド・ブッシュは取材に「先入観」という言葉を使って、次のように答えている。

「自分も他の人に対して先入観を持っているのかもしれない」と観客に感じてほしかった。だから本作では、悪役だけに偏見を抱かせるのではなく、主人公を含む全てのキャラクターに偏見を抱かせることが、とても重要だったね。

（「映画『ズートピア』：クラーク・スペンサー（プロデューサー）＆ジャレド・ブッシュ（脚本／共同監督）ロングインタ

ビュー」 http://top.tsite.jp/news/cinema/i/28566791）

カリカチュアとして使われることが多かったトーキング・アニマルというスタイルを逆手にとって、観客も含め誰かもが差別や偏見の種となりうる「先入観」を持っていることをあぶり出すこと。トーキング・アニマルという単純化にあらがうことで本作のキャラクタードラマは出来上がっているのだ。

ところが、ストーリーの全体像へと目を移すと、これはちょっと変わってくる。『ズートピア』という物語は、トーキング・アニマルという仕掛けなしには成立しなかった。

本作はズートピアで起きていた連続失踪事件の捜査が縦軸となる。そして、最終的なクライマックスは、ズートピアの中に隠然と存在していた最大の対立――「少数派の捕食者（強者）＝肉食動物」と「多数派の被捕食者（弱者）＝草食動物」のヘゲモニー争い――をめぐって展開する。

本作の随所に、アメリカで実際にある偏見や差別の実例が盛り込まれているという事実は既にあちこちで指摘されている通り。だからこの「肉食と草食の対立」から、人種や民族の衝突を想起した人も多いだろう。

でも大事なのは、ここで描かれた「肉食と草食の対立」と現実にある人種や民族の対立とは大きく異なるという点である。「肉食動物と草食動物の共存」は、進化した動物たちが得た文明の証でもあることが自明の前提となっており、その中で起こる「肉食と草食の対立」。それは歴史的経緯があり、経済的背景があり、その中で生まれた報復の連鎖があるような現実の人種や民族の対立とはまったく異なる。はるかにズートピアでの対立は単純化されている。
だが、本作はそれでよいのだ。

ここで描かれるべきはカリカチュアされた対立であって、リアルな現実ではない。「ああ、こういうことって人間の世界にもありそうだな」と作品から現実へ補助線が引ける程度の説得力（リアリティ）さえあれば、それで十分なのだ。そして、観客はそのリアリティの向こう側に、「互いが抑圧しあうことのない理想の社会」を夢見ることができる。単純化したからこそ、誰かもが頷くことのできるシンプルで普遍的な理想を映画の〝結論〟として差し出せる。

単純化することで理想を語りうるという点で、本作はまさしく寓話である。もちろん単純化ゆえに示すことができた結論だから、それを夢と笑う人も出てくるだろう。でも、単純な夢だからこそ、誰かもが夢を見られるのだ。そしてその夢を寓話として、さまざまな状況に合わせて草食動物・肉食動物に何があてはまるか、その時々で読み替えていくことができる。

トーキング・アニマルという仕掛けを批評的に読み替えたキャラクター描写。逆にトーキング・アニマルという単純化の仕掛けを積極的に使うことで寓話としての強度を手に入れたストーリー。本作は、この二通りのトーキング・アニマルの使い方が二輪となって支えているのだ。

初出：「アニメの門V」、二〇一六年六月三日公開。

『ズートピア』（劇場公開作品）
監督：リッチ・ムーア、バイロン・ハワード、ジャレド・ブッシュ　脚本：ジャレド・ブッシュ、フィル・ジョンストン　制作：ウォルト・ディズニー・アニメーション・スタジオ　劇場公開（日本）：二〇一六年

貴種流離譚としての物語構造――『KUBO／クボ　二本の弦の秘密』

2017/12

アニメーションは神話と相性がよい。記号化されたキャラクターを通じて語られる物語は「具体性」と同時に、くっきりとした「象徴性」を兼ね備えることができるからだ。『コララインとボタンの魔女』や『パラノーマン　ブライス・ホローの謎』で知られる制作会社ライカの長編第四作『KUBO／クボ　二本の弦の秘密』はまさに、そうしたアニメーションの特性が生きている作品だった。今回は日本の昔話に通じる世界を題にとったからだろう。特にその要素が感じられる一作となっていた。

主人公のクボは片目だ。それは彼の祖父にあたる月の帝が、彼の左目を奪ったからだ。クボと心身に不調を抱えた母は、月の帝に見つからないように村外れの岬にひっそりと住んでいるが、月の帝の娘である闇の姉妹は今もまだクボを狙っている。

本作は貴種流離譚の一種といえる。貴種流離譚は、尊い血筋に生まれた主人公が、親から疎んじられるなどの理由で放浪の旅に出て、試練を経験し、英雄となるという神話などに見られるひとつの物語の形である。

本作ではその〝親〟の位置に祖父・月の帝がいる。月の帝は愛を知らない。だが、月の帝の娘のひとりは、ハンゾウと出会い愛を知り、クボを産んだ。ハンゾウは月の帝と戦い破れ、母は片目となったクボを連れて出奔した。貴種流離譚の「疎んじられ放浪のたびに出る」という部分が、母とクボの二代にわたる物語に置き換えられているのである。

また、貴種流離譚では放浪する主人公は、卑しい身分の女性や牝の動物に育てられるという展開も見られる。これは、母が死ぬ際にサルのお守りに命を吹き込み、クボの旅の共とした展開にきれいに合致する。

本作の特徴は、貴種流離譚の根幹にある父・子の対立構造を踏まえつつも、祖父・親・子供の三世代の物語になっているところにある。そのため、「月の帝のもとから逃げ出すが、やがて再会する」という月の帝を基準にしたストーリーの中に、「親と別れて旅をして、やがて親と再会する」という親を基準にしたストーリーが入れ子構造になっている。

月の帝を基準にすると、これは「試練を経た英雄が悪しき王と対峙する」物語となる。では、何を根拠にしてクボは王と向かい合うことができるのかといえば、「一度失った両親と旅の果てに再会する」という過程を経て、クボが愛を知るからである。貴種流離譚の「放浪の中の試練」が、この両親とのエピソードに相当するのである。

クボは一方的に月の帝に片目を奪われるという徴をつけられたが「愛を知らない」世界に属していたわけではない。だが一方で、母の心と体が傷ついてしまったために、十全に「愛を知っている」わけでもない。不調を抱える母に存分に甘えられない寂しさ、父の思い出を持たない欠如感が彼の心の中にある。

つまり物語の最初の段階で、クボは自分が何に寄って立つべきかを知らない存在なのである。その空白を埋めるのが旅のお供となったサルと、途中で出会った元サムライのクワガタの存在だったのである。

この中盤の三つの武具を探す旅の間、ドラマ的な推進力は若干弱まる。だが、見終わってみると、ここはストーリーの先へと興味を繋ぐ部分ではなく、サルとクワガタとクボの関係を積み上げていくところこそが見せたいものだったということがわかる。そして、物語の終盤でサルとクワガタの正体が明らかになる。

サルは実は母が死の間際に作り出したいわば化身であり、記憶を失いクワガタの姿に変えられていたサムライは、父ハンゾウその人であったのだ。クボは、旅の中で「(それまでしたことがなかった)二人に挟まれて食事をする」という体験をする。それがクボの心の中に欠けていたものを埋め、そこでついにクボの生き方が定まることになる。旅の目的である武具よりも、このことがクボを強くする。

かくして試練を経て愛を知ったクボは、愛を知らない月の帝と対峙することになる。

そして、本作が本領を発揮するのは、実はこの終盤からである。月の帝はクボに対し、天上界には死が存在せず、ゆえに愛も存在しないと語る。それに反論するクボ。物語がいつか終わるように、人生にもまた終わりがある。だがその人生は、物語となって生きている人々に受け継がれていくのである。そこにあるのが愛である。そのようなことをクボは語る。

本作は冒頭から、クボのボイスオーバーによるナレーションを通じてこの作品が「物語ること」をめぐる映画であるという姿勢を示していた。その一方で、ストーリーは「愛を知るもの／知らないもの」の対立という形で進行してきた。それが、このクライマックスで、きれいにひとつに重なるのである。

しかも、クボがようやく理解した「愛＝人生＝物語」という構図は、誰かの心にもある（村人たちの心の中にもある）ものであることが、先祖の霊を迎える〝お盆〟の習慣を通じて、クボという個人の枠を越えた普遍的なものとして示される。

そして、その三つの結節点として登場するのが、クボがずっと愛用してきた三味線である。そもそも三味線が登場する作品なのに、タイトルがどうして「二つの弦（原題にもtwo stringsとある）」となっているのか。その疑問がクライマックスで明らかになる。

すべての弦が切れてしまった三味線を手にしたクボは、母の形見である髪の毛、そして父の形見である弓弦を三味線に貼るのである。つまり二つの弦とは、クボを愛しながら死んでしまった両親の人生そのものことだったのである。そしてクボは、自らの髪の毛を抜いて、最後の一弦とする。

父の人生があり母の人生があり、だから自分の人生がある。そしてそれぞれの弦の間で響き合うのが愛なのである。それがここで極めて端的にビジュアルとして示されるのである。

ここまでクボという少年の「具体性」にフォーカスしてきた映画が、ここでぐっと「象徴性」を帯びる。この象徴性によって、クボの物語は、クボの物語であるという枠を超えて、「物語の形で語られたこの世の理」という側面を持つようになる。それはつまり「神話」への接近だ。

ライカのこれまでの長編は、ファンタジックな要素を持ちながらも「現実」を舞台にすることが多く、それゆえに、現実を照らし返すような物語が多かった。それが今回は、日本の昔話のような世界を題にとったことで、ぐっと「神話」に近づいたという点は興味深い。

さて、ではまったく相容れない価値を持つ月の帝とクボの戦いはどう描かれたか。

『パラノーマン』で「恐怖に支配されて相手を否定することの愚かしさ」を正面から描いたスタッフは、本作でも「価値観の違う相手を倒して終わり」という結論は出さなかった。

月の帝は、記憶を失い、物語冒頭のクボと同様に、どこに寄って立つべきかわからない人間として再生する(愛を知らない月の帝は両目が盲目であったが、再生するとクボと同様、片目だけが見えるようになっている)。そこに村人が声をかける。村人が語るのは「彼にはこうあってほしい」という「彼らが思う愛ある人物の姿」である。人間となった月の帝は、そんな人々に囲まれて、おそらくこれから愛を知っていくのだろう。

本作はこのようにして、人生の意味を描き出した。その点において、本作は現代人にとっての「神話」であると思う。

初出：「アニメの門V」、二〇一七年一二月八日公開。

『KUBO／二本の弦の秘密』(劇場公開作品)
監督：トラヴィス・ナイト　脚本：マーク・ヘイムズ、クリス・バトラー　原案：シャノン・ティンドル、マーク・ヘイムズ　制作：ライカ　劇場公開(日本)：二〇一七年

「すべての映画がアニメになった」後に――『スパイダーマン：スパイダーバース』

2019/03

アニメは〝絵〟である。

たとえ実写が素材として使われても、その素材を加工して、求める〝絵〟へと近づけていこうとすれば、その思想そのものがアニメなのだ。押井守監督がデジタル技術への転換を背景に「すべての映画はアニメになる」といったのはそのような意味においてのことだった。

すべての映画がアニメになったとき、重要になるのがビジュアルデベロップメントだ。どういう〝絵〟を求めるのか、その〝絵〟をどのような過程で集団制作の手法へと落とし込むのか。そこを検討する過程が、作品の幅や射程を決めていくことになる。

ビジュアルデベロップメントは、もともと3DCGにおける作業の一工程についている名称だ。これは3DCGが、フォトリアルからノンフォトリアルまで、〝絵〟の幅が自由に選べて、かつ〝絵〟を成立させるためには技術的な裏付けが必要になるという背景があるからだ。事前にしっかり〝絵〟のゴールを決めていなければ3DCGを作ることはできない。

一方、伝統的な手描きアニメには、ビジュアルデベロップメントと名付けられた工程はない。しかし仔細に見ていけば、イメージボードに始まり、ペンシルテスト、色彩設計と美術ボードの方向性の決定、撮影テストといった工程を通じて、実質的にビジュアルデベロップメントを行ってきたというふうに考えることができる。

逆にいえば、それらを総合してビジュアルデベロップメントと呼べば、一見バラバラに見える作業がすべては、作品の〝画風〟を決定するためのものであることが明確になるということでもある。

今回、この話題からスタートしたのは、『スパイダーマン：スパイダーバース』（以下『スパイダーバース』）が非常に個性的な画風を採用していて、強く印象に残ったからだ。同作は先日発表された、第九十一回アカデミー賞で長編アニメーション賞を受賞している。これは内容もさることながら、同作のビジュアルデベロップメントが非常に革新的だったからだったと思われる。

『スパイダーバース』は、アフリカ系の父とヒスパニック系の母を持つニューヨークの少年、マイルス・モラレスが主人公。偶然スパイダーマンの能力を手に入れてしまったマイルスだったが、その能力はなかなかコントロールすることができない。そんな中、何者かによって時空が歪められるという事件が発生。そこでスパイダーマンであるピーター・パーカーは死んでしまった。一方、次元が歪められた影響で、異なる次元（マルチバース）で活躍するさまざまなスパイダーマンたちがマイルスの世界に集まってきてしまう。事件の元凶であるキングピンを追いながら、マイルスは新たなヒーローとして成長していく。

本作は3DCG作品だが、その画風はピクサー作品などとは大きく異なる。それをひとことでいうなら「コミックのような画風」ということができるが、それを構成する要素は実に複雑で多様で、「ひとこと」でまとめられるようなものではない。

まず、キャラクターは不透明な絵の具で塗られたようなフラットな色調で塗られている。程度の差はあれ、皮膚の質感を再現しようとしているピクサー・タイプの作品とはそこから異なる。ただし、セルルックのように均一な色味ではなく、絵画のように自然にハイライトや頬の赤みなどが入っている。そしてポイントポイントには輪郭線も入っている。たとえば鼻梁のライン、ほうれい線などのしわ、暗部の輪郭などに実線が引かれている。たとえばマイルスであれば、額のシワだけでなく、鼻全体がラインで描かれている。

東アジアにある「線の文化」に対し、西洋絵画は歴史的に光と影で絵を描こうとする方向性があり、この文化的バックグラウンドの違いが、3DCGアニメの普及の速度の違いとなって現れた。……というのが、俗に説明される「アメリカで3DCGが主流」となり、「日本では手描き（やその延長線上にあるセルルック3DCG）が主流である」という現状の根拠なのだが、本作の画風をみると、そうした分類は意味がないように感じられる。

キャラクターの描き方だけではない。本作では、ポイントポイントに印刷風のドットの効果が、影の部分に斜線の効果が入っている。それによって画面からは「これは絵である」という主張が立ち上ってくることになる。また、そのカットで中心になる被写体以外は、像が二重にぼやけるような効果が付け加えられていて、必要な情報が見やすくなるようにコントロールされている。

全編の基本となるこの画風だけでもだいぶ凝った作りだといえるのだが、本作が驚異的なのは、これ以外にもスペシャルなビジュアルが次々と登場するところだ。

まず、アクションシーンの決定的瞬間などに、ピンクや黄色など派手な色使いで、印象的な要素が簡単な線だけで描かれた、フラットな絵柄が数コマほど挟まれる。ある登場人物の回想シーンになると、絵筆のタッチが残るような絵画調の処理も登場する。また3DCGを使っていても、時空の歪みやビームといった特殊なエフェクトは、グラフィカルな表現が選択されており、爆発・爆炎のようなものを除くとフォトリアルではない〝絵〟として処理されている。

おもしろいのは、スパイダーマンが持つ〝第六感〟――スパイダーセンスを表現するときに、「何かを感じている波線」が頭のまわりに現れること。この〝漫符〟もまたグラフィカルに表現されている。

そしてこの画風の幅がさらに広がるのが、中盤、それぞれの世界からやってきたスパイダーマンが登場してからだ。メインキャラクターであるスパイダー・グウェンとピーター・B・パーカーは、マイルスと同じ表現スタイルだが、そのほかのキャラクターはみな画風が異なるのだ。

まず、一九三〇年代を舞台にした次元から現れたスパイダーマン・ノワールは、常にモノクロで表現され、明るいグレーの部分にはドットのテクスチャーがのっている。それに対し、ロボット「SP//dr」を扱う少女ペニー・パーカーは、平面的なANIMEスタイル(と言ってよいと思う)だ。そしてスパイダーハムは、カートゥーンの伝統に則ったトーキングアニマルで、そのままカートゥーンっぽい、誇張されたシルエットの3DCGキャラクターである。白くなったハイライト部分の境界部にやはりドットのパターンが使われている。また、一九七〇年代のTVアニメ風の画面も登場する。

このほか画風とは異なるが、画面を分割したコマ割りのような演出もあれば、効果音やフキダシを文字にして表示する演出もあって、これもまたコミック的な表現の一部となっている。このように基本の画風をベースにしながら、実に多様な画風がそこに取り込まれ、それぞれがケンカをせずに、『スパイダーバース』というひとつの宇宙を構成している。それはビジュアルデベロップメントに手間をかけ、それを実際のフィルムに落とし込む際にも、細心の注意を払ってバランスを取ったことの結果であろう。

だからこそビジュアルだけ見ていても、目に楽しいエンターテインメントとして本作は出来上がっているのだ。これを単にひとことで「コミック風」とまとめてしまうと、いろんなものが取りこぼされてしまう。

ご存じの通り『スパイダーマン』の主要な舞台はニューヨークだ。ニューヨークはさまざまな人々が、それぞれの文化を保ちつつ共存していることから、しばしば「サラダボウル」にたとえられる。まさに『スパイダーバース』もさまざまな画風が集まったサラダボウルだった。

画風をコントロールすることがここまでできるのがわかれば、今後3DCGアニメの一角は、こうしたノンフォトリアルな表現の作品が占めるようになるのではないか。ディズニーやピクサーなどの一部の短編を見ても、ノンフォトリアルな表現の模索は続いており、今後の3DCGアニメーションの動向を占ううえでも本作は重要な一作といえる。そしてこれは、日本の3DCGアニメ（ひいてはアニメ全般が）がどのようなものを作るべきかということも問うているのだ。

なお本作は、さまざまな歌が重要なところで使われており、アクション以外でも雑踏やトンネルの中など効果音が印象的なシーンも多い。音のよい劇場で楽しむと、目だけでなく耳も楽しくなるはずだ。

初出：「アニメの門V」、二〇一九年三月一日公開。

『スパイダーマン：スパイダーバース』（劇場公開作品）
監督：ボブ・ペルシケッティ、ピーター・ラムジー、ロドニー・ロスマン　脚本：フィル・ロード、ロドニー・ロスマン　制作：ソニーピクチャーズ・アニメーション　劇場公開（日本）：二〇一九年

あとがき

本書の原稿の多くはWEB連載「アニメの門」で発表されている。この「アニメの門」という連載は、実はそこそこ長い歴史を持っている。「アニメの門」はもともと、「月刊Newtype」で二〇〇四年から始まった、アニメ時評のタイトルだった。もう十五年の前の出来事だ。その後、「Newtype」での連終了にともない、連載は「月刊アニメージュ」に移籍して再スタート。この時は「アニメの鍵」というタイトルで、最終的に連載は二〇一〇年まで続いた。この足掛け七年分の原稿をまとめたのが、二〇一〇年に出版された『チャンネルはいつもアニメ』（NTT出版）だ。

そしてWEBで連載を再開したのが二〇一二年一月。最初は「帰ってきたアニメの門」として始まり、「四代目アニメの門」を経て、二〇一五年夏からはアニメ情報サイト「アニメ！アニメ！」に移籍し「アニメの門V」として継続している。再開して八年になるが、なんとか一回も落とさずに現在も継続中だ。途中の中断の時期を抜いても「Newtype」から数えれば十年以上の長期連載で、こんな連載はなかなかないと自負している。

雑誌連載時は一回約二〇〇〇文字という縛りがあったが、WEB連載になってからはそうした縛りもなくなった。結果として一回あたりの文字量が1・5倍ほどに増え、結果として本書は予想以上のボリュームになってしまった。

本書は多くの方の力のおかげで完成することができた。

本書には「アニメの門」以外にも「ユリイカ」「S-Fマガジン」、各種ムックなどに掲載された原稿が収められている。まずは「アニメ!アニメ!」を初めとする、原稿を掲載してくれた各媒体の編集者に感謝をしたい。

そして本書の企画提案を受け入れて、企画を通してくれたフィルムアート社の田中竜輔さん。それから地味な僕の原稿を、ポップに飾ってくれたデザイナーの内古閑智之さんとイラストのparicoさん。みなさんのおかげで素敵な一冊が出来上がったことがとてもうれしい。

願わくば次の書籍でみなさんとまた再会できますように。

二〇一九年七月一〇日　藤津亮太

著者プロフィール

藤津亮太（ふじつ・りょうた）

アニメ評論家。1968年、静岡県生まれ。新聞記者、週刊誌編集を経て、2000年よりフリー。雑誌・WEB・BDブックレットなど各種媒体で執筆中。著書に『「アニメ評論家」宣言』（扶桑社）、『チャンネルはいつもアニメ―ゼロ年代アニメ時評―』（NTT出版）、『声優語～アニメに命を吹き込むプロフェッショナル～』（一迅社）、『プロフェッショナル13人が語る　わたしの声優道』（河出書房新社）などがある。WEB連載「アニメの門V」はアニメ！アニメ！（https://animeanime.jp/）にて連載中。東京工芸大学非常勤講師。

ぼくらがアニメを見る理由　2010年代アニメ時評

2019年8月25日　初版発行

著者	藤津亮太
カバーアートディレクション／デザイン	内古閑智之（CHProduction / Paricode）
カバーイラスト	parico（Paricode）
本文組版	宮一紀
編集	田中竜輔
発行者	上原哲郎
発行所	株式会社フィルムアート社 〒150-0022 東京都渋谷区恵比寿南1-20-6 第21荒井ビル Tel. 03-5725-2001　Fax. 03-5725-2626 http://filmart.co.jp
印刷・製本	シナノ印刷株式会社

Printed in Japan　ISBN978-4-8459-1836-2　C0074